L'âge mûr
Second Spring, Rodale, U.S.A.
©Édition française, Édicompo Inc., Ottawa 1984

Traduction: Linda Cadorette
Photocomposition: Jean-Claude Lespérance
Couverture et montage: Joseph Stinziani

ISBN 2-89066-093-1

Dépôt légal: 2e trimestre 1984
Bibliothèque nationale du Québec
Bibliothèque nationale du Canada

Imprimé au Canada / Printed in Canada
Avril 1984

Mel London

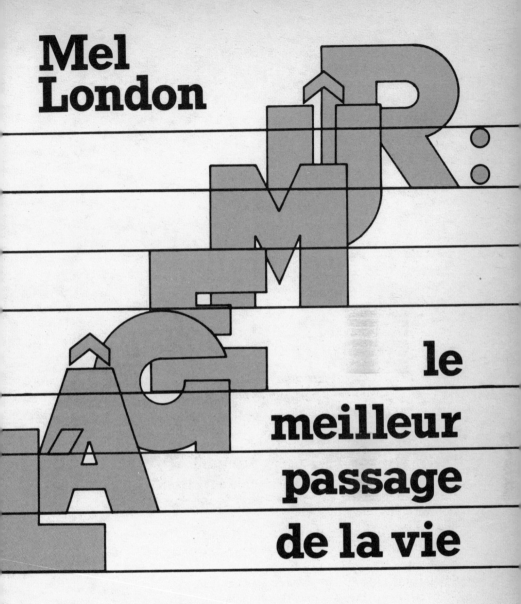

le meilleur passage de la vie

Traduit de l'américain par Linda Cadorette

horizon

Pour tous mes vieux amis
qui sont plus jeunes que le printemps:

Flora, Seymour, George, Jackie, Rudy et Carol, Lewis, Carmen et Helena, Malcolm, Eve, oncle John, Mike et Debbie, Gerry et Gloria, Dina et Alex, Dorrie et Joël et, tout spécialement, Joe Longo.

Table des matières

Remerciements

Il y a quelques années, tout à l'euphorie de voir publier mon premier livre, j'ai fait une découverte déconcertante: j'avais oublié de mentionner le nom d'un homme qui m'avait été très précieux durant la période de gestation de mon livre alors que j'essayais de remplir des pages blanches. Cet oubli a provoqué en moi une paranoïa mineure qui ne m'a pas quitté jusqu'au jour où j'ai commencé la plaisante tâche de faire la liste des gens inestimables qui m'ont soutenu pendant toute l'année que j'ai consacrée à la rédaction de ce livre. J'ai essayé de mentionner tous ceux qui m'ont prodigué des encouragements, qui m'ont fait partager leurs expériences et sans qui je n'aurais jamais pu mener à bien le travail que j'avais entrepris. J'espère que cette fois je n'ai oublié personne.

Nous sommes tous influencés, dans une certaine mesure, par les idées des autres: un sentiment étrange nous convainc que les pensées des autres sont pleines de fraîcheur et que leurs ouvrages et leurs déclarations sont affranchis d'un passé déshumanisant. Les idées du docteur Bernice Neugarten et le plaidoyer de Maggie Kuhn entrent tout à fait dans cette catégorie. Elles m'ont influencé et je suis un de leurs fervents admirateurs. Je remercie également le docteur Robert Mendelsohn, le docteur Stephen Z. Cohen et Marty Knowlton; le docteur Richard Gruelich et Daniel Rogers du ''Gerontology Research Center''; le docteur Richard H. Davis du ''Andrus Gerontology Center''. Je remercie le docteur Manny Riklan et Janet Beard de l'hôpital St-Barnabas pour leur soutien ainsi que pour les précieuses informations (et qui portent à réfléchir) qu'ils m'ont fournies et dont la majeure partie apparaît dans les chapitres qui suivent.

Geraldine Ferraro, membre de la Chambre des représentants, a été l'une des premières à attirer mon attention sur les incongruités que l'on retrouvait dans les projets de plan de sécurité sociale. C'est grâce à elle que j'ai rencontré Robert M. Ball. Je leur suis reconnaissant d'avoir bien voulu m'aider à bien doser les points de vue. Mes remerciements vont également à ''The Older Women's League'' et, en particulier, au docteur Ruby Benjamin et à Jean Phillips; au ''Displaced Homemakers' Network'', au ''Elderhostel'' et à Michael Zoob, ainsi qu'à Barbara Hertz et à Roberta Gerry de la revue *Prime Time*. Je remercie le docteur George Gerbner et ses collaborateurs de ''Annenberg School'' de l'Université de Pennsylvanie qui ont contribué à cet ouvrage en me fournissant des rapports et des analyses portant sur les média. Je remercie Tom Walker et Nina Kenny du ''Colonial Penn Group'', le docteur James C. Hall de l'Université Pace ainsi que le docteur Jim Gallagher de ''Career Management Associates'' pour leur aide dans les domaines de l'éducation et du changement de carrière. J'aimerais également remercier Anne Luck pour l'aide qu'elle m'a apportée lorsque j'ai fait les recherches pour ce livre. Je remercie aussi Ralph Bowers et Irene Levitt du NRTA/AARP pour l'aide et l'encouragement qu'ils m'ont apportés lors de l'élaboration et du développement des sujets qui allaient me permettre de remplir toutes les pages qui suivent.

Le personnel de Rodale Press travaille avec moi depuis si longtemps qu'il connaît déjà les mots que j'utilise trop souvent, les règles de grammaire qui m'embrouillent ainsi que les particularités de mon antique machine à écrire. Je remercie Camille Bucci de Rodale Press qui a pris connaissance de tous les changements apportés à mon manuscrit, sans oublier une virgule ni mal placer une insertion; je la remercie pour l'aide qu'elle était toujours prête à m'offrir.

À Charles Gerras, mon éditeur, qui semble toujours être à la fin de ma liste, j'offre toute ma reconnaissance: sa patience angélique et son humour m'ont rasséréné durant cette année entièrement consacrée à l'écriture. Je lui offre, ainsi qu'à tous les autres, qu'ils soient mentionnés ou non ou que j'aurais oubliés par mégarde, mes remerciements les plus sincères puisque, grâce à eux, je garderai de cette expérience un souvenir impérissable.

Mel London
Fire Island, N.Y.

Introduction
(Qu'elle soit amusante ou sérieuse, elle est toujours nécessaire)
I

Un jour ou l'autre, il fallait bien que cela se produise! Même si ça ne m'était jamais arrivé auparavant, je suis convaincu que cette éventualité était enfouie dans les replis les plus secrets de mon cerveau et que mon inconscient l'enfonçait de plus en plus loin chaque fois qu'elle menaçait de faire surface. Je ne m'y attendais pas et je suis certain que ma grimace d'angoisse mêlée de détresse et que ma folle envie de rire aux éclats ont dû trahir mes sentiments les plus profonds. Évidemment, cet épisode revêt à mes yeux une très grande importance, même une terrible importance, sinon je ne l'aurais pas choisi comme entrée en matière.

J'étais dans l'autobus qui descend la 3e Avenue à New York. C'était un beau samedi après-midi qui promettait toute cette vitalité de centre-ville alors que la fièvre des courses de Noël et le bourdonnement de l'énergie cinétique se dégagent de toutes les boutiques avant les vacances de Noël. L'autobus, vide au début de son itinéraire, se remplissait rapidement de passagers emmitouflés, en route vers les grands magasins.

Une vieille dame monta. Elle s'avança dans l'allée en titubant. Immédiatement, je me suis levé pour lui offrir ma place. Elle accepta en me souriant. Je me suis retourné pour m'écarter. C'est alors qu'un jeune homme d'environ 23 ans s'est levé *pour m'offrir son siège!*

Je fus évidemment très surpris. En premier, je n'osai pas croire que c'était bien à moi qu'il faisait signe. Étant un producteur de film très actif, je suis convaincu que j'aurais plus de résistance que ce jeune homme lors d'une expédition cinématographique autour du monde. Je pourrais transporter plus d'équipement et être moins fatigué que lui en travaillant à 14,000 pieds (en Bolivie par exemple). Il me serait plus facile de survivre au coeur d'une jungle terrifiante et je résisterais mieux que lui à la chaleur oppressante d'un désert aride. Je pourrais travailler plus longtemps que lui sans me reposer ou fournir un meilleur rendement après moins d'heures de sommeil. Je pourrais alors *lui* offrir mon siège dans un autobus où je serais monté avant lui.

Comment aurait-il pu s'en douter? Dès que je suis rentré chez moi, je me suis regardé attentivement dans un miroir. Sans aucun doute, aux yeux de ce jeune homme, j'étais d'âge mûr (au moins!). Il a peut-être même cru que j'étais déjà rendu au premier stade de la désintégration sénile. J'ai tout de même apprécié son geste aimable et plein d'attention.

Peu de temps après, j'ai lu le mini-ouvrage de Malcolm Cowley intitulé *The View From 80* (Viking Press, New York, 1980). J'ai vraiment ri quand je suis tombé sur la description qu'il donnait d'une aventure semblable. Dans son cas, cela s'était produit dans l'autobus de Madison Avenue. De toute évidence, il a été lui aussi fortement impressionné.

Et c'est la vie! Ça arrive à tout le monde, de différentes façons et à différents moments de ce que l'on appelle maintenant ''l'âge mûr''. Cela peut se produire soit lorsque les enfants quittent la maison ou lorsqu'une redéfinition de la carrière prend la forme d'un problème affectif qu'il est vital de résoudre. Peu importe ce qui joue le rôle de catalyseur, on se rend compte tout d'un coup que l'âge mûr n'est plus à l'autre bout du calendrier. Que ce soit dans l'autobus, à cause d'une remarque fortuite ou d'un éclair de génie, on se rend tous compte qu'on fait soudainement partie d'un autre groupe d'âge. À mesure que mon livre prenait forme, j'ai découvert (et je dois avouer que je fus surpris) qu'en général, le fait d'atteindre l'âge mûr ne suscitait pas de sentiments *négatifs*. Les gens ont une vision très positive des choses. Ils pensent en termes de ce qu'ils *sont* plutôt qu'en termes de ce qu'ils *étaient*. Par conséquent, une redéfinition s'impose dans le but de déterminer *ce qu'ils veulent être* désormais.

Lorsque j'ai fixé les limites de cet ouvrage, j'ai décidé d'étudier à fond la génération des 45 à 65 ans. J'espère que les gens plus jeunes liront aussi ce livre puisqu'un jour ils feront partie de notre groupe; j'espère également que tous les gens de plus de 65 ans s'y intéresseront étant donné que certaines des personnes les plus dynamiques que j'ai rencontrés lors de mes recherches avaient entre 65 et 85 ans. En concentrant mes recherches sur les 20 années entre 45 et 65 ans, j'ai fait des découvertes remarquables sur ''notre'' groupe d'âge et, par ricochet, sur moi-même.

Notre génération est, en fait, la plus active, la plus riche et constitue, à beaucoup d'égards, le groupe le plus puissant de notre société américaine. Pourtant, il est très difficile de s'en rendre compte en regardant autour de nous. Nous avons atteint un stade où nous sommes plus libres que nous ne l'avons jamais été et, même si nous ne représentons qu'un quart de la population (et notre nombre augmente), nous gagnons cinquante pour cent du revenu national. Le changement de carrière fait partie intégrante du mode de vie de ceux qui ont plus de 45 ans et de tels changements sont beaucoup plus fréquents qu'on ne le croit généralement. De plus en plus de gens de notre groupe d'âge retournent à l'université à temps plein pour obtenir leur diplôme ou à temps partiel pour une myriade de raisons personnelles. Nos problèmes de santé ont été exagérés. On parle beaucoup des mythes du ''syndrôme du nid déserté'' et de la ''crise de l'âge mûr'', mais ce sont des erreurs courantes de la pensée sociale contemporaine.

Bien sûr, nous changeons. Ne le faisons-nous pas constamment? À quel moment de notre vie n'avons-nous pas été confrontés au changement et au besoin d'y répondre? Pour d'innombrables raisons, lorsqu'on a atteint l'âge mûr, le mot ''changement'' semble céder la place au mot ''crise''. La société exige que nous nous considérions différemment dès que nous avons atteint un quelconque âge magique jugé officiellement étape de la vie particulièrement favorable aux ''crises''. Comme des moutons de Panurge, nous avons déjà commencé à accepter ce que la société voudrait nous faire croire: il est grand temps de nous retirer et de laisser aux jeunes notre place au soleil. C'est un état de choses que nous ne devons plus accepter.

C'est pourquoi ce livre ne traite pas seulement des changements et de la façon dont ils nous influencent. C'est un livre d'observation, un livre plein d'euphorie. C'est merveilleux: à notre âge, il est impossible de nous classer dans des catégories bien déterminées ou selon des "étapes" de la vie définies de façon rigide. De plus, nous découvrons enfin que les gens de notre âge sont plus sûrs d'eux, plus audacieux, plus intéressants, plus désireux de profiter des fruits de leur travail et plus imprégnés que jamais auparavant d'un sentiment de croissance. Ce livre reflète d'une certaine manière ma colère et ma détresse devant l'injustice causée par le fait que la société refuse de reconnaître l'existence d'une fraction entière de la population. Je ne suis pas le seul à en être indigné. Je commence à entendre des échos de la colère des autres. De nouveaux groupes et de nouvelles voix s'élèvent pour protester contre cette injustice qui relègue presque la moitié des États-Unis aux oubliettes. À cause des déformations et des mythes, ces gens ne sont ni remarqués ni écoutés.

II

Je ne suis nullement optimiste à l'excès. Je me suis intéressé au vieillissement il y a plus de 20 ans alors que je réalisais une série de films qui m'ont fait découvrir les hôpitaux pour malades chroniques, les maisons de retraite et les établissements pour personnes âgées aveugles ou sourdes. J'y ai vu tellement de douleur et de souffrance que je m'en rappellerai toute ma vie. C'est peut-être une autre raison pour laquelle j'ai décidé d'écrire un livre sur le vieillissement, mais un livre qui véhicule une vision très optimiste de ce que nous sommes et qui nous permet de faire de nouvelles découvertes, à une des époques les plus passionnantes de notre vie.

Pendant cinq longues et pénibles années, mon épouse a soigné sa mère; elle l'a aidée à supporter la sénilité, la maladie et la lente atrophie du corps et des sens. Alors que j'écrivais ce livre, ma belle-soeur est morte à l'âge de 60 ans après une lutte impuissante contre le cancer. J'ai été en nomination pour l'Academy Award décerné au meilleur film documentaire et le sujet de mon film était la maladie de Parkinson et le vieillissement (1963: *To Live Again*). Je me rends trop bien compte à quel point nous sommes vulnérables et, tout comme vous, j'ai vu des amis intimes succomber à toute une variété de maladies et ce, tout en entendant la société proclamer (avec raison!) que nous vivons plus longtemps.

Des problèmes? Il est évident que nous en avons! La question à se poser est plutôt: ''À quelle période de la vie n'y a-t-il pas de problèmes?'' Si les problèmes sont exclusivement du domaine de la vieillesse, pourquoi le taux de suicide est-il si élevé chez les adolescents et les jeunes adultes? Une trop grande partie de ce qui a été écrit ou dit à notre sujet, l'a été par des ''experts'' beaucoup plus jeunes que nous. Lors d'une conférence qui a eu lieu en Iowa l'an dernier, alors qu'une des animatrices (d'environ 30 ans) résumait les différentes suggestions proposées, une dame aux cheveux gris s'est levée et s'est écriée d'une voix irritée: ''Je suis venue à Des Moines pour entendre parler des femmes plus âgées que moi. J'en ai assez d'entendre des jeunes femmes m'expliquer d'un air condescendant quels sont mes problèmes! Comment pouvez-vous savoir ce qu'est la vieillesse et comment on se sent?''

Et moi qui ne suis ni sociologue, ni psychologue, ni psychiatre, ni gérontologue, ni travailleur social, ni docteur en médecine, je vous demande de partager cette aventure avec moi. J'ai consacré 57 ans à ''étudier'' ce que l'on retrouve dans les pages qui suivent. J'ai changé de carrière à 57 ans, au cours de l'année que j'ai consacrée à ce livre. À ma grande surprise, j'ai découvert que la plupart de mes amis envisageaient eux aussi de tels changements et que plusieurs d'entre eux étaient beaucoup plus âgés que moi. Mon ami Carmen s'est acheté une ancienne maison de pierres toute délabrée, située dans le nord de l'État de New York. Il la reconstruit lui-même, pierre par pierre, chaque fois qu'il a un peu de temps libre. Carmen a 60 ans; il est lui aussi un cinéaste encore actif; il est également sculpteur, peintre, animateur et opérateur de radio amateur. Il ne semble pas du tout découragé par le fait qu'il lui faudra au moins 40 ans pour terminer la reconstruction de cette maison. Carmen n'est pas pressé par le temps; son attitude générale est ce qu'il y a de plus remarquable en lui.

Il est fort probable que vous fassiez des découvertes intéressantes en me suivant tout au long de ce livre. Nous ne rencontrerons évidemment personne qui soit en train de rajeunir. Mais il ne faut pas oublier que la vieillesse apporte de sérieux avantages. Vous allez découvrir, tout comme moi, que de moins en moins de gens croient à la théorie archaïque des ''différentes phases de la vie''. Je suis, à 10 ans près, du même âge que vous. Il m'appartient donc de vous inviter à partager avec moi la plus personnelle de toutes les aventures.

III

Je commence mon livre. C'est déjà l'hiver à Fire Island. Le village est déserté une fois de plus. Quand le vent souffle du sud, j'entends le mugissement étouffé de l'océan qui s'étend à quelques mètres. Peut-être est-ce un présage, chaque fois que j'ai commencé un livre ici, un cerf s'est approché sur les dunes. Il y a quelques instants, un gros mâle est apparu à l'horizon, il est resté immobile quelques secondes, au sommet de la dune, puis il s'est enfui vers la mer. On prévoit de la neige pour ce soir. J'ai hâte à demain. J'irai admirer le paysage recouvert de neige, beau à me couper le souffle. Les pins seront recouverts d'un manteau de neige cristalline. Il faudra que je me lève très tôt afin d'aller secouer leurs branches et les soulager ainsi de leur fardeau. Assis au chaud, je me remémore avec plaisir une histoire que m'a racontée mon ami Lewis Freedman.

George Santayana avait été invité à donner une conférence aux étudiants de Harvard. C'était au début d'avril, il y a très très longtemps. Les étudiants, environ 300, s'étaient rassemblés dans l'immense salle de conférence. George Santayana est entré et s'est dirigé vers l'estrade. Il s'est arrêté tout d'un coup et a regardé autour de lui. Puis, il jeta un coup d'oeil par la fenêtre située près du lutrin. Il aperçut des forsythias dans toute leur splendeur jaune qui commençaient à fleurir. George Santayana regarda une fois encore les étudiants impatients d'entendre ce que ce grand homme avait à leur dire. Il leur déclara en souriant: ''Excusez-moi, messieurs, j'ai rendez-vous avec le printemps.''

Moi aussi, j'ai rendez-vous avec le printemps, pour la deuxième fois.

Partie I
Les générations invisibles

Chapitre 1
Le fantastique tour de
passe-passe des Américains

Après s'y être rendu, on se rend compte qu'il n'y a rien.
Gertrude Stein

J'ai été passionné par le cinéma dès mon plus jeune âge. Le samedi matin, je commençais un voyage mouvementé qui devait durer toute la journée: j'assistais à la représentation de trois films, de quatorze documentaires, d'un feuilleton de Flash Gordon (de Buck Rogers ou de Tarzan); je jouais ensuite quatre parties de Bingo, de Keeno ou de Banco pour enfants. À cette époque, les cinémas distribuaient des prix de présence: bicyclettes, jeux de Monopoly ou patins à roulettes que je n'ai évidemment jamais gagnés! Le tout pour dix cents! Je survivais grâce à un gros sac de bonbons que je payais cinq cents au Woolworth du quartier. Le soir vers sept heures, ma mère avait déjà appelé la police: son rebelle de fils n'était pas encore rentré d'une ''matinée enfantine'' au cinéma Park Plaza situé à deux rues de la maison.

Aujourd'hui, je suis cinéaste et je repense souvent aux films qui ont marqué ma jeunesse. Je frissonne encore en pensant à Fredric March se transformant miraculeusement en Mr. Hyde. Je revois Lon Chaney, l'original, l'inégalé Fantôme de l'Opéra; mes premières amours: Fay Wray et Helen Twelvetrees; et surtout la magie que dégageait Claude Rains dans *L'Homme invisible*.

L'illustre héro de ce superbe film en noir et blanc (et à la bande sonore écorchée) était une silhouette enveloppée de bandages de la tête aux pieds; seule la forme que prenait la gaze révélait qu'elle recouvrait un être humain. Je me revois, assis, le souffle coupé, regardant le héro dérouler son bandage, nous révélant lentement, délibérément, qu'il n'y avait rien dessous. Il avait disparu. Les bandages ne recouvraient ni chair ni os. Il avait la faculté de traverser le monde des vivants sans être vu, ne laissant pour toute trace de son existence que ses empreintes dans la neige.

Au cours de l'année passionnante que j'ai consacrée aux recherches qui m'ont permis d'écrire ce livre, tous ces souvenirs me sont revenus de façon très précise, apportant avec eux un sentiment d'angoisse devant mon impuissance. Les spécialistes du comportement, les behavioristes, nous étudient, nous analysent et nous dissèquent quand nous sommes enfants, adolescents et jeunes adultes. Ils interprètent tout ce que nous disons ou pensons et même certaines de ces choses auxquelles nous ne pensons même pas. Ils considèrent nos révoltes comme étant normales, puis les réévaluent comme anormales si nous semblons aller trop loin.

Il leur est assez facile de nous faire entrer dans des catégories ou des types bien définis au cours de notre croissance, lors de notre découverte du marché du travail, lors de notre mariage, lorsque nous entretenons une relation avec quelqu'un, lorsque nous attendons un enfant ou lorsque ces derniers nous quittent. Tôt ou tard, après avoir atteint 40 ans, nous semblons stables aux yeux des chercheurs. Ils nous oublient pour nous ''redécouvrir'' à 65 ans.

Malheureusement, cette corrélation fatidique, mystique du nombre 65 nous a été imposée par notre système légal. Dans les années 30, le Congrès devait fixer un âge pour la retraite et pour l'aide sociale. Soixante-cinq ans leur a semblé un âge logique pour commencer (ou pour finir?). À cette époque, la société était très différente et le pays était en plein coeur d'une terrible crise économique. Pourtant, rien ne semble avoir changé au cours des ans. Aujourd'hui encore, les scientifiques, les sociologues, les médecins et les philosophes nous redécouvrent à 65 ans et étudient en détail nos besoins émotifs, notre désintégration physique, notre situation financière, notre sexualité peu exigeante, notre alimentation et notre rapide glissade vers la sénilité. L'opinion de la société ne semble pas du tout influencée par le fait que la plupart des études faites par le passé ont surtout été concentrées sur les personnes âgées *dans le besoin*. Bien que seulement cinq pour cent de toutes les personnes de plus de 65 ans vivent dans des maisons de repos ou des maisons de retraite et que toutes les autres mènent une vie confortable et bien remplie, les mythes qui se sont forgés autour de la fragilité et de l'invalidité des personnes âgées sont encore vivaces.

Que peut-on dire au sujet des années qui précèdent la ''vieillesse''? Qu'est-ce qui arrive aux personnes entre 40 ou 45 ans et 65 ans? Qu'arrive-t-il à ceux d'entre *nous* qui sentent qu'entre ces deux âges nous semblons à peine exister? Les journaux, les livres, les monographies, les études scientifiques, les enquêtes et les articles de magazines nous passent sous silence. Nous commençons à ressentir ce que Claude Rains a dû éprouver. Nous sommes là, cachés par nos bandages, et personne ne nous remarque pendant vingt longues années *(presque une génération)*. Nous avons parfois l'impression que nous ne laissons même pas de traces dans la neige. En d'autres mots, à 45 ans, nous sommes comme la marmotte qui sort de son terrier pour regarder son ombre; ne voyant rien, nous retournons sous terre pour ne réapparaître qu'à 65 ans.

Les chercheurs les plus perspicaces, tels que le docteur Bernice Neugarten de l'Université de Chicago, ont remarqué cette étrange disparition de millions de personnes. Elle a écrit que les années de maturité sont sans contredit beaucoup moins bien comprises que celles des premières expériences ou celles du début de la vieillesse. D'une manière ou d'une autre, les scientifiques prennent pour acquis que nous avons pris toutes les décisions que nous avions à prendre et subi tous les événements significatifs et tous les traumatismes que nous avions à subir (à l'exception de la ''crise de l'âge mûr'' dont je reparlerai plus tard). De toute évidence, il ne se passe jamais rien entre 40 et 65 ans.

Tous les jours, nous sommes confrontés à ce phénomène. Notre génération est presque entièrement invisible, surtout les femmes. Les média (en particulier la télévision et la publicité) ainsi que la littérature populaire ne traitent que rarement de notre vitalité, de notre pouvoir d'achat ou de nos réalisations.

Gail Sheehy a écrit il y a quelques années,une étude très populaire "Predictable Crises of Adult Life" dans le recueil intitulé *Passages* (Bantam, New York, 1977) dans laquelle elle rapportait 115 cas de personnes d'âge mûr. *Seulement* 19 des 514 pages de cet ouvrage (très épais sans contredit) sont consacrées aux gens de plus de 45 ans. Dans ces dernières pages, l'auteur mentionne brièvement le cas d'une personne de plus de 55 ans. À part ces exceptions, nous ne faisons pas partie de cette étude. Nous sommes tout simplement absents et nos "crises prévisibles" ont toutes déjà eu lieu. Lorsque j'ai interviewé un de mes amis pour mon livre, il m'a avoué avec colère: "J'étais furieux. Je venais d'avoir 50 ans et je n'ai pu retrouver dans *Passages* ce que j'étais en train de vivre." Il est possible que ce soit dû au fait que Sheehy situe l'âge mûr vers le milieu de la trentaine!

Dans son best-seller intitulé *The Seasons of a Man's Life* (Ballantine, New York, 1978), Daniel Levinson présuppose au début de sa préface que toutes les personnes d'âge mûr ont une attitude négative face à cette étape de leur vie. J'ai d'abord cru que ce livre me déplairait. Pourtant, je dois admettre qu'il m'a plu davantage que le reportage de Sheehy. Cependant, on peut reprocher à Levinson de n'avoir basé son étude que sur *40 hommes* (les femmes restent invisibles une fois de plus; ayant des fonds limités, l'auteur a préféré étudier 40 hommes en détail plutôt que de diviser ce nombre en deux parties égales pour chaque sexe). Tous les sujets qu'il a étudiés venaient du nord-est des États-Unis et faisaient partie d'une des quatre catégories suivantes: biologistes, romanciers, cadres et cols bleus. Tous ceux qui, comme moi, font partie d'une autre catégorie doivent prendre pour acquis que leur vie ressemblera,à ce stade,à celle des sujets de Levinson, peu importe leurs antécédents, leur emploi, leur situation financière et leur situation géographique.

De plus, et c'est peut-être ce qui a le plus renforcé mon impression d'être invisible,est le fait que Levinson s'arrête de l'autre côté de la ligne de démarcation. Dans la période qu'il nomme "le milieu de l'âge adulte" il ne traite pas du tout des gens entre 45 et 60 ans. Il nous évite tous autant que nous sommes. Il mentionne que nos capacités physiques et nos facultés mentales diminueront après 40 ans. Pourtant, il affirme plus loin que la plupart des réalisations humaines les plus brillantes et les plus géniales ont vu le jour durant ces années d'invisibilité, que ce soit en sciences, en arts, en péda-gogie, en affaires, en politique, en diplomatie internationale ou en philosophie. De fait, en lisant ces mots, j'étais complètement inca-pable de me rappeler le nom d'un seul philosophe de 18 ans.

Même les études scientifiques les plus poussées nous consi-dèrent "en bloc" ou nous "évitent". Une des meilleures études, faite en 1975 par la Louis Harris Associates pour le National Council on the Aging (Conseil national sur la vieillesse), intitulée *The Myth and Reality of Aging in America,* analyse l'attitude du public face au vieillissement. Je ferai mention de nombreuses conclusions de cet ouvrage dans les chapitres suivants. Une fois de plus, mon atten-tion fut attirée par un phénomène très intéressant. De la fin du printemps au début de l'été 1974, les auteurs ont fait plus de 4,000 entrevues. Les personnes interviewées ont été classées en deux groupes: le grand public et les gens de plus de 65 ans. Le premier groupe comprenait tous les gens entre 18 et 64 ans. Je suis mal à l'aise quand je pense que mes sentiments et mes impressions con-cernant un sujet aussi important que le vieillissement sont exacte-ment les mêmes que ceux de mes jeunes amis de 18, 20 ou 30 ans.

Le même principe est utilisé dans les études portant sur l'édu-cation des "adultes": toutes les personnes de plus de 25 ans sont considérées comme des étudiants adultes!

Le dernier fait que je voudrais porter à votre attention ne con-cerne en rien notre invisibilité, mais plutôt cette tendance qu'ont les Américains de vouloir tout ranger (les choses comme les hom-mes) dans de belles boîtes avec emballage-cadeau. J'ai même l'im-pression que l'on ne tient pas compte de ceux qui ne correspon-dent à aucune catégorie afin d'éviter de mettre la pagaille dans les statistiques. Dans tous les documents que j'ai consultés lors de mes recherches pour ce livre (à part quelques ouvrages exceptionnels comme celui du docteur Neugarten), j'ai rencontré cette tendance: classer tous les gens selon des phases de transition ou de change-ment ou les insérer dans des ornières. Ça m'a vraiment contrarié car à force de lire et de rencontrer des gens, je me suis aperçu que l'Américain moyen, jeune ou vieux ou même d'un "certain âge" n'existait pas.

La société et, par conséquent, la "démographie" de la vieil-lesse ont changé rapidement au cours des vingt dernières années et il est presque impossible d'affirmer que les hommes peuvent être mis dans des catégories bien précises à un certain âge. Je doute même fortement qu'il y ait eu une époque où une telle classification a été possible.

D'autres études et d'autres ouvrages populaires ne portent que sur les hétérosexuels de classe moyenne. Il est plus facile de montrer comment les enfants peuvent influencer l'évolution ou l'engourdissement d'un mariage que de discuter des mariages sans enfant ou des personnes qui ne se sont jamais mariées. Tout le monde atteint la seconde moitié de sa vie (peu importe l'âge chronologique qui correspond à cette étape) quelles que soient ses préférences sexuelles et sa situation de famille. Si les hommes de notre génération se sentent invisibles, les femmes doivent être encore plus irritées et frustrées. Une étude bien connue (par le docteur George Vaillant) ne traite que des vies respectives de 95 hommes, *tous diplômés de Harvard!* Il n'est donc pas étonnant que certains d'entre nous aient l'impression que nous traversons la vie comme si nous étions sur une chaîne de montage afin d'évoluer, le temps venu, de la façon qui s'impose.

Depuis qu'un certain jeune homme m'a offert son siège dans l'autobus, je fais beaucoup plus de marche à pied. Peut-être est-ce par pure coïncidence! L'autre jour, alors que j'allais à un rendez-vous en ville, j'ai remarqué une affiche dans la vitrine d'une caisse d'épargne. À côté des taux hebdomadaires pour les certificats de dépôt de six mois, cette affiche proclamait en lettres rouges capitales: NOUVELLES PRIMES D'ASSURANCE-VIE RÉDUITES. En effet, les primes étaient réduites pour les polices renouvelables tous les cinq ans et la prime annuelle avait été coupée elle aussi (le tout s'étalait en capitales). Puisque les femmes vivent plus longtemps que les hommes, les primes qui s'appliquaient dans leur cas étaient évidemment encore plus basses. J'ai parcouru rapidement la liste des âges, 20, 25, 30, 35, 40, mais elle s'arrêtait à 45 ans. Fin. L'affaire était dans le sac pour ceux qui ont moins de 45 ans. J'ai vérifié si mes primes avaient été réduites elles aussi. Mais non, à la caisse d'épargne, on avait toutes les informations possibles à me donner au sujet des assurances-vie, mais surtout, pas de réduction de taux. Pas à 57 ans.

Une fois de plus, je me suis senti invisible ou, du moins, relégué dans un coin pour quelques années. La société me redécouvrira peut-être quand j'aurai 65 ans.

Chapitre 2
''Excusez-moi, monsieur (ou madame), pourriez-vous m'indiquer le chemin qui mène à l'âge mûr?''

On sait qu'on a atteint l'âge mûr lorsque confronté à deux tentations, on choisit celle qui nous permettra de rentrer à la maison avant neuf heures.

Président Ronald Reagan

J'ai choisi cette citation du président Reagan, non parce que je la trouvais typique, mais parce que je la trouvais tellement vraie. Cible de nombreuses plaisanteries et reflet des mythes (que vous lirez dans ce chapitre), l'âge mûr est toujours aussi impossible à définir. Il est absurde d'essayer d'en faire une catégorie, surtout pour les gens de notre génération. Pourtant, rien ne semble empêcher les gens d'essayer.

Voici un exemple. Réfléchissez un moment, puis essayez de définir ''l'âge mûr''. Votre définition est-elle chronologique? Personnelle? Émotive? Est-elle tirée d'un ouvrage didactique? Si vous avez trouvé une réponse adéquate, essayez maintenant de définir la ''vieillesse''. Est-ce plus facile? Pas pour la plupart des gens. Tout dépend évidemment de quel côté de la barrière vous vous situez.

Si vous avez l'habitude d'écouter les gens, de lire ou de regarder la télévision, si vous avez 30 ans ou 13 ans, votre perception du vieillissement et, par conséquent, vos réponses sont très différentes de celles d'une personne de 45 ou de 65 ans. Je vous demande encore un peu de patience; je veux vous donner quelques autres exemples qui illustrent bien ce que je veux dire.

Je souris encore en me rappelant un dessin humoristique que j'ai vu il y a longtemps dans une revue médicale. Un très vieux monsieur est assis sur un banc et quelqu'un lui demande son âge. Il répond: ''Quel âge? Anatomique, psychologique, physiologique, moral ou chronologique?''

À 81 ans, ma regrettée belle-mère rencontra une vieille amie qui venait juste d'avoir 92 ans. Ma belle-mère se fâcha quand elle se rendit compte que je considérais les deux femmes comme des contemporaines. Elle me dit d'un ton hautain: ''Comment oses-tu me comparer à elle? Elle est d'un certain âge!''

Au ''Bureau of Labor Statistics'', on classe dans la catégorie ''vieux travailleurs'' tous ceux qui ont plus de 45 ans.

Bernard Baruch a déjà dit: ''La vieillesse est toujours à quinze années de l'âge que j'ai.''

Vers le milieu des années 30, ma mère était une fanatique des feuilletons mélodramatiques radiodiffusés. Son émission favorite était l'histoire d'Helene Trent. Chaque jour, au son pathétique d'une musique d'orgue, le présentateur récitait ces mots traditionnels: ''Helene Trent. . . Peut-elle encore trouver l'amour à 35 ans?'' Quelques années plus tard, j'ai vraiment ri en entendant quelqu'un parler d'*Helene Trent* comme étant l'émission qui avait donné une mauvaise réputation à la vertu.

En avez-vous assez? Pourtant, ce n'est que le début! Je me suis rendu plusieurs fois en Floride afin d'y faire les recherches qui m'ont permis de rédiger les chapitres qui parlent de la retraite. Lors d'un de ces voyages, alors que je me rendais à un condominium pour retraités, j'écoutais la radio et j'ai entendu ce communiqué de la plus haute importance:

. . . par un pirate de l'air d'âge mûr. Quatre-vingt-dix passagers se sont enfuis par la sortie de secours. Il tient en otage sept passagers qui voyageaient en première classe. À l'heure actuelle, les agents du F.B.I. parlementent avec cet homme. De race blanche, d'âge mûr entre 40 et 45 ans. . .

Ma première réaction fut de me demander si ce journaliste avait 10 ans!

On fait toujours référence à l'âge chronologique. La génération qui déclarait: ''Ne faites jamais attention aux plus de 30 ans!'' a suffisamment mûri pour regarder autour d'elle et pour crier encore plus fort: ''La vie commence à 40 ans!'' Parfois, seul le bon sens d'une personne plus âgée permet une contre-attaque. On rapporte que Gloria Swanson a dit: ''Je n'ai pas l'impression d'avoir 80 ans; je ne sais pas comment on doit se sentir à cet âge.'' Alors, à quel âge sommes-nous vieux? Qu'est-ce que l'âge mûr?

En fait, la théorie des phases de la vie est reléguée aux oubliettes tout comme Edzel, le Victrola et la glacière. Nous ne formons qu'un petit groupe, mais nous nous faisons entendre. Nous sommes perspicaces et nous commencons à nous rendre compte qu'il est non seulement injuste, mais aussi très inexact de nous classer selon des étapes chronologiques, qu'elles soient appelées changements, saisons ou périodes de transition. Si nous éliminons ces frontières tout comme nous le devons, il sera plus difficile d'écrire des livres décrivant des modes de vie particuliers. Nous sommes à une autre époque et les choses ont changé. Elles ne redeviendront pas comme elles étaient.

Le docteur Neugarten a très bien décrit l'époque à laquelle nous vivons en la qualifiant d'ère ''où l'âge n'a aucune importance''. Je lui donne entièrement raison. En premier lieu, ce que nous sommes à un certain âge dépend de la société dans laquelle nous vivons. Il est également important de tenir compte de l'époque à laquelle nous sommes nés. Étant donné l'espérance de vie au temps de la colonisation, notre jeune société américaine engendrait des hommes politiques et des diplomates qui seraient encore au collège ou à l'université s'ils vivaient à notre époque. Après tout, si notre espérance de vie n'était que de 40 ans, il serait plus que préférable de faire nos preuves avant d'avoir atteint 20 ans. Si Mozart avait commencé sa carrière à 30 ans, il ne nous aurait pas laissé beaucoup de ses compositions.

Premièrement, les progrès en médecine ont permis d'augmenter le nombre d'années d'activités. On peut citer en exemple le taux actuel de mortalité à l'accouchement qui est minime en comparaison de celui qui sévissait du temps de nos grands-mères. Le mode de vie bien structuré d'il y a quelques années (éducation, mariage, enfants, vieillissement rapide et mort) a été repensé afin de faire place à des dizaines d'années encore pleines d'activités après que les enfants ont quitté la maison, ce qui donne la chance d'avoir des grands-parents plus jeunes dans bien des cas. Ces années supplémentaires apportent une nouvelle liberté qui va de pair avec notre société d'abondance, plus riche que toutes celles qui l'ont précédée. La vie est maintenant plus flexible que jamais. Comme le dit si bien le docteur Neugarten, plus personne ne reproche à quelqu'un ''de ne pas se conduire comme une personne de son âge''.

Lors de mes recherches, j'ai rencontré des étudiants d'universités bien cotées qui avaient plus de 80 ans. Certains d'entre eux essayaient même d'obtenir leur diplôme. Le maire d'une petite ville du Wisconsin a à peine 29 ans. Chaque année, 20,000 hommes de plus de 50 ans décident de devenir pères, un bon nombre d'entre eux pour la première fois. Quel plaisir de prouver au monde entier que notre génération est encore sexuelle et vigoureuse. Carl Jung fut l'un des premiers à penser que la meilleure période pour la croissance maximale du potentiel et de la personnalité était la seconde moitié de la vie. Notre génération a renforcé cet optimisme puisque nous avons à notre actif le plus grand nombre de changements d'orientation et de métamorphoses de toute l'histoire. Cependant, je ne saurais dire exactement à quel âge Carl Jung situe l'âge mûr. Probablement vers la trentaine.

Le docteur Neugarten a fait remarquer qu'une personne n'est pas nécessairement jeune à cause de son âge et que le mot ''vieux'' n'implique pas un nombre précis d'années. Elle considère qu'il y a des ''vieux jeunes'' tout comme il y a des ''vieux vieux'', selon l'état d'esprit de la personne. Pensez à vos meilleurs amis, tout comme je l'ai fait quand je leur ai dédié ce livre. Il m'est impensable de considérer un seul d'entre eux comme étant un ''vieux vieux'', même si aucun n'a moins de 50 ans et que la plupart ont franchi la soixantaine d'assez loin déjà.

Notre société a bel et bien été conditionnée et ce n'est pas la première fois. L'enquête Harris a prouvé que cinq pour cent des

Américains considèrent qu'une personne est vieille avant même qu'elle ait atteint 50 ans! Seize pour cent croient que la vieillesse commence avant 60 ans. Bientôt, nous serons nous aussi de cet avis et nous commencerons à agir comme des vieux, bien avant le temps. En effet, si tout le monde le dit, il doit bien y avoir une part de vérité. Les gens, et nous aussi par le fait même, ont été conditionnés pour penser que les changements physiques sont la principale cause de notre vieillissement — cheveux gris, rides, taches brunes sur la peau.

Nous serons bientôt victimes des stéréotypes qu'on nous a imposés. Ils disent que notre apparence nous fait vieillir. Comme nous vieillissons, les gens nous traitent différemment et pensent à nous d'une manière différente. Et nous sommes bien près de les croire.

Je suis entré dans une boutique pour acheter du fil à coudre. Le vendeur (dans la quarantaine) a dû se pencher sous le comptoir. Je l'ai entendu se plaindre: ''Mon dos fait horriblement mal. Je dois me faire vieux.''

J'ai rencontré par hasard un vieil ami. Je ne l'avais pas revu depuis 20 ans et je dois avouer qu'il vieillissait bien malgré ses 64 ans, selon les critères physiques bien entendu. (Vous avez sûrement remarqué que je viens de faire allusion à l'âge physique. Eh oui! Je suis aussi victime de certains préjugés!) Il m'a enlevé mon chapeau afin de mieux voir mes cheveux. ''Eh bien! Tu es tout gris!'' (De quelle couleur aurais-je dû être? Doré?) Il soupira ensuite tristement: ''J'imagine que nous vieillissons tous un jour ou l'autre.''

J'en suis convaincu et il n'y a aucun remède connu contre le vieillissement. Je me rappelle avec joie la déclaration qu'a faite l'incomparable Harry Hirschfield à un dîner en l'honneur de son 80e anniversaire. ''Comment on se sent à 80 ans? Très bien, surtout lorsqu'on songe à l'autre possibilité!''

Chapitre 3
Non-sens, bobards, stéréotypes et mythes usés jusqu'à la corde

Ce n'est pas la vieillesse qui est une erreur, mais bien notre attitude envers elle.

Cicéron
De la vieillesse

Mon bon ami Alex est maintenant septuagénaire; pourtant, il voyage encore beaucoup, fait la mise en scène de spectacles d'avant-garde, il collectionne des oeuvres d'art et il est cadre dans une entreprise qui s'occupe de biens immobiliers. Il m'a raconté qu'un jour il a rencontré un homme dans une rue très encombrée de New York. Soudainement, le visage de cet homme parut se détacher de la foule. Alex ne pouvait se rappeler où il avait déjà vu cet homme ni qui cet homme était. Ça arrive à tout le monde: sorti de son contexte habituel, même un visage familier peut être difficile à reconnaître. Les deux hommes se sont salués et Alex, toujours aussi désorienté, lui a fait la remarque suivante: ''Il y a *trois* choses qui se produisent lorsqu'on vieillit. Premièrement, on oublie les noms des gens qu'on connaît. Et. . . je ne peux pas me rappeler en quoi consistent les deux autres choses!''

J'ai utilisé cette petite anecdote encore et encore, chaque fois que j'ai rencontré par hasard des gens dont le nom m'échappait et je dois avouer que c'est une façon très commode de briser la glace. Pourtant, si l'on s'attarde à bien analyser cette anecdote, il est facile de se rendre compte que nous rejetons injustement la faute sur le vieillissement. Nous le faisons souvent et nous le referons encore. Nous vieillissons. Il est reconnu que nous devons, par conséquent, commencer à oublier certaines choses. C'est de cette façon que nous commençons à accepter et à reconnaître comme vrais certains préjugés concernant le vieillissement et les personnes âgées. Ces préjugés se répandent d'une façon aussi insidieuse que le racisme ou le sexisme. *Nous* en sommes les victimes et nous sommes prêts à reconnaître leur bien-fondé.

Je suis coupable comme tout le monde. J'égare mes lunettes (une béquille qui m'est de plus en plus nécessaire pour lire, surtout depuis que mes yeux prennent de l'âge). Je rejette le blâme sur la sénilité qui m'attaque progressivement. L'autre soir, je me suis versé un verre de vin et je l'ai déposé dans la pièce où je prenais nonchalamment quelques notes au sujet de ce chapitre, que je devais rédiger le lendemain. J'ai cru qu'un esprit malin ou un petit lutin me l'avait volé. Pourtant, je l'ai trouvé, plusieurs heures plus tard, au même endroit où je l'avais mis: juste à côté de ma machine à écrire. Je dois donc être près du ''crépuscule de ma vie''!

Vous savez bien que si vous remarquez le même comportement chez vos jeunes amis, chez vos enfants ou vos petits-enfants, vous l'oublierez probablement en vous disant avec désinvolture ''qu'ils ont trop de choses à penser'' ou qu'ils sont ''trop occupés'' pour avoir les idées claires. Ce sont de telles analyses destructrices qui ont ruiné l'existence des femmes et des minorités ethniques de notre société. Dans notre monde ''civilisé'', lorsqu'un homme est un bourreau de travail, plein d'attaque, ambitieux, obstiné, exigeant et strict envers ses subordonnés, on lui destine généralement un poste de vice-président pour le récompenser de ses efforts et, surtout, pour sa forte personnalité. Si une femme ose agir de la même façon et faire preuve d'une aussi forte personnalité, elle sera bientôt qualifiée par tous de ''garce arrogante et autoritaire''.

Il est plus facile de généraliser que d'accepter les différences. Il est plus facile de faire une étude approfondie portant sur des adolescents qui fréquentent tous la même institution ou portant sur des personnes âgées toutes confinées dans la même maison de retraite que de "sonder" la diversité que l'on peut rencontrer dans la société. Malheureusement, à mesure qu'on assure une vaste diffusion aux différents mythes et que nos employeurs, nos collègues, le grand public, les média et les traditions perpétuent les stéréotypes, un phénomène très insidieux se développe. *Nous commençons à y croire nous aussi!* De plus, au cours de ce long processus, le mythe se parfait graduellement et nous, les victimes, apportons volontiers notre contribution en aidant à perpétuer les faits déformés et les non-sens. Quels sont au juste ces mythes? Ils commencent à surgir dès que nous atteignons l'âge mûr et après que nous ayons franchi le point de non-retour fixé à 65 ans, ils augmentent en quantité (et même parfois en qualité). Et ils sont de plus en plus destructeurs. Jusqu'à maintenant, nous avons été des êtres humains pleins d'entrain, fonctionnels et normaux. Maintenant que la vieillesse s'est abattue sur nous, que sommes-nous devenus?

Eh bien! Nous sommes sévères et nous désapprouvons toutes les nouveautés. Seuls les jeunes (comme tout le monde le sait) s'adaptent facilement et gardent toujours leur sang-froid. Nous sommes impatients, hargneux et nous tombons en enfance plutôt rapidement.

Nous sommes faibles et en mauvaise santé. Au mieux, notre santé décline rapidement. Il est évident que nous sommes distraits et que notre esprit est lent. Nous sommes un fardeau pour la société, pour nos amis et notre famille. Et, pire que tout, nous sommes totalement improductifs, dans nos vies privées et dans le monde des affaires. Il faut laisser notre place aux jeunes esprits et, en particulier, aux jeunes corps!

Ah oui! J'oubliais. . . nous n'avons ni besoin sexuel ni aucune passion. Il ne faut pas oublier que c'est généralement à l'âge mûr que nous mettons fin à notre mariage. Le résultat final est évident: nous prenons notre retraite, nous nous effaçons jusqu'à ce que nous soyons complètement disparus. Nous mourrons sans être pleurés et sans laisser de souvenirs. Cette dégénérescence commence vers le début de la quarantaine.

La théorie de "l'énorme mensonge" n'est pas une nouveauté pour ceux qui ont vécu aussi longtemps que moi, en particulier, quand on se rappelle la propagande qui a accompagné toutes les guerres. Le fait d'affirmer quelque chose assez fréquemment amène tout le monde à y croire. Si vous le proclamez d'une voix suffisamment forte, vous étoufferez la faible voix de la vérité. Le souffre-douleur se rallie tôt ou tard à la majorité et la fiction devient une dure réalité à laquelle nul ne peut échapper.

Une des questions de l'étude Harris visait à déterminer l'opinion du public quant aux activités des personnes âgées (de 65 ans et plus). Examinez attentivement les chiffres qui suivent, certains d'entre eux sont très loin de la réalité.

Regarder la télévision: Soixante-sept pour cent des gens croient que nous passons notre temps les yeux rivés sur le petit écran. En réalité, seulement trente-six pour cent des personnes de plus de 65 ans le font.

Rester assis à penser: Soixante-deux pour cent des gens sont convaincus que nous sommes une collection de ''Penseurs de Rodin''. Le nombre réel s'élève à trente et un pour cent.

Faire beaucoup de promenades: Seulement trente-quatre pour cent des gens croient que notre passe-temps favori est la marche alors que c'est le passe-temps de vingt-cinq pour cent d'entre nous.

Dormir: Quarante pour cent selon l'opinion du public, contre seize pour cent en réalité.

Voici la réponse la plus intéressante: trente-cinq pour cent des gens croient que les gens âgés ne font ''tout simplement rien''. J'aimerais interroger certains des jeunes gens pour lesquels j'ai donné des conférences (dans tout le pays), afin de découvrir combien d'entre eux passent la majeure partie de leur temps à ne ''rien faire''. En fait, seulement quinze pour cent des personnes de plus de 65 ans affirment qu'elles ne ''font rien''. Il y a donc quatre-vingt-cinq pour cent d'entre elles qui doivent bien ''faire quelque chose''! Si l'on observe les gens entre 45 et 65 ans, *la plupart d'entre eux* sont beaucoup trop occupés pour se permettre de ne ''rien faire''!

Je ne suis pas le premier auteur ou le premier chercheur ou le premier sociologue à qualifier de fumisteries tous les non-sens acceptés comme parole d'Évangile alors qu'ils camouflent de véritables mythes. L'étude Harris au complet (et elle comporte 245 pages) est consacrée à l'analyse des stéréotypes concernant la vieillesse tels qu'ils sont véhiculés par les média, les employeurs, le monde des affaires et la société. L'étude Harris compare tous les stéréotypes à la réalité. Les chercheurs sont arrivés eux aussi à la même conclusion: ''L'image de la vieillesse et de ses problèmes que l'on retrouve dans l'esprit du public est une grossière déformation de ce que les gens âgés vivent personnellement.''

Cependant, la plupart des livres populaires que j'ai lus qui traitaient de l'âge mûr et de la vieillesse étaient franchement plutôt déprimants. Alors qu'ils essaient de démontrer au départ la fausseté des stéréotypes, ils concluent en utilisant certains préjugés tels que la ''crise de l'âge mûr'' et la dépression ménopausique; ils vont même jusqu'à parler de la désintégration et des tendances suicidaires.

Cependant, le livre d'Alex Comfort intitulé *A Good Age* (Crown, New York, 1976) est un des livres les plus encourageants jamais écrits sur ce sujet. L'auteur qualifie de ''vieillissement provoqué par la société'' le processus que je viens de décrire. Ce vieillissement est dû au rôle que la société impose aux gens dès qu'ils atteignent un âge chronologique déterminé et ce, en dépit de tout ce qu'on affirme aujourd'hui au sujet du peu d'importance que revêt l'âge chronologique et en dépit des sentiments des personnes âgées face à leur âge. À 65 ans, vous devez prendre votre retraite. À 45 ans, vous avez atteint l'âge mûr et vous êtes, par conséquent, inapte à travailler. Vous avez une mauvaise mémoire et, il ne faut pas l'oublier, vous n'avez aucun désir sexuel.

Lorsque j'ai interviewé Nina Kenny du Colonial Penn Group (qui n'assure que les Américains âgés) au sujet des conducteurs âgés, elle m'a résumé un entrefilet qu'elle avait lu. Un homme s'apprêtait à traverser Market Street à Philadelphie. Il venait d'avoir 65 ans et se rendait avec son fils à un déjeuner d'anniversaire. Tout à coup, il sentit la main de son fils se poser fermement sur son coude. Son fils l'aidait à traverser la rue! L'homme s'est retourné et lui a demandé: ''Qu'est-ce que tu fais?'' Le fils répliqua immédiatement: ''Eh bien! Tu as 65 ans; je t'aide à traverser la rue.'' Le père, quelque peu contrarié, riposta: ''Tu ne m'aidais jamais à traverser la rue quand j'avais 64 ans. Pourquoi m'aides-tu aujourd'hui?''

Les problèmes qui accompagnent la vieillesse doivent émerger de tous les mythes et stéréotypes. Même à 45 ans, bien avant notre 65e anniversaire, ils commencent à nous influencer. Si vous le voulez bien, prêtez attention aux réclames publicitaires. Remarquez le nombre de fois qu'apparaît le mot ''jeune''. Il ne faut pas s'étonner du fait que beaucoup de nos sentiments envers nous-mêmes commencent à refléter les absurdités de la société, même si nous venons à peine d'entrer dans l'âge moyen. Si, par hasard, nous ne sommes pas d'accord avec ce que les média affirment, nous ne nous y attardons pas. Nous nous disons: ''Je dois être une *exception!*''

Une de mes jeunes amies pérorait l'autre soir, comme seuls les jeunes peuvent le faire: elle était sûre d'elle, sévère et impolie. (Vous avez sûrement remarqué que j'ai moi aussi certains préjugés stéréotypés.) Elle prétendait que tous les mauvais conducteurs qu'elle avait rencontrés étaient des personnes âgées. Selon elle, les gens âgés causent des embouteillages et conduisent dangereusement. De plus, ils la rendent nerveuse sur l'autoroute. Je lui ai fait remarquer que le taux d'accidents chez les jeunes conducteurs était beaucoup plus élevé que celui des conducteurs âgés. Évidemment, elle a demandé des preuves.

Peu de temps après, j'ai pris le train pour Philadelphie pour aller rencontrer Nina Kenny de Colonial Penn. Tout le monde sait bien que les compagnies d'assurance n'ont pas l'habitude de miser sur de mauvais risques. Plus de 40 millions de personnes de plus de 50 ans ont leur permis de conduire et 10 millions d'entre elles ont plus de 65 ans. Ils représentent trente pour cent des conducteurs du pays. Malgré ce qu'affirmait ma jeune amie, les conducteurs âgés sont impliqués dans moins de vingt pour cent des accidents, toujours selon Nina Kenny. Les conducteurs de moins de 30 ans (qui, soit dit en passant, sont de la même génération que ma jeune amie) *sont responsables d'un nombre d'accidents deux fois plus élevé.*

La plupart des conducteurs âgés sont bien conscients de leurs limites, de leur vue plus faible ou d'une légère perte de l'ouïe et, par le fait même, ils essaient de compenser ces faiblesses. La plupart d'entre nous évitent de conduire à l'aube et au crépuscule et, après la retraite, le besoin de conduire sur de longues distances semble décroître dans presque tous les cas.

Je n'ai jamais ramené ce sujet sur le tapis et toute cette histoire s'est finalement conclue environ un mois après, à Portland en Orégon. J'écoutais une ligne ouverte à la radio tout en me préparant pour un rendez-vous. Le jeune animateur (qui devait avoir environ 10 ans lui aussi) posa alors une bonne question: ''Eh! Eh! Que pensez-vous de ces vieux types qui se balladent sur l'autoroute?''

Un policier de l'Orégon lui a immédiatement répondu: ''Les personnes âgées sont très rarement arrêtées pour excès de vitesse et elles sont rarement forcées de suivre un cours de perfectionnement.'' Il suggérait cependant que des examens de la vue soient obligatoires.

C'est la fin d'un autre mythe. Lorsqu'on examine ces stéréotypes avec soin, ils fondent comme neige au soleil. Il reste que le mythe que l'âge mûr est un âge où la plupart des mariages se brisent. Avant d'aller plus loin, laissez-moi vous demander si vous avez fait un signe d'assentiment. Si oui, vous avez tort. Il n'y a rien de vrai là-dedans. Le taux de divorces le plus élevé se retrouve chez les couples très jeunes et il décroît graduellement et sans arrêt à mesure que les couples sont plus âgés.

Les personnes d'âge mûr qui sont productives, sensuelles, riches, indépendantes et robustes ne sont pas des exceptions. Si je devais en arriver à une seule conclusion, ferme et irrévocable, je dirais que nous sommes *tous* des exceptions. En tant que personnes matures, nous formons le groupe le plus hétérogène de tout le pays. Les *jeunes* sont probablement les plus aptes à adopter les habitudes et les coloris protecteurs qui permettent de se fondre dans la masse. Vous rappelez-vous de l'''uniforme'' que vous portiez au collège? Quand j'étais jeune, il fallait absolument porter des souliers richelieu et des sweaters aux couleurs d'une équipe.

Les jeunes gens des années 60 sont devenus des hippies à cause de l'uniformité de leurs vêtements, de leur langage et de leur philosophie (sans mentionner leur origine blanche et de classe moyenne, dans presque tous les cas). Lors de leurs révolutions, les jeunes se sentent en sécurité dans leur uniformité.

C'est seulement en passant de la jeunesse à la maturité que nous devenons différents, plus individualistes. Comme il est ironique que tous les stéréotypes visent justement les personnes d'âge mûr, les personnes âgées et le processus de vieillissement lui-même.

Toutes les généralisations concernant la vieillesse sont des façons totalement négatives de représenter notre vie tout comme la plupart des mythes décrivent l'âge mûr comme une période durant laquelle nous devrions être mis au rancart afin de gambader sur la pelouse du village de retraités de notre choix. Les généralisations et les mythes sont faux et empêchent une bonne compréhension du processus de vieillissement et des changements qu'il entraîne. Je pourrais continuer cette liste à l'infini. Toutes les personnes âgées sont séniles. Toutes les personnes d'âge mûr sont conservatrices d'un point de vue politique. Les personnes âgées ne veulent pas côtoyer les jeunes; elles préfèrent vivre entre elles. Ah! J'oubliais: ''On ne peut apprendre de nouveaux tours à un vieux chien!''

Mais est-ce qu'il y a des changements? En y pensant bien, c'est tout à fait le sujet de ce livre. Tout change, mais pas toujours pour le mieux. Lentement, les mythes et les idées fausses cèdent la place à une façon plus réaliste de voir les choses et où l'on considère le vieillissement comme un phénomène normal de la vie. Le changement peut-être le plus important est que les gens commencent à prendre conscience du fait que la population plus âgée constitue une ressource naturelle précieuse. Nous commençons à découvrir que nous ne vieillissons pas dans la vacuité; toutes nos expériences, y compris nos différentes attitudes, même si elles sont encore d'un caractère très jeune, détermineront si à l'âge de 50 ou de 60 ans nous serons de ''jeunes vieux'' ou de ''vieux vieux''. Si nous avons vécu jusqu'ici (et si longtemps), nous sommes sûrement de très bons survivants.

Chapitre 4
La gérontophobie est-elle une maladie incurable?

Et ne méprise pas ta mère quand elle aura vieilli.
Le Livre des Proverbes 23:22

Pendant quelques instants, j'ai envisagé sérieusement de ne pas interviewer Maggie Kuhn. J'avais tellement entendu parler d'elle. J'ai conservé la plupart de ses articles et de ses déclarations, je l'ai vue à la télévision, j'ai lu tous les articles de journaux et de magazines parus à son sujet. J'ai même découvert qu'elle avait écrit l'introduction d'un livre consacré à la santé des Américains âgés. Succombant à la perversité commune à tous les auteurs, j'étais bien prêt de décider que Maggie Kuhn et son organisation, les Panthères Grises (Gray Panthers), avaient été trop ''utilisées'' et que tout ce que je pourrais ajouter serait plein de répétitions et superflu. Une telle décision aurait été une grave erreur et j'aurais perdu la chance de faire une entrevue remarquable ainsi qu'une expérience personnelle extraordinaire.

"La gérontophobie a atteint les proportions d'une épidémie. C'est une maladie sociale qui frappe sur une grande échelle." Elle dit ces mots avec conviction, comme tout ce qu'elle dit qui la touche de près et qui a trait au processus de vieillissement et aux déformations de ce processus que l'on retrouve surtout dans l'opinion publique. Elle poursuit: "Chez les enfants, cette maladie se caractérise par la peur que nous avons des gens âgés; il y a beaucoup de signes qui nous portent à croire que les livres pour enfants et les histoires destinées aux tout-petits leur inculquent cette peur. Les vieux incarnent des sorcières ou des personnages déplaisants et ennuyeux. À la télévision, on voit parfois une petite fille qui demande: "Grand-maman, c'est quoi les taches brunes sur tes mains? C'est laid!" La grand-mère répond: "Oui, je sais bien que c'est laid, mais je les frotte avec Porcelana." On voit un petit enfant qui, de toute évidence, aime sa grand-mère et qui renforce sans s'en rendre vraiment compte le sentiment de mépris qu'éprouve la grand-mère envers elle-même. Je déteste ces mains! Je me déteste! C'est peut-être sans importance, mais c'est un rejet de soi. Cela se passe au plus profond de soi. Souvent, nos propres enfants renforcent ce sentiment parce qu'eux aussi sont atteints de gérontophobie."

Nous étions assis dans la salle de séjour d'une vieille maison grinçante, pleine de coins et de recoins et qui avait sans doute connu de meilleurs jours. Il pleuvait sur Philadelphie. J'étais content d'avoir fait ce voyage. Nous riions à chaque panne de courant. Nous riions de plus belle lorsque le courant était rétabli. Nous sommes restés assis presque deux heures sur des chaises en bois sculptées à la main et au dossier droit; deux heures à parler et à rire. Puis, nous nous sommes mis en colère.

Elle me dit sérieusement: "Réfléchissez à l'influence de la gérontophobie sur les enfants et sur les jeunes gens. Les jeunes qui en sont atteints n'ont aucun avenir. Les personnes d'âge mûr ont peur d'admettre son existence. C'est une maladie occidentale. On ne la rencontre que dans les pays industrialisés. Nous en sommes tous atteints. Dans tous les pays où les connaissances techniques sont très développées, y compris le Japon, les gens ont remplacé leurs anciennes valeurs par des valeurs matérielles. La technologie est devenue un dieu." Elle se renfonça ensuite dans sa chaise.

Comment peut-on décrire Maggie Kuhn? Elle combat encore même à 75 ans. Elle est petite, menue, elle a les cheveux gris et une petite ossature. Comme l'attesteraient tous les gens qui l'ont vue et entendue, elle a beaucoup de présence et une personnalité remarquablement imposante. Je m'étais attendu à ce qu'elle se rende à cette vieille maison, qui est en fait le quartier général des Panthères Grises, et qu'elle y fasse irruption comme un brandon de discorde qui fait vibrer les vitres et les lustres. Au lieu de cela, elle remonta doucement l'allée mouillée, abritée sous son parapluie et précédée de sa jeune assistante, Cindy Traub. J'ai eu l'impression de la connaître depuis toujours. Elle est calme, équilibrée, belle, passionnée et pleine d'attentions. Elle s'exprime avec aisance et s'impatiente lorsque les choses traînent en longueur; elle s'impatiente aussi contre les gens, en particulier ceux de *notre* âge, s'ils ne font rien pour améliorer leur condition. Elle éconduit les personnes d'âge mûr et les gens âgés qui se plaignent sans arrêt comme des ''bébés ridés''. Elle se rallie volontiers à ceux qui se soucient assez d'eux-mêmes pour agir, elle se rallie aux jeunes afin que la jeunesse et la vieillesse puissent unir leurs efforts. Au chapitre 20, je donnerai plus de détails concernant les Panthères Grises. Je les ai quittées avec une nouvelle conscience de mon existence et de ma propre personnalité. Deux semaines plus tard, je leur ai posté mon chèque de cotisation.

Toutes ces choses auraient probablement moins d'importance si nous faisions partie d'une fraction de la population qui irait en décroissant; si notre génération ne représentait qu'un faible pourcentage de la population américaine. Si les statistiques provenant des recensements ont déjà été importantes pour un groupe, c'est bien pour notre génération invisible. Les Américains âgés (et nous faisons partie de ce groupe que ça vous plaise ou non!) représentent le groupe minoritaire qui croît le plus rapidement et ce, dans tout le pays. Ça explique pourquoi le culte de la jeunesse est sur son déclin. Dans quelques années, nous aurons tous plus de 65 ans — certains d'entre nous y seront parvenus plus tôt que les autres, bien entendu — mais nous ne ferons pas partie d'une minorité en voie d'extinction; bien au contraire, il est fort probable que nous soyons plus nombreux que les jeunes.

D'ici l'an 2000, les jeunes qui proclamaient: ''Ne faites pas confiance aux plus de 30 ans!'' seront quinquagénaires!

En 1900, seulement une personne sur vingt-cinq avait plus de 65 ans. Aujourd'hui, ce rapport est de un sur neuf. En l'an 2000, quand nous ferons tous partie du groupe des plus de 65 ans, ce rapport sera de un sur huit.

En extrapolant jusqu'en l'an 2030, on a évalué que un Américain sur six sera âgé de plus de 65 ans; si on ajoute à ce nombre tous les gens entre 40 et 65 ans, le total s'élève à presque 50 millions de personnes.

Tous ces chiffres démontrent que l'âge moyen de la population américaine sera de plus en plus élevé. Le premier recensement fut fait aux États-Unis en 1790; à l'époque, environ cinquante pour cent des citoyens avaient moins de 16 ans. En 1970, l'âge moyen était déjà de 28 ans et, à l'heure actuelle, il dépasse légèrement 30 ans. D'ici l'an 2030, l'âge moyen sera de 40 ans. Les tout-petits nés lors de la ''revanche des berceaux'' de l'après-guerre auront alors les cheveux gris et nous serons les témoins d'une croissance rapide du nombre et de la proportion des personnes d'âge mûr et des gens âgés par rapport à la population totale des États-Unis.

Cette augmentation du nombre de personnes âgées commence déjà à influencer sérieusement les programmes sociaux, notre vie économique et notre perception de nous-mêmes: elle a déjà modifié nos relations familiales ainsi que les buts que nous voulons atteindre et le rôle que nous voulons jouer dans notre vie professionnelle. En dernier lieu, si l'on continue de représenter l'âge mûr et le processus de vieillissement d'un point de vue si déformé et aussi exagéré de façon négative, nous serons incapables d'en enrayer les effets nuisibles sur nous-mêmes ainsi que sur les jeunes gens; il est même fort probable que ces derniers inculquent à leurs enfants une peur de vieillir qui sera profondément enracinée.

J'ai déjà dit que je n'étais pas optimiste à l'excès; du moins, j'essaie de ne pas l'être. Nous songeons tous à la vieillesse. Nous serions vraiment inconscients si ce sujet n'effleurait pas notre pensée. Chaque jour, des incidents (la plupart d'entre eux sont amusants) nous rafraîchissent la mémoire et, chaque fois, nous sommes très surpris (je dois bien l'admettre). À notre âge, nous pensons plus aux années qui nous restent qu'à celles qui se sont écoulées depuis notre naissance. Le policier qui fait sa ronde dans notre quartier me semble très jeune, tout à coup. Alors que je parlais d'un vieux film qui avait repassé à la télévision, mon caméraman m'a demandé: ''Zasu Pitts? Qui est Zasu Pitts?'' Ça m'a tellement contrarié que je lui ai téléphoné au milieu de la nuit pour lui dire de regarder la 4e chaîne et qu'il pourrait enfin voir ''qui est Zasu Pitts''. Une génération complète n'a peu ou pas entendu parler de Shirley Temple ni de Chester Morris et encore moins de mon amour de jeunesse: Helen Twelvetrees. Évidemment, ces choses arrivent à tout le monde.

Lorsqu'on écrit un livre, la période de gestation, les douleurs de l'enfantement et les ''risques possibles d'un accouchement difficile des mots'' rend souvent l'auteur assez difficile à vivre. Non seulement j'ai fait des recherches méthodiques pour ce livre au cours de l'année qui vient de s'écouler, mais je me rends compte que j'ai aussi questionné constamment mes amis lors de toutes les situations sociales imaginables et inimaginables. Il y a quelques heures, alors que j'étais encore au beau milieu des douleurs de l'accouchement de ce chapitre, je me suis arrêté pour discuter avec mon bon ami Ernie qui habite près de l'océan. Ernie, son compagnon de pêche, George,et moi avons trinqué. Ils sont tous les deux d'âge mûr, peu importe sur quelle échelle on se base: ils ont plus de 35 ans et sont très près de 55 ou de 60 ans. Nous avons parlé de la grande révélation, de la première fois où nous avons soudainement réalisé que nous étions vraiment en train de vieillir. Ce souvenir est aussi précis que celui de la perte de notre virginité.

Ernie nous dit: ''Je crois que ça m'est arrivé deux fois en une semaine. La première fois, quelqu'un au bureau m'a appelé ''Monsieur''. Le deuxième incident est arrivé il y a quelques années alors que ses enfants, alors adolescents, donnaient un ''party'' vraiment bruyant. Les cris, les bruits et la musique agaçaient vraiment Ernie (qui venait d'avoir 40 ans). Il est finalement sorti pour leur demander de se calmer. Un des jeunes gens s'est alors mis à courir sur la pelouse en brandissant une bouteille de bière et en poussant des cris de guerre indiens. Ernie le poursuivit et le rattrapa en moins de dix enjambées. Le jeune homme, sous l'influence de l'alcool, se mit à rire à gorge déployée et hurla en direction de ses amis: ''Attention au vieux! Il court comme un lapin!''

Nous avons tous vraiment ri lorsque je leur ai raconté que Gail Sheehy avait écrit que l'âge mûr commençait vers la trentaine. Je me suis attiré ainsi des jurons de la part d'une femme de notre groupe d'amis; elle a environ 50 ans et elle est convaincue qu'il lui reste au moins 10 ans avant d'entrer dans ''l'âge mûr''. Après avoir réfléchi quelques instants et siroté un peu de vin, George nous a dit qu'il ne s'était jamais attardé à penser à la vieillesse avant de s'être rendu compte que ses associés, qui l'ont embauché 29 ans auparavant dans leur cabinet, avaient à cette époque l'âge qu'il a à l'heure actuelle: le jour de son entrevue, il *les* considérait comme des hommes âgés.

Je crois que de telles réactions sont tout à fait normales et naturelles; elles sont de saines prises de conscience des changements qui se produisent tout au long de notre vie et, en particulier, quand nous vieillissons et devenons plus matures. Nous avons beaucoup vécu et nous avons acquis de l'expérience et développé une certaine habileté innée pour évaluer ce que nous avons accompli et ce que l'avenir nous réserve. La plupart d'entre nous peuvent citer de tels exemples: ils sont tout simplement une façon de reconnaître *qu'il y a vraiment* un fossé entre les générations. Ce fossé est présent d'un point de vue culturel et d'un point de vue social, mais la distance entre les émotions est encore plus grande. Je ne pourrais affirmer qu'il y a une certaine distance du point de vue financier; en fait, j'ai remarqué que les jeunes gens étaient, en général, assez bien nantis. D'une manière ou d'une autre, ils ne semblent pas être habités d'un sentiment latent d'insécurité financière tel que celui qui obsède mes pairs qui ont connu la crise des années 30. Nous devons pourtant l'admettre, nous *sommes* différents à tous les autres points de vue. Cependant, la vie serait plus facile si les deux groupes essayaient de se comprendre mutuellement. C'est ici que se situe le problème de la gérontophobie.

Les exemples cités par mes amis étaient sans malice, ils étaient une façon d'accepter le caractère inévitable du vieillissement. Ils sont, comme je l'ai déjà dit, de simples constatations, des prises de conscience. Pourtant, la pression sociale insidieuse et destructrice envers l'âge mûr et le vieillissement est une autre paire de manches. Les ''problèmes qui accompagnent le vieillissement commencent au moment où nous sommes influencés par les pressions exercées de l'extérieur et surtout au moment où nous commençons à douter de nous-mêmes. Prenons par exemple les cheveux gris.

Une personne que j'ai rencontrée lors de mes recherches m'a raconté qu'elle avait découvert ses premiers cheveux blancs le jour de ses 23 ans et que soudainement, en se regardant dans le miroir ce matin-là, le monde a commencé à se transformer. Elle devenait tout d'un coup une femme d'âge mûr! Combien de vos amis ont ressenti la même chose? Il est possible que vous ayez réagi de la même façon quand vous étiez plus jeune. Ce n'est pas une réaction à traiter à la légère: c'est à ce moment-là que vous (et moi?) avez montré les premiers symptômes d'une redoutable maladie, la gérontophobie. Après tout, pourquoi les cheveux gris sont-ils supposés être si laids? Ils ne changent rien à notre coeur. Ils ne devraient changer en rien notre vie sexuelle: en fait, ils ne font que prouver que nous sommes des partenaires qui ont beaucoup d'expérience.

Cette réponse est évidente et elle a été critiquée en partie lors d'une récente conférence de la Maison-Blanche,portant sur les femmes âgées,qui s'est tenue à Des Moines. Un des ateliers avait pour titre ''Perceptions de la femme vieillissante'' et la discussion portait sur les différences entre la façon dont l'homme et la femme sont perçus par la société lorsque les cheveux gris gagnent du terrain. Quelqu'un donna son opinion: ''La société perçoit un homme aux cheveux gris comme étant sexy, riche et influent.'' Une autre femme répliqua: ''Par contre, on imagine très bien une femme aux cheveux gris se berçant au coin du feu, un bonnet blanc sur la tête.''

Si tout était pour le mieux, si la gérontophobie n'était pas une maladie sociale, il serait facile d'accepter la découverte de quelques mèches de cheveux gris, tout comme il serait normal de les laisser pousser naturellement. Un point c'est tout. Les pressions exercées par la société, par la famille, par les média et par nous-mêmes au fond exigent que nous fassions quelque chose à ce sujet. Clairol insiste pour que nous essayions ''au moins une fois dans notre vie'' ses merveilleuses teintures. Nos enfants insistent sur le fait que nous avons l'air trop vieux et demandent souvent si nous avons l'intention ''de faire quelque chose à ce sujet''. Dans une certaine réclame publicitaire, les gens se demandent si les cheveux d'une certaine femme sont naturels. Il est évident qu'il y aurait de grandes répercussions dans le public si quelqu'un osait répondre: ''Elle ne teint pas ses cheveux!'' Les pressions et les techniques de persuasion ne cessent de s'exercer. Récemment, j'ai lu que Barbara Bush, l'épouse du vice-président des États-Unis, recevait de nombreuses lettres dans lesquelles on lui demandait pourquoi elle ne choisissait pas une couleur plus ''jeune'' pour ses cheveux. (Peut-être vert? Ou violet?)

Pourtant, la révolte des gens contre cet état de choses ne se fait que très lentement. Certaines femmes se rebellent et ''laissent tout tomber''. Dans le monde des affaires, les femmes sûres d'elles et de leur emploi et qui ont un poste de cadre refusent de se teindre les cheveux. Les premières touches de gris sont apparues dans la chevelure de mon épouse, Sheryl, alors qu'elle n'avait que 17 ans. Elle n'a jamais teint ses cheveux. À 35 ans, elle était une très belle femme aux cheveux entièrement gris. Ce qui est le plus ironique dans toute cette histoire est que les gens qui la rencontraient dans la rue ou dans l'autobus lui demandaient: ''Quel coiffeur vous teint si bien les cheveux?'' En souriant, elle leur répondait toujours d'un ton sarcastique: ''Vous n'avez pas entendu parler de la nouvelle teinture de Clairol: *Enfin gris!*''

Pour les gens de notre âge, un gros problème reste toujours présent: celui de la recherche d'un emploi qui implique le fait d'entrer en compétition avec des jeunes gens qui n'ont pas encore découvert les premières traces de gris révélatrices en se regardant dans le miroir. Ici, dans le monde réel, la peur de vieillir existe toujours.

Il est plus que temps de commencer à penser moins à ce que nous avons perdu et à ce que nous perdons en entrant dans l'âge mûr afin de réfléchir plus longuement à ce que nous sommes et à toutes les nouvelles libertés qui s'offrent à nous et que nous pourrons découvrir dans les années qui viennent. Mais il faut changer nos attitudes. Dans le chapitre suivant je décrirai les meilleures façons pour commencer à les changer ainsi que ce que doivent être les buts que nous poursuivrons. Il n'y a aucun doute à ce sujet: la gérontophobie est bien vivante. Avec un traitement adéquat, cette maladie n'est pas fatale et on peut même en guérir.

Chapitre 5
La ''liste noire'' des gens d'âge mûr

La vie ne vaudrait pas la peine d'être vécue si l'on ne pouvait garder ses ennemis.

Finley Peter Dunne:
Mr. Dooley dans *Peace & War*

''Nous sommes dans une triste situation, pleine de prophéties qui s'accomplissent d'elles-mêmes. . . si l'on prend pour acquis que nous sommes notre pire ennemi et que notre famille et notre médecin sont nos deuxièmes pires ennemis! Ça fait évidemment beaucoup d'ennemis!''

J'ai éclaté de rire. Je parlais au téléphone depuis déjà plus d'une demi-heure avec un ami qui habite Portland dans le Maine. Notre conversation devait durer un autre trente minutes. La vitalité qui m'a été transmise au cours de cette conversation fut la meilleure chose de toute cette journée. J'avais téléphoné à Marty Knowlton dans le but d'en apprendre plus sur la fondation de l'Auberge de vieillesse[1] (chapitre 18). Nous nous sommes rapidement pris au jeu de la conversation entre hommes d'âge mûr: nous nous sommes examinés attentivement afin de découvrir qui nous sommes; nous avons passé en revue les champs de l'expérience que nous avions en commun; nous nous sommes moqués de nous-mêmes et de la société dans laquelle nous vivons; nous avons parlé de nos plans d'avenir concernant l'enseignement, l'écriture et les voyages. J'ai été enchanté par-dessus tout par son idée de "liste d'ennemis". Je me suis presque senti comme un membre d'une organisation destinée à protéger le président, chargée de conserver une "liste noire" secrète. La seule différence étant, je suppose, que les hommes chargés de la sécurité du président n'auraient pas inscrit *leur propre nom* en tête de *leur* liste.

Depuis que le docteur Robert N. Butler du National Institute on Aging a défini pour la première fois les préjugés face à l'âge mûr et à la vieillesse, il est de plus en plus évident que la plupart des personnes d'âge mûr et des gens âgés *ont autant de préjugés* que les personnes plus jeunes. Il va sans dire que si nous avons cultivé une attitude négative envers la vieillesse durant toute notre vie, nous conserverons cette attitude en vieillissant, n'est-ce pas? Avant de discuter avec Marty, j'avais déjà remarqué à quel point cette haine de soi était profondément enracinée dans la société, en dépit du fait que mes propres amis ne montrent pas qu'ils en sont affligés et qu'ils sont les gens les plus actifs et les plus vivants que j'aie jamais rencontrés. Malgré tout, ils sont d'âge mûr et ils vieillissent, tout comme le reste de la société. Et la *famille?* Comment la famille peut-elle être un ennemi? Cette sacro-sainte famille américaine digne d'un culte?

Marty rugit: "La famille? Bon Dieu! Quel âge as-tu?"

Je lui ai répondu: "57 ans."

"Eh bien! Je crois que tu es assez vieux! J'ai 60 ans. Supposons que l'un de nous deux soit libre, veuf ou divorcé; supposons qu'il se mette à sortir régulièrement avec une femme et qu'ils décident de partir ensemble pour tout un week-end!"

J'ai bien réfléchi à cette situation avant de lui murmurer une remarque anodine. La voix de Marty me parvint, tremblante de colère: "Ce n'est pas vrai! Ta famille serait révoltée?"

---

[1]Elderhostel dans la version originale; par analogie avec Youth Hostel - Auberge de jeunesse.

J'ai acquiescé et il poursuivit, s'animant de plus en plus à mesure que le temps passait et que le prix de notre conversation augmentait. ''Grand Dieu! Les enfants imposent vraiment des normes terribles à leurs parents. C'est toujours cet exemple que j'utilise parce que c'est le plus frappant. Ta fille ou ton fils peut très bien habiter avec quelqu'un sans même penser au mariage, et *toi* tu ne peux même pas passer le week-end avec une personne *du même âge* que toi. C'est affreux! Les enfants semblent s'indigner très rapidement lorsque leurs parents ne se conforment pas aux normes établies. Il ne faut pas que tu oublies, par contre, qu'ils ne *veulent* pas que tu sois malade, ils ne *veulent* pas que tu montres des signes de confusion mentale et pourtant, ils agissent exactement comme s'ils croyaient justement que tu es malade!''

Au moment où Marty achevait sa déclaration, j'ai commencé à éprouver du ressentiment envers les enfants que je n'ai pas eus. Comment peuvent-ils oser penser de telles choses? Marty avait raison, entièrement raison. Après avoir réglé le sort de nos enfants, nous avons commencé à étudier le prochain ennemi qui venait sur notre liste: *notre médecin.*

C'est un sujet terriblement difficile et complexe à traiter pour une personne qui a les mêmes origines que les miennes. Tout comme vous, j'ai été élevé à l'époque des visites à domicile; bienheureuse époque où notre médecin de famille était considéré comme un dieu. Lorsque ma mère parlait du ''spécialiste'', nous avions le sentiment qu'il fallait nous tourner vers l'est et faire des génuflexions. Ce sujet est si complexe que je vais consacrer la majeure partie d'un des prochains chapitres aux problèmes de santé, aux médecins et à notre responsabilité face à notre santé. J'ai tout de même conservé un peu de mon sentiment de culpabilité et j'imagine parfois que mon médecin de famille me dit: ''Si je suis ton ennemi, comme tu l'as déclaré dans ton livre, *tu es également mon ennemi.* Je ne te soignerai donc pas pour cette grave maladie incurable dont tu es atteint!'' Je grince des dents mais je continue malgré tout.

D'un point de vue pragmatique, je me demande pourquoi les gens s'attendent à ce que les médecins réagissent différemment des autres éléments de la société. Si même les gens âgés ont des préjugés contre la vieillesse, pourquoi les médecins n'en auraient-ils pas eux aussi? Pourquoi exiger d'eux plus que nous exigeons de nous-mêmes? Est-ce parce que nous ne pouvons supporter de détruire les idoles vers lesquelles nous nous tournons lorsque nous avons besoin d'aide?

S'animant une fois de plus, Marty répliqua: ''Oui mais s'il était possible de leur faire admettre que les gens âgés sont parfois atteints de vraies maladies qui ne sont pas causées par le seul fait qu'ils sont âgés. . . Si tu peux le leur faire admettre, c'est déjà un grand pas en avant. Ce que le médecin répond habituellement est: ''C'est une personne âgée, vous savez. De toute façon, on ne peut pas faire grand chose pour quelqu'un de cet âge!'' Aujourd'hui encore, un grand nombre de médecins diagnostiquent fréquemment une *sénescence*.''

Cela me rappela une histoire que j'ai entendue très souvent, de toutes les façons imaginables et inimaginables. C'est l'histoire d'un vieux monsieur qui va voir son médecin pour se plaindre d'une douleur aiguë à l'épaule. Le médecin lui répond: ''Je ne peux rien faire pour vous. Vous avez 97 ans!'' Le vieil homme lui répond d'un ton hautain: ''Mon *autre* épaule a 97 ans elle aussi et *elle* ne me fait pas souffrir pour autant!'' J'ai lu cette histoire dans le livre d'Alex Comfort intitulé *A Good Age* (un genou vieux de 104 ans); mon ami Rudy me l'a aussi racontée deux semaines plus tard (cette fois, il s'agissait d'un pied qui avait 95 ans). On peut la raconter en utilisant n'importe quelle partie du corps; elle produit toujours un petit effet.

Les personnes âgées ont le sentiment qu'elles se ''font rouler'' par les membres de l'ordre des médecins. Marty Knowlton m'a suggéré de rencontrer les étudiants d'âge mûr l'été prochain lorsque j'irai visiter l'Auberge de vieillesse. Il m'a promis que le sujet de la santé et de la médecine viendrait sur le tapis. Il m'a dit: ''Tu auras la chance d'entendre exprimer un sentiment que je ne peux décrire que comme étant de la *haine pure* envers les médecins, une haine horriblement acharnée. ''Personne ne s'intéresse aux personnes âgées; même les médecins ne les aiment pas.'' Je crois que nos motifs pour détester les membres de la profession médicale sont très clairement perçus.'' (J'ai visité l'Auberge de vieillesse et les étudiants ont corroboré ses dires.)

Notre conversation téléphonique s'est terminée trente minutes plus tard. Nous nous sommes promis d'entrer en contact dès que nos horaires surchargés nous le permettraient. Dans le calme de mon bureau, seul avec ma machine à écrire, j'ai déchiffré mes notes. Une fois décodées, mes gribouillages illisibles indiquaient:

"Trois ennemis: le moi, la famille et le médecin." Il devait sûrement y en avoir plus, mais Marty était convaincu que trois ennemis étaient suffisants.

Au cours des mois qui suivirent, j'ai commencé à soupçonner que ma "liste noire" était incomplète. J'étais convaincu que les gens âgés avaient d'autres "ennemis". J'ai tourné et retourné cette liste dans ma tête; "le moi, la famille, le médecin" et je lui ai finalement ajouté: *"l'entreprise"*.

Ma liste s'allongeait et je me sentais comme Edward G. Robinson dans le rôle de "Little Caesar" quand il décidait qui allait être sa prochaine victime. (Dieu merci! Nous sommes tous assez vieux pour nous rappeler qui était Edward G. Robinson!)

Les entreprises américaines ont non seulement des tendances jeunes, mais leurs slogans cachés tels que "Faites place aux jeunes, donnez-leur une chance" et "Écartez-vous, prenez votre retraite, votre rôle est terminé" sont aujourd'hui des préjugés qui ont leur utilité. Une entreprise peut, avec raison, satisfaire les besoins de ses jeunes employés tout en rejetant ou en mettant de côté ses anciens employés. Ceci n'a rien à voir avec un prétendu manque d'efficacité chez les travailleurs plus âgés, comme nous le verrons plus loin. C'est une autre de ces réalités pragmatiques que l'on doit aux comptables et aux vérificateurs. C'est plus économique! Ça occasionne moins de dépenses!

En premier lieu, un jeune travailleur ou un employé qui vient juste de commencer touche un salaire beaucoup plus bas que celui d'un travailleur qui a de l'ancienneté. Les frais supplémentaires que doit supporter l'entreprise à cause de ses employés sont moins élevés quand l'employé a moins de 25 ans que quand il en a plus de 50. Les coûts relatifs à l'assurance-maladie, la caisse de retraite et l'assurance-invalidité sont beaucoup plus bas pour les jeunes employés que pour les plus vieux.

J'en ai eu la preuve une fois de plus. Ma petite entreprise est devenue assez importante pour que je doive embaucher un employé à plein temps. J'ai rempli tous les papiers nécessaires, les formules du gouvernement fédéral et de l'état puis j'ai parlé de mon projet avec mon agent d'assurance, mon conseiller et mon comptable. Le fait que la jeune femme que j'avais choisie pour cet emploi soit hautement qualifiée, qu'elle ait de l'expérience (acquise en grande partie avec moi), qu'elle parle cinq langues et qu'elle puisse s'occuper d'une équipe de cinéma n'importe où dans le monde ne semblait faire aucune différence pour eux. La question-clé était: ''Quel âge a-t-elle?'' Quand je leur ai finalement répondu, leur réaction a été surprenante: ''Parfait! Elle est assez jeune pour que les frais supplémentaires soient réduits au minimum.''

Si vous le voulez bien, multipliez cet incident par les dix mille ou les cinquante mille employés d'une grosse entreprise. Le produit sera substantiel, tout comme le résultat: les vieux doivent laisser leur place aux jeunes. Par exemple, un nouvel employé n'a pas droit au plan de retraite avant de compter quatre ou cinq ans de service. Il arrive que la somme totale des primes soit remboursée à l'entreprise si l'employé quitte son emploi avant les quatre ou cinq premières années. La retraite anticipée pour les plus de 50 ans est une bonne politique pour réduire les dépenses relatives aux plans de retraite.

Certaines entreprises jouent le mauvais rôle d'une autre façon encore. Je crois que le problème des préjugés concernant les personnes âgées y est intimement lié. Depuis de nombreuses années, je fais affaire avec certaines des plus grosses compagnies américaines et je lis les pages financières des journaux et des magazines. Je n'ai pourtant jamais vu une entreprise qui acceptait la responsabilité des problèmes physiques et humains engendrés par les procédés de fabrication ou par la philosophie de l'entreprise. La réponse classique à l'accusation de ne pas prendre à coeur les intérêts de la collectivité est un démenti généralisé.

Bien sûr, toutes les entreprises ne sont pas coupables et nombre de celles pour lesquelles j'ai réalisé des films au cours des 35 dernières années se souciaient vraiment de l'environnement, de la zone urbaine et des droits des minorités. Leur image de marque correspond à la réalité et nous devons les en féliciter.

Lorsqu'on apprend qu'un produit défectueux a été rappelé, c'est en général à la demande expresse du gouvernement. J'attends encore que quelqu'un prenne la responsabilité des problèmes de cancer du poumon et des maladies de coeur qui retombent à l'heure actuelle sur l'industrie du tabac. Je me demande quand une société commerciale fera un pas en avant et acceptera d'être tenue responsable d'incidents semblables à ceux qui se sont produits à Love Canals, des déversements de polychlorure de diphényle (PCB) et des différents poisons qui polluent les lacs, les rivières et les fleuves. La réponse qu'on obtient généralement ressemble à: ''À l'époque où notre société l'a fait, c'était une pratique courante'', ce n'est cependant pas une réponse satisfaisante. Le cancer causé par l'industrie de l'amiante, les maladies du poumon contractées dans les filatures et les mines ainsi que la machinerie peu sûre qui compose les chaînes de montage font partie du tableau. La réponse qu'on donne à ces problèmes est exactement la même que celle qu'on donne au problème des préjugés contre les personnes âgées et qui caractérise si bien l'industrie américaine. Il est beaucoup plus économique de nier leur existence. Accepter le blâme équivaut à être forcé de payer les pots cassés. Si ce sont là des sociétés commerciales qui prennent à coeur nos intérêts, pourquoi attendre d'elles qu'elles traitent les travailleurs d'un certain âge mieux qu'elles ne traitent l'environnement? Il me semble épouvantable que les cadres qui font ces dénégations soient des gens comme vous et moi, qu'ils fassent partie de la même collectivité, qu'ils aient des familles aussi vulnérables que les nôtres aux poisons qui polluent l'atmosphère et les milieux de travail et qu'ils réussissent à oublier ces aspects des choses dès qu'ils pénètrent dans leur bureau. C'est une attitude que je n'ai jamais pu comprendre.

Laissez-moi vous rappeler encore deux choses qui vous rassureront peut-être. En premier lieu, la situation est pire dans beaucoup d'autres pays. Dans certaines villes des différents pays que j'ai visités, le smog, la fumée et les substances cancérigènes semblent pénétrer dans votre chambre d'hôtel lorsque vous ouvrez la fenêtre le matin afin de saluer un soleil dont les pâles rayons tentent de se frayer un passage à travers l'obscurité de la pollution.

En second lieu, vous pouvez être certain que les choses vont aller en empirant. Ce pays fait de plus en plus preuve de laisser-aller du point de vue du monde des affaires. Il a été décrété que les entreprises allaient bientôt commencer à faire appliquer elles-mêmes les règlements les concernant, sans aucune intervention du gouvernement. Si l'on oublie les raisons pour lesquelles certains règlements ont été établis au départ, si l'on oublie l'aspect de Pittsburg avant que ne soient instituées les premières lois industrielles, nous serons bientôt aux prises avec des problèmes aussi graves que ceux de Love Canals. Cela équivaudrait à laisser le Ku Klux Klan enquêter sur un lynchage qui aurait eu lieu en Alabama en 1933!

Une fois de plus, je revise ma liste: "le moi, la famille, le méde-cin, l'entreprise". Il reste un dernier ennemi à ajouter sur la liste de ceux qui cherchent à nous rendre invisibles. Le fait qu'il appa-raisse au bas de ma liste ne lui enlève malheureusement rien de son importance ni de son influence. Laissez-moi vous présenter un ami sur lequel il vaut mieux ne pas trop compter: *les média*.

Chapitre 6
Les mass-média:
miroirs de notre société

Vous demeurez invisible, mais j'entends toutefois votre
bonheur déchirant.

Percy Bysshe Shelley:
Le Nuage

Je dois admettre dès maintenant qu'il est beaucoup trop facile d'accuser la presse, la radio, le cinéma ou la télévision de nous rendre invisibles. Trop de générations ont blâmé les média pour toutes sortes de maux économiques, sociaux et sexuels. À l'époque où ma mère était une jeune fille, ma grand-mère condamnait les romans à quatre sous en disant qu'ils imprégnaient l'esprit des jeunes filles de rêves romantiques sans espoir. On a accusé la presse à sensation (il ne faut pas oublier que son règne est loin d'être terminé) de répandre le crime et la violence en rapportant et en glorifiant les bouleversements qui agitent les sociétés en pleine évolution.

Tout récemment, les livres des bibliothèques ont été la cible de la colère de parents qui tenaient les maisons d'édition responsables de l'absence de valeurs satisfaisantes et d'ambition chez leurs enfants, la promiscuité entre les sexes, la popularité de la marijuana, l'avortement et les viols. J'ai été horrifié en apprenant qu'une association du Middlewest retirait des bibliothèques locales un certain nombre de volumes qui répandaient selon eux l'hérésie de ''l'humanisme'' (peu importe ce qu'on entend par là) ainsi que le contrôle des naissances et d'autres *horribles* déformations trop nombreuses pour être énumérées ici. Un des romans qui ont illuminé ma jeunesse est disparu. (Des milliers d'enfants ne connaîtront jamais le merveilleux Holden Caufield que l'on retrouve dans *Catcher in the Rye*[1]). On a également banni *Brave New World*[1]. Vous pouvez être certain que si la société tombe malade, les média devront porter le blâme pour avoir répandu la peste, que ce soit par le biais de la télévision, de la publicité, du cinéma ou de la littérature.

En fait, la plus grande partie des livres que nous choisissons de lire sont *de mauvaise qualité* et les émissions de télévision que nous écoutons sont neutres. Chaque ville d'une certaine importance est fière de publier un quotidien dont la principale qualité est d'être juste assez épais et juste assez large pour envelopper les ordures. Je ne fais qu'effleurer un sujet très délicat mais d'une importance presque vitale lorsque je qualifie les média d'ennemis de la vieillesse.

Je ne crois pas à la censure. Je ne crois pas qu'il faille bâillonner les média. Je suis pleinement conscient que les droits des parents dont j'ai parlé sont aussi sacrés que les miens (ils ont le droit de se faire entendre et d'affirmer leurs droits, un point c'est tout!). Ils n'ont aucun droit d'empiéter sur mes droits: je veux être libre de choisir ce que je lis, ce que je regarde et de penser ce que je veux. Voltaire a d'ailleurs dit: ''Votre liberté s'arrête où mon nez commence.'' Je l'approuve: ''Amen.''

Les média, affligés de toutes les imperfections communes aux institutions dirigées par des humains, ne peuvent en aucun cas être plus coupables que le reste de la société de perpétuer les mythes et les stéréotypes relatifs à la vieillesse. Est-il juste de jeter le blâme sur une seule institution, sur celle qui reflète l'opinion que nous avons de nous-mêmes?

[1] L'attrape-coeurs.
[2] Le Meilleur des mondes.

Une des conclusions les plus intéressantes de l'étude Harris est que, généralement parlant, le public *ne critique pas* la façon dont les média représentent les gens de notre génération. Les média en arrivent eux aussi à cette conclusion. Lorsqu'ils reçoivent des plaintes, ils répondent qu'ils ne font que refléter des mythes et des stéréotypes *qui existent déjà.* C'est bien possible. Pourtant, est-ce suffisant pour dégager les média de toute responsabilité quant à l'image prédominante qu'ils projettent? Est-il injuste de ma part de porter les média responsables en grande partie de la déformation de notre image? Est-il injuste de les considérer comme faisant partie intégrante de ma ''liste noire''? Il s'en faut de beaucoup!

Notre société est basée sur l'omniprésence des média. La majorité des citoyens ne se rappellent pas de l'époque où il n'y avait pas de télévision. Étant donné notre haut degré d'instruction, les journaux, les magazines et les livres jouent un rôle important dans la diffusion, non seulement de faits, mais aussi de faux faits et de mythes. On ne peut permettre à une institution aussi omniprésente et aussi puissante que les média américains de s'excuser en disant: ''Nous ne sommes qu'un miroir. Nous offrons au public ce qu'il veut.''

De façon ironique, les gens d'âge mûr (ceux de notre génération) dirigent les média. (La plupart de ces personnes sont, par hasard, des hommes.) Même si j'ai été élevé à une époque où les gens étaient beaucoup plus naïfs, où nous comptions sur les gens qui détenaient le pouvoir pour qu'ils exercent une influence salutaire, je vois maintenant que seules les pressions exercées par une importante partie du marché peuvent attirer leur attention. Sur la scène politique, il n'y a pas de différences. Nous croyons naïvement qu'un président âgé montrera une certaine compassion pour la population âgée. Au lieu de cela, il semble indifférent même si la sécurité sociale se trouve dans une situation critique. Notre principale source de revenus pour nos dernières années n'a été épargnée que grâce aux clameurs de certains groupes appelés de façon péjorative par les politiciens ''groupes d'intérêt particulier'', c'est-à-dire *nous.*

La télévision: l'image déformée

Mon téléviseur est d'un vieux modèle en noir et blanc qui date de 1954. Je ne ressens pas le besoin de le changer: il fonctionne encore. J'ai eu des réactions très différentes de celles de mon père quand il s'est acheté son premier téléviseur couleur. Je me suis écrié: "Papa, le terrain de base-ball est tout bleu!" Se dérangeant à peine pour me répondre, il répliqua: "Et puis après! C'est en *couleurs*!" Les seules fois où je regarde la télévision en couleurs, c'est quand je suis dans une chambre d'hôtel dans une ville assez éloignée, en train de m'habiller. Au cours de ces premières heures de la journée, alors que je regarde deux acteurs mal informés discuter (si l'on peut appeler cela ainsi) de sujets dont ils n'ont que de vagues connaissances, je me jure une fois de plus de conserver mon vieil appareil jusqu'à ce qu'il s'auto-détruise. De plus, ce vieux modèle est muni d'une télécommande et, le soir quand je suis très fâché, je n'ai qu'à décocher quelques rayons en direction du téléviseur pour qu'il se ferme complètement. Ça me procure une sensation de puissance inégalée!

Je mentionne tous ces faits afin de replacer ce chapitre dans une perspective adéquate. Ce chapitre ne présente absolument pas la télévision d'une façon objective. Ce n'est pas non plus un réquisitoire contre elle. C'est plutôt une compilation sélective de choses qui n'ont de sens que pour nous, les gens d'âge mûr et les gens âgés. Je laisse à ceux qui passent plus de temps que moi en face du petit écran, le soin de faire une analyse complète et détaillée.

Vers la fin des années 40, quand j'étais un jeune réalisateur pour la télévision, j'ai prononcé un discours devant un groupe d'hommes d'une association locale. Je leur ai appris d'un ton plus qu'imposant qu'il y avait plus de 100,000 téléviseurs aux États-Unis et que l'année suivante, ce nombre pourrait très bien avoir doublé. Aujourd'hui, je souris en écrivant ces mots. Depuis longtemps, les statistiques ont atteint des totaux vraiment sidérants. Selon A.C. Neilsen & Company, presque *78 millions* de familles possèdent un téléviseur; la moyenne est de 1,75 téléviseur par famille. Ce nombre ne comprend pas ceux qui sont installés dans les bars, les cafés, les aéroports, les hôpitaux, ni les appareils portatifs. À l'heure actuelle, il y a plus de 700 stations de télévision en exploitation (et ce nombre augmente rapidement puisque de nouvelles chaînes peuvent s'ouvrir chaque jour grâce aux nombreuses possibilités de la câblodistribution); elles diffusent près de *5 millions d'heures* de programmation chaque année. La seule contrainte semble être l'argent.

Dans son étonnant petit livre intitulé *Television and the Aging Audience* (University of Southern California Press, 1980), le docteur Richard H. Davis du Ethel Percy Andrus Gerontology Center définit la télévision comme ''pop'art. . . dirigé vers les masses. De plus, les émissions sont fabriquées en série par des gens obsédés par le profit dans le seul but de plaire à une massive audience payante. . . La télévision qui est censée être libre et qui devrait être exploitée dans le but de ''servir les intérêts des gens, répondre à leurs besoins et leur offrir des commodités'', est en fait au service des spécialistes des techniques marchandes.''

Peut-être constituons-nous un marché viable et croissant. Peut-être représentons-nous les téléspectateurs types des heures d'écoute maximale. Mais ce ne sont pas des facteurs décisifs. La façon dont les spécialistes du marketing perçoivent les auditeurs détermine en fin de compte la programmation, la distribution, l'image ou le mythe qui sera télédiffusé. Il y a déjà quelque temps, Russell Baker, le doué chroniqueur du *New York Times*, commençait son article sarcastique quotidien en affirmant ''que les visages des journalistes de la télévision ne sont jamais ridés''. Il explique ensuite clairement qu'il n'en est pas de même pour les hommes tels que Walter Cronkite. Selon Baker, leur visage ''semble sorti directement de chez le presseur, deux secondes avant d'arriver sous les feux des projecteurs''. Essayez d'imaginer quelles seraient vos réactions si, un soir, à l'heure d'écoute maximale du téléjournal de l'un des plus grands réseaux de la ville, une femme dans la soixantaine apparaissait à l'écran pour jouer le rôle du présentateur et débiter les commentaires de circonstance. Plus de Rather, ni de Cronkite, ni de Chancellor, ni de Safer — ils seraient remplacés par une dame aux cheveux gris, assez âgée, intelligente, séduisante et s'exprimant avec facilité! Il est possible que cela ne vous dérange en rien et que vous vous disiez: ''Pourquoi pas?'' Pourtant, les cadres du réseau auraient des impressions bien différentes: ''Quel auditeur pourrait croire en l'authenticité de nouvelles lues par une petite vieille qui pourrait facilement être sa grand-mère?''

Cette suggestion est non seulement fantaisiste, mais à l'opposé de ce qui semble se produire habituellement à la télévision. La population vieillissante, si vous avez l'intention de croire en cette source instable d'informations, est une race *en voie d'extinction*. Regardez les émissions dramatiques, ces fameuses ''tranches de vie'' qui expriment le caractère superficiel de notre vie quand l'horaire n'est pas trop chargé de ''seins et de fesses'' (ou séances de trémoussement); vous verrez que seulement trois pour cent des personnages principaux sont vieux.

Les femmes âgées représentent moins d'un pour cent des personnages principaux de ces émissions.
Les femmes noires âgées n'ont que des rôles de victimes ou
de cadavres

Je serais aussi excité qu'un adolescent de la ''génération Pepsi''
si j'avais été le premier à découvrir tous ces faits. Des études éton-
namment approfondies et complètes ont porté sur les problèmes
de la télévision et de la façon dont elle présente les personnes d'âge
mûr et les gens âgés. Non seulement l'étude du docteur Davis constitue une analyse complète du problème et bien structurée, mais
le Media Watch (Surveillance des média) fait par les Panthères Grises, la mini-conférence sur les média organisée par la Maison-
Blanche (en janvier 1981) et les recherches du docteur George Gerbner, doyen de l'Annenberg School on Communications de l'Université de Pennsylvanie, et de son équipe ont donné naissance à
des études complètes et approfondies sur le déséquilibre entre les
catégories d'âge à la télévision et sur le rôle destructif joué par les
stéréotypes dans la programmation.

Le docteur Gerbner a choisi 1,365 émissions parmi lesquelles
figuraient des spectacles télévisés, des films, des dessins animés,
des comédies de situation, des émissions d'action et des intrigues
criminelles. Il a ensuite étudié les 17,000 personnages de ces émissions. Il a immédiatement remarqué que plus de la moitié des personnages de la télévision avaient entre 25 et 45 ans. Les seules statistiques qui m'ont donné l'impression que nous n'étions pas seuls
se rapportent au groupe des moins de 18 ans; ils forment environ
trente pour cent de la population et ne sont représentés que par
huit pour cent des personnages fictifs de la télévision.

Entre 40 et 65 ans, les *hommes* se défendent assez bien. Les hommes âgés commencent à représenter la puissance, l'influence
politique et l'abondance, caractéristique des hommes raffinés
aux cheveux gris. L'homme vieillissant est souvent présenté
comme étant un traître méprisable. Soyons compréhensifs et
oublions de si petites choses; au moins, *il existe* dans l'univers
de la télévision.

En contraste frappant avec ce qui se produit à l'heure actuelle
dans une société où les femmes commencent à surpasser en nombre les hommes, la télévision décrit tout à fait l'opposé.

La femme d'âge mûr commence à disparaître du petit écran dès qu'elle atteint 40 ou 45 ans.

Ainsi, s'il est pour nous tout à fait justifié de dénoncer notre invisibilité, les femmes de notre génération sont particulièrement choyées. Elles disparaissent comme si l'antenne était dirigée selon un mauvais axe dans une direction n'ayant rien de commun avec le signal émis. Il est inutile d'essayer d'ajuster nos appareils, jamais elles ne réapparaîtront.

Le docteur Davis explique presque trop bien les raisons de cet état de chose: ''La considération que porte la société à un individu est directement proportionnelle à la contribution de cet individu au produit national brut. . . Le charme d'une personne (parfois confondu avec sa valeur) se mesure sur une échelle de valeurs spéciale. Les femmes les plus appréciées sont jeunes et belles et les hommes, jeunes et virils. Par contre, en vieillissant, les hommes de la télévision deviennent de plus en plus puissants. Ils contrôlent l'argent.'' Évidemment, la télévision doit refléter notre société, n'est-ce pas?

Il n'y a pas que cette grande disparition qui inquiète les chercheurs et les sociologues. *La façon* selon laquelle la télévision dépeint les gens âgés est pire que les statistiques les plus troublantes. Le rapport Annenberg affirme: ''Un plus grand nombre de personnes âgées est traité avec un manque de respect que n'importe quels autres personnages de n'importe quels autres groupes d'âge. Environ soixante-dix pour cent des hommes âgés et plus de quatrevingts pour cent des femmes âgées sont mésestimés et traités de façon cavalière. Ils sont vraiment traités d'une façon très différente des autres personnages plus jeunes. . . Les personnages âgés représentent des excentriques ou des fous dans une proportion beaucoup plus grande que les jeunes personnages. Les femmes âgées sont dépeintes comme des personnes qui manquent de bon sens, qui agissent de façon stupide ou qui sont excentriques, dans une proportion très élevée par rapport aux hommes âgés (les deux tiers comparés à la moitié). Cette distinction entre les hommes et les femmes n'est pas marquante pour les autres groupes d'âge.''

Il y a cependant une déformation très intéressante et assez ironique dans la façon dont la télévision dépeint l'homme vieillissant. Il est vrai que le rôle des hommes de notre groupe d'âge est associé avec la puissance. Messieurs, avant de crever d'orgueil, continuez à lire. Le rapport Annenberg conclut également que ''les hommes âgés sont le plus souvent pris comme victimes et ce, parmi tous les autres groupes d'hommes. Les hommes âgés des émissions dramatiques et en particulier ceux qui jouent des rôles importants dans des émissions sérieuses diffusées à des heures d'écoute maximale, sont plus enclins à être mauvais que ceux qui appartiennent à un autre groupe d'âge. Pour qu'un tel personnage ait de la crédibilité, il doit être puissant. Dans un monde où les dénouements sont toujours heureux, les mauvais personnages doivent périr, ce qui explique le taux élevé de mortalité chez les hommes âgés qui font partie de l'univers de la télévision.''

Il existe cependant une exception du plus vif intérêt, même si l'on ne la rencontre pas lors des heures d'écoute maximale. Dans les romans-feuilletons (ou mélodrames à épisodes) qui sont diffusés le matin à la radio ou à la télévision, les jeunes personnages sont dépeints d'une façon plus négative que les personnes âgées. Ces derniers sont souvent des amis sympathiques, des hommes d'affaires âgés ou même de vieilles dames. Les jeunes semblent n'avoir qu'une seule occupation, soit s'attirer des ennuis. Ces différents ennuis sont fonction de ce qui est ''à la mode'' à ce moment-là: l'avortement, la grossesse, le viol, l'herpès ou la ''séduction'' du conjoint du voisin.

Si l'on regarde du côté des nouvelles télévisées et des documentaires, on peut facilement se rendre compte que les informations sont encore plus déséquilibrées puisque la plupart des reportages traitent des gens âgés *dans le besoin*. L'image qui s'ensuit est encore plus déformée puisqu'on traite de la mise en institution des gens d'un certain âge, des couples de retraités qui bénéficient de la sécurité sociale, des chômeurs et des indigents. On nous lance à la figure leurs problèmes financiers, leur mauvaise santé et leur solitude. On ne nous parle que des suicidaires décrépits et affamés que personne n'aime et dont personne ne veut. C'est l'image de la vieillesse que nous présente la télévision, sans tenir compte des études démographiques qui prouvent le contraire.

Selon l'étude Harris et le rapport Annenberg, il ne faut pas s'étonner du fait que plus les gens regardent la télévision (en particulier ceux de la jeune génération), plus ils tendent à percevoir les gens âgés d'une façon négative qui les désavantage. L'étude Harris conclut: ''Ceux qui regardent beaucoup la télévision croient que les gens, et en particulier les femmes, vieillissent plus tôt.''

Je crois que l'un des faits les plus révélateurs et les plus surprenants est que les chercheurs n'ont trouvé aucun cas ''où le fait de regarder la télévision était associée avec une seule image positive des gens âgés''. Un des chercheurs affirme que cet état de choses crée une ''annihilation symbolique'' des gens de notre génération.

Y a-t-il de l'espoir? On nous porte préjudice depuis si longtemps que même le public n'a rien à reprocher à l'image de la vieillesse que nous présente la télévision. À tour de rôle, les réseaux relèvent leur tête auréolée et en forme d'antenne et demandent innocemment: ''Pourquoi *nous* cherche-t-on querelle? De quoi sommes-*nous* coupables?''

Le Public Broadcasting System produit depuis quelques années une émission intitulée ''Over Easy'' et consacrée entièrement aux défis relevés par les Américains âgés ainsi qu'à leurs réalisations, à leurs problèmes et à leurs préoccupations. C'est au moins un effort pour adapter un peu les émissions aux gens de notre génération, mais ce n'est encore qu'une petite brèche dans leur système. Parfois, je revois les années où tout le monde prenait Jackie Robinson et Ralph Bunche comme preuves de l'égalité raciale aux États-Unis et je ne puis m'empêcher de faire un parallèle avec la situation actuelle des gens de ma génération. Il y a des dizaines et des dizaines d'émissions pour enfants à la télévision: des dessins animés et toute une kyrielle d'autres émissions et l'on s'attend pourtant à ce que nous nous réjouissions puisque maintenant nous avons *une* émission bien à nous. Il ne faut pas oublier de mentionner quelle partie de l'horaire est réservée à cette émission dans certaines régions: dans la mienne, ''Over Easy'' est diffusée le dimanche matin à sept heures. À cette heure-là, je suis rarement réveillé, surtout pour le seul plaisir de regarder la télévision!

Un réseau privé a lui aussi tenté de produire une émission du même genre. Après cinq minutes, toute la famille avait une réaction entièrement négative face à cette émission. L'animatrice, charmante fille d'une célèbre vedette de cinéma, était deux fois plus jeune que les auditeurs auxquels l'émission était destinée. Toutes les annonces publicitaires visaient les jeunes — dans *aucune* de ces réclames ne figurait un seul représentant du groupe d'auditeurs auquel l'émission était supposément consacrée. Là encore, l'heure de diffusion était du plus grand intérêt: le samedi à 19h30. Évidemment, tout le monde sait que les gens d'âge mûr ne sortent pas le samedi soir: nous restons tous assis à la maison en revivant avec nostalgie les week-ends sans souci de notre jeunesse, à cette époque bénie au cours de laquelle nous faisions la fête sans arrêt. Je ne sais pas si cette émission est encore à l'horaire et je dois avouer que c'est le moindre de mes soucis.

Lors de la mini-conférence sur les média organisée par la Maison-Blanche, une lueur d'espoir est apparue dans un autre domaine, mais elle fut très rapidement éteinte. Après avoir discuté du fait que les réseaux de télévision ne reconnaissent que rarement l'existence des personnes du troisième âge et qu'ils s'intéressent encore moins à leurs besoins, quelqu'un a exprimé son opinion selon laquelle ''la télévision par câble peut changer cette situation. Dans plusieurs collectivités, les chaînes ''d'accès public'' ont été remplacées par des émissions produites par des groupes locaux. Cependant, seulement un dixième de tous les réseaux de câblodistribution ont des chaînes ''d'accès public'' et seule une petite partie d'entre elles transmettent des émissions produites par et pour les gens du troisième âge.''

Une fois de plus, nous sommes limités par l'argent. Tout de suite après avoir énoncé la seule affirmation optimiste, le rapport conclut: ''Plus la valeur des heures d'antenne augmente, plus les émissions à but non lucratif risquent d'être supprimées.'' J'ai été élevé dans un quartier de New York peuplé de durs et j'ai tout de suite apprécié le dernier mot: supprimé. Il aurait été difficile d'en trouver un plus concis et plus juste.

La publicité et les messages publicitaires: ''Faisons une pause commerciale et goûtons à trente secondes de jeunesse!''

Maintenant que j'ai 57 ans, la société me permet d'être excentrique. Je dirais même que la société *exige* que je sois excentrique, sinon je ne correspondrai plus à l'image qu'on se fait des personnes âgées. Par conséquent, la société est contente de voir mes idiosyncrasies. Avec colère, je réponds aux réclames publicitaires.

J'adresse de violentes ripostes aux messages publicitaires de la télévision et de la radio. Je me permets également d'adresser certaines répliques à la publicité des journaux qui me semble pleine de clichés. Je passe souvent des matinées entières à répondre à un cadre qui s'occupe de la production de messages publicitaires qui seront diffusés à la radio et qui vantent les produits d'une entreprise importante. Ce cadre perd son temps à me convaincre d'écrire à des parlementaires pour me plaindre des lois qui sont injustes pour les grosses entreprises. Il est tout à fait intéressant de constater le résultat de toutes ces répliques. Rien ne semble influencer ce qui se passe dans le monde de la publicité.

Si la télévision et ses émissions font partie de la ''liste noire'' des personnes âgées, le monde de la publicité doit alors y figurer en tête de liste. Pendant quelques années, j'ai participé à la réalisation d'annonces publicitaires pour la télévision. J'ai dû laisser tout tomber à cause de la frustration que je ressentais en travaillant avec les publicistes. La plus grande partie des messages, de la conception, de l'approche publicitaire et de la supervision (en publicité et dans le monde de la publicité télévisée) est exécutée par les jeunes ''génies'' de l'industrie. Après avoir visité dernièrement l'une des plus importantes agences de publicité américaine, j'ai été étonné une fois de plus par le fait que non seulement les messages publicitaires *s'adressent* à la ''génération Pepsi'', mais qu'en plus ils sont *composés* par les gens de cette génération. Quand les agences ont pour cible des auditeurs plus âgés (aux heures précises que je mentionnerai plus loin), elles s'empêtrent et ratent leur but. Comme l'a si bien dit le docteur Richard H. Davis du Andrus Gerontology Center: ''Il est assez fréquent que les annonceurs qui laissent leurs jeunes génies créateurs composer tous les messages publicitaires, n'arrivent pas à atteindre le public plus âgé qu'ils visent, à cause des techniques inappropriées utilisées par ces jeunes génies qui ne parviennent pas à comprendre que les méthodes publicitaires à la mode à l'heure actuelle, font fuir le public plus âgé.''

Comment interpréter ce comportement? Les annonceurs sont convaincus, entre autres, que les gens arrêtent leurs préférences pour certaines marques de produits et qu'ils contractent des habitudes de consommation, bien avant d'entrer dans la trentaine, et que ces habitudes ne changent pas quand les gens entrent dans la quarantaine ou la cinquantaine. À la conférence de la Maison-Blanche, on a mentionné que *seulement six pour cent* des 147 agences de publicité étudiées visaient un public de plus de 35 ans! Ce nombre serait évidemment presque infinitésimal si l'on retrouvait dans les messages qui s'adressent aux plus de 35 ans de la publicité pour toute la gamme de produits habituels tels que les automobiles, les voyages et les produits alimentaires. Eh bien, non! les agences qui visent un public "âgé" consacrent tous leurs efforts aux produits pour les dentiers, aux petites pilules pour le foie, aux laxatifs, aux basculottes qui camouflent les bourrelets (si nécessaires pour pallier les déformations graduelles du corps), aux assurances-vie et aux *collections numismatiques*. (Ces dernières sont censées nous tenir occupés lorsque nous ne dormons pas et que nous ne regardons pas les réclames publicitaires à la télévision.)

Il n'est pas nécessaire d'écouter la télévision très longtemps pour découvrir le mot-clé qui compose les slogans des messages publicitaires de la télévision (et dans une large mesure, les annonces que l'on trouve dans les journaux et dans les magazines). C'est un mot de cinq lettres qu'on rencontre partout et qui est très importun: "JEUNE". Il n'y a pas que les produits de beauté qui promettent "une apparence différente, plus jeune", ou une "peau d'apparence plus jeune". Même au cours de leurs faibles efforts pour apporter quelques changements, les rédacteurs de messages publicitaires parviennent à trébucher sur leur machine à écrire. Dernièrement, j'ai vu la publicité de Camay et j'ai entendu cette phrase: "Pour avoir un beau teint à n'importe quel âge!" Surpris, j'ai immédiatement levé les yeux vers l'écran. Où était le mot "jeune"? Le monde de la publicité avait-il enfin changé? Les femmes qu'on nous présente habituellement ont entre 20 et 30 ans. Celle que je voyais à l'écran était séduisante. Une voix masculine récita sérieusement: "Regardez comme elle est encore belle, même à 41 ans!" C'est le comble! La vie commence à 40 ans et se termine à 41 ans? En est-il de même pour la beauté? J'ai, bien sûr, adresssé certaines répliques assez violentes à ce message publicitaire. Sans obtenir de résultats, évidemment.

Les annonceurs choisissent de préférence des jeunes femmes pour vendre leurs produits, peu importe lesquels. De plus, ils considèrent que l'âge des hommes est une bonne chose à exploiter. La célébrité, bien entendu, n'a aucun rapport avec l'âge et la réputation de la personne et le fait qu'elle soit facile à reconnaître, sont les facteurs qui déterminent le choix du narrateur. Dans le monde des "voix de soutien" (les acteurs en coulisse qui font vendre les produits sans se montrer à l'écran), on choisit un homme de quatre-vingts à quatre-vingt-dix pour cent des fois. L'industrie de la publicité affirme que ces choix sont dictés par "des études de marché concluantes et par des essais portant sur des réclames spécifiques" avant que les messages publicitaires ne soient diffusés.

Regardons maintenant *la façon* dont sont présentées les personnes âgées le peu de fois où elles apparaissent. Dans une annonce, quand un personnage vieillit, le nombre de ses activités physiques décroît de façon proportionnelle tandis que ses problèmes de santé augmentent à un taux qui défie toute compétition. Dans une étude menée en 1976, des chercheurs ont découvert que 3,2% des personnages entre 30 et 40 ans souffraient de problèmes de santé allant des migraines à l'arthrite. Cependant, quand les personnages entrent dans la soixantaine, presque *trente-cinq pour cent* d'entre eux se plaignent de leur mauvaise santé. Cette étude conclut que, dans la vie réelle, les gens entre 60 et 70 ans n'ont pas dix fois plus de problèmes de santé que les gens qui appartiennent aux autres groupes d'âge.

Les faits culturels qui caractérisent la jeunesse transparaissent encore plus à travers la promesse implicite faite par la plupart des réclames: la conquête sexuelle. Dans tous les messages publicitaires visionnés par le chercheur (et il y en a eu beaucoup) le haut degré de sexualité implicite exige que les acteurs soient jeunes et charmants. Je peux ajouter qu'il en va de même pour les annonces qui remplissent les pages des journaux et des magazines. Jetez un simple coup d'oeil sur les promesses que nous font les Bermudes, Nasseau et toutes les autres îles. Regardez attentivement les photographies qui accompagnent le message. Ils sont tous jeunes. Tous séduisants de façon quasi impossible. Tous sexy. *Nous* sommes probablement tous rentrés à l'hôtel pour dormir ou pour regarder la télévision bermudienne.

Quand nous figurons dans une réclame, les produits que nous annonçons sont soit impersonnels, soit ''tout à fait adaptés'' aux gens de notre génération. Ou bien nous jouons le rôle d'une grand-mère qui a une mauvaise mémoire ou nous racontons comment les choses se passaient ''dans le bon vieux temps''.

C'est la partie immuable de la formule qu'il faut absolument suivre, à laquelle il faut absolument se conformer. Nous en sommes les victimes, comme toujours. Nous vivons dans une société qui exige que nous projetions une image particulière de nous-mêmes lorsque nous avons atteint un certain âge. En fait, la société *nous* dit quand nous devons vieillir. Quand nous sommes vieux, nous avons moins de valeur pour la société et pour l'économie et nous avons moins conscience de notre valeur en tant que personne. La publicité et les messages publicitaires toujours présents dans tous les média ne font qu'amplifier ces préceptes. Par conséquent, les images projetées finissent par acquérir autant de pouvoir que les dix commandements. Il n'est donc pas étonnant que les téléspectateurs âgés se fâchent et deviennent de plus en plus anxieux.

Il est intéressant de constater que la télévision privée est le seul domaine des média où les pressions que nous exerçons ont commencé à donner quelques résultats. L'image des personnes âgées s'est quelque peu améliorée et de plus en plus de messages s'adressent aux gens d'âge mûr et aux personnes âgées. Ce phénomène peut probablement être attribué aux nombreuses organisations qui ont élevé des protestations énergiques, mais surtout à tous les Rip Van Winkles[1] du monde de la publicité qui ont découvert tout d'un coup un tout nouveau marché. Au lieu de découvrir la ''Fontaine de Jouvence'', ils ont découvert un peu tardivement ''l'abondance de la vieillesse''.

Les chapitres qui suivent traiteront de ces sujets de façon plus approfondie. Pour l'instant, allons jeter un coup d'oeil sur les rayons de nos bibliothèques afin de voir si nous faisons bonne figure dans les livres qui s'y trouvent.

La littérature populaire ou les balivernes que l'on retrouve sur nos rayons

Un certain matin pluvieux, je suis arrivé beaucoup trop tôt à Pennsylvania Station à New York. C'est mon destin, il est écrit que je serai toujours du ''type A''; quelqu'un pour qui il est impossible d'être en retard à un rendez-vous ou de manquer un train ou un avion et qui est impatient avec ceux qui sont perpétuellement en retard ou peu pressés. Né d'une mère ''de nature excessive'' et élevé dans le monde des communications, je suis de ceux pour qui l'expression ''à l'heure'' signifie ''beaucoup trop tôt''. Cette tendance à agir promptement me donne de nombreuses occasions d'errer, d'observer et de me promener dans de nouveaux quartiers en attendant l'heure fixée. C'était lors d'une de ces matinées et il me restait deux heures à perdre avant le départ du train qui devait m'emmener à Philadelphie pour mon rendez-vous avec Maggie Kuhn. Je suis entrée dans une librairie pour y flâner un peu; je n'ai jamais vu de livres qui me plaisaient assez pour que je les

---

[1] Personnage inventé par Washington Irving et qui a dormi pendant 20 ans.

achète (dans les librairies des gares ou des aéroports). Pourtant, j'aime bien y entrer quelques instants et je m'amuse beaucoup en examinant les images sur les jaquettes.

À ce moment-là, j'étais tout à fait conscient de notre invisibilité et des fausses images que véhiculaient à notre sujet la télévision et la publicité. Rien n'aurait pu me faire croire cependant que ce problème avait également atteint mes livres bien-aimés. La librairie remplie de livres de poche faciles à lire et qui ne servent qu'à passer le temps agréablement, devait malheureusement me présenter un autre aspect de la culture de la jeunesse et de l'invisibilité de l'âge mûr.

Les couvertures des livres de poche classés dans la section ''sexe'' étaient bien en vue. De cette façon, les bouquineurs pouvaient bien remarquer les titres et étaient en même temps tentés par la chair rose des jeunes filles nubiles et des femmes à demi-nues qui ornaient les couvertures aux côtés de jeunes hommes athlétiques aux visages sans caractère. Afin de s'assurer que nous comprenions bien que la sexualité est réservée aux moins de 30 ans, les titres aident à dissiper tous les malentendus. *''Une si jeune fille''* est placé tout contre *''Jeune fille à vendre''* et *''Jeune partenaire sexy''*. Un peu plus loin, j'ai découvert *''Une mariée si jeune''* et je me demande encore à quel point il est différent de *''Une si jeune mariée''*.

Il ne faut pas oublier que ces titres ''jeunes'' sont accompagnés de merveilleux mots destinés à nous donner envie de lire l'histoire, des mots tels que Désir, Luxure, Extase, Promesse, Plaisir, Nymphe (ou Nymphette), Passion, Excitation, Fièvre. Quand j'en ai eu assez de voir la sexualité des autres sur des couvertures de livre sans pouvoir m'y situer ou m'y reconnaître nulle part, je suis allé voir les romans à l'eau de rose qui, eux, s'adressent à une tout autre clientèle et qui sont publiés par des maisons telles que Harlequin.

Il n'y a pas beaucoup de différence. Le vocabulaire varie quelque peu. Luxure est remplacé par Magie, Flocons de neige, Flamme, Étoiles, Clair de lune, Amour, Paradis. Les couvertures de ces romans exhibent elles aussi des amants, un peu plus habillés, mais tout aussi jeunes. J'ai commencé à me demander où nous étions situés. Les visages ridés n'apparaissent-ils jamais sur les couvertures de livres? Où étions-nous? Je nous ai finalement trouvés.

Nous sommes dans les *''biographies''*! Nous avons vécu assez longtemps pour avoir notre photographie sur la couverture d'un livre, mais attention, seulement si nous avons accompli quelque chose. C'est là que *nous* sommes, dans toute notre gloire; nous ne sommes pas représentés par de jeunes nymphes à demi-vêtues qui cabriolent dans une chambre à coucher digne de *Playboy* ni par de jeunes amants qui murmurent tendrement près d'un château brumeux qui émerge doucement de l'obscurité. Oh non! Nous sommes à la section des livres sérieux. Isaac Asimov. Lillian Hellman. Phil Donahue. Albert Einstein. Joan Crawford. Jacob Javits. Luciano Pavarotti.

En sortant de la boutique, je suis repassé devant la section ''Sexe'' et une couverture a attiré mon regard. J'ai presque ri aux éclats. Je ne l'avais pas vue lors de ma première inspection de l'étalage. Ce livre semblait me jeter des regards malicieux tandis que je lisais le titre: *Elle les aime vieux*. Mentalement, je lui ai fait un pied-de-nez et je suis sorti à toute vitesse pour ne pas manquer mon train.

Le contenu littéraire et les éditoriaux de nos magazines ne sont que des copies ou des reprises des sujets traités par les autres média, en particulier lorsqu'il s'agit de la vieillesse. L'invisibilité et les stéréotypes qui ont envahi l'industrie de la télévision et le domaine de la publicité sont aussi abondants dans les livres et surtout dans ceux qui sont destinés aux enfants et aux jeunes adultes; c'est une époque de la vie où les opinions et l'émotivité se développent et restent souvent les mêmes durant toute la vie.

Pendant plus de 15 ans, le ''Council on Interraciel Books for Children'' (Conseil sur les livres qui sont destinés aux enfants et qui mettent en scène plusieurs ethnies ou plusieurs races) a analysé les imprimés qui s'adressent aux enfants et étudié les problèmes qui s'y rattachent. Leur premier but était de dénoncer le racisme et les stéréotypes concernant les Noirs et les autres minorités. Pourtant, ils ont découvert une quantité incroyable d'autres stéréotypes concernant les femmes, les handicapés, les travailleurs et les personnes âgées. Ce conseil a lui aussi constaté que les contes de fées traditionnels et les livres classiques pour enfants donnaient toujours aux personnes âgées des rôles de sorcières, de gnomes et d'ogres. De plus, il a découvert que le problème majeur était surtout l'invisibilité des personnes âgées dans les livres d'enfants. Les gens âgés n'existent tout simplement pas, surtout ceux qui sont sains d'esprit, utiles, actifs, sensibles, qui ont une bonne santé et de l'expérience et qui s'expriment bien. En 1976, les membres de ce conseil ont étudié 700 livres illustrés et découvert que dans *environ 600* d'entre eux, il n'y avait aucune personne âgée!

On commence déjà à pressentir comment les choses se passent. En premier lieu, l'invisibilité, et ensuite, la façon presque inacceptable dont est décrit le peu de personnages âgés qui existent. On obtient les mêmes résultats lorsqu'on analyse la littérature offerte à nos enfants. Les personnages âgés, quand il y en a, sont décrits comme étant ''vieux'', ''petits'' ou ''anciens''. Je me demande comment se sentirait mon ami Alex (un septuagénaire qui mesure au moins 1,80 mètre et qui est plein de dignité et de vitalité) si je l'appelais ''mon cher petit vieux''!

Et encore, les personnages âgés que l'on retrouve dans les livres d'enfants ne jouent jamais des rôles très intéressants. Ils sont concierges, commerçants ou grands-parents; ils se bercent en général. Grand-papa sculpte un morceau de bois et grand-maman sourit (elle ne fait que sourire). Comment un enfant peut-il concilier ces images avec l'opinion qu'il a de *vous,* si vous êtes grand-père ou grand-mère? Si l'on projette aux enfants des images où une grand-mère est toujours assise dans sa cuisine à faire des tartes sauf quand elle se berce sur la véranda, comment diable pourraient-ils accepter le fait que leurs grands-parents réels qui viennent tout juste de rentrer d'une journée de travail ou d'une bonne partie de golf soient en train de s'habiller pour sortir avec des amis? Leur propre grand-père, s'il essayait de sculpter un bout de bois, risquerait de se couper un doigt étant donné que son métier n'exige pas qu'il sache travailler avec un couteau. À notre époque, il est fort probable que la grand-mère soit une chic femme active et séduisante, vers la fin de la quarantaine ou au début de la cinquantaine. Il y a quelque temps, un article m'a fait sourire. On y rapportait que tout le monde avait admis le fait que Lillian Carter, la mère de l'*ex-président,* était grand-mère (et même une arrière-grand-mère). Pourtant, M. et Mme Carter *eux aussi* sont grands-parents. Si la chaise berçante représente la vieillesse pour les enfants, comment ces derniers peuvent-ils concilier cette image avec le fait que Lillian Carter ait pris l'avion pour aller en Inde visiter des personnes avec lesquelles elle avait travaillé quand elle était dans les Peace Corps, maintenant qu'elle avait plus de 60 ans?

Des études sur la littérature qui s'adresse aux adolescents ont donné les mêmes résultats: les personnes âgées ne sont jamais dans le feu de l'action, elles n'ont que des petits rôles de ''figurants'';

elles ne sont que des marionnettes fantômes qui jouent des rôles qui n'ont aucun rapport avec la réalité. Elles sont tranquilles, indépendantes, ne causent jamais de problèmes ni de ''remous''; elles sont des personnes sous-développées, plus insignifiantes qu'invisibles. Il est intéressant de constater que même les premiers livres pour adolescents étaient biaisés de la même manière. Les préjugés envers les personnes âgées ne sont pas des phénomènes contemporains nouveaux. C'est la façon dont nous en prenons conscience qui a changé.

Ces préjugés sont omniprésents et notre prise de conscience est un bon pas en avant pour le changement de cet état de choses. Les sociologues ont découvert que tous les domaines des imprimés en étaient infestés. Une analyse de plus de 2,000 bandes dessinées provenant d'un nombre considérable de magazines a démontré que même dans un tel média (ou particulièrement dans ce média), les personnes âgées étaient représentées de façon négative, quand elles l'étaient. Elles n'apparaissent que dans 1,5% des bandes dessinées des magazines féminins et pourtant, je serais prêt à parier que plus de la moitié des lectrices de ces publications font partie de *notre* groupe d'âge. Dans les bandes dessinées où apparaissent des personnes âgées, on retrouve surtout des thèmes tels que les troubles mentaux ou sexuels ou le conservatisme politique ou social. Les vieux sont toujours les victimes ou les dindons de la farce.

Même quand une bande dessinée admet réellement qu'il est possible qu'une personne âgée ait des désirs sexuels, l'apparence physique de ce personnage est traitée de façon entièrement négative. On retrouve dans la revue *Playboy* une vieille nymphomane obsédée par le sexe. Elle se nomme Granny. Son apparence physique (seins pendants, gros ventre et jambes décharnées) fait presque fuir les hommes qu'elle aborde. Dans une de ces bandes dessinées, Granny, entièrement nue, se tient tout près d'une bande de voleurs de diligence et la légende se lit comme suit: ''Honnêtement, Madame, *nous n'avons surtout pas envie* de violer qui que ce soit!'' Les bandes dessinées que l'on retrouve dans les magazines pour hommes ne sont pas les seules à être offensantes, bien qu'elles constituent une cible aux attaques des féministes et des femmes âgées.

Pour leurs bandes dessinées, beaucoup de magazines ''standard'' ont été jugés coupables à leur manière: *Better Homes and Gar-*

dens, *Ladies' Home Journal, New Yorker, Reader's Digest* et *Saturday Evening Post,* pour n'en nommer que quelques-uns. Celle que je préfère vient du *New Yorker.* À un arrêt d'autobus, une dame d'âge mûr, habillée à la dernière mode, dit à une amie habillée sans recherche ni élégance: ''Moi aussi, j'avais l'air vieille, mais ce n'était vraiment pas mon genre.''

''Et bravo pour Hollywood!'' Une critique des films à quatre étoiles

Une constatation intéressante surgit lorsqu'on entame des recherches sur la vieillesse vue par les média. Tout ce qui a été écrit par le passé à ce sujet se perpétue encore jour après jour. Il n'est nul besoin de passer des semaines entières à la bibliothèque publique à disséquer les écrits des poètes latins. Ce phénomène est une perversion réelle et tangible de notre société et on en rencontre des preuves dans les journaux, les magazines, les émissions de télévision et dans la publicité. Le monstre se nourrit de lui-même, il grossit de plus en plus et devient de plus en plus évident.

L'industrie du cinéma est plus variée: des films sérieux sont faits par des producteurs et des réalisateurs intelligents et bien intentionnés. Même si les films ''pop'' prolifèrent au grand bonheur des pré-adolescents et des adolescents qui semblent tous d'ailleurs disposer de plus d'argent que nous n'en avons. Les petites salles et les maisons de production indépendantes essaient à l'occasion de présenter une ''tranche de vie''. Mais quand Hollywood met la main sur un thème donnant lieu à une intrigue stéréotypée, personne ne peut surpasser ces maîtres de l'ineptie populaire. Dans mon quartier, il y a une de ces salles de cinéma où, pour la moitié de prix d'entrée des salles des beaux quartiers, on peut voir des programmes doubles mettant à l'affiche des films qui ont déjà fait fureur, des reprises, des classiques ou les tout derniers succès qui ont connu une popularité de trois semaines et qui sont maintenant voués à l'oubli ou condamnés à être présentés dans des salles obscures presque réservées aux étudiants en cinéma et aux fanatiques du cinéma tels que moi.

L'affiche indiquait *Les folies de l'âge mûr!* Je n'ai pas pu résister. Comment aurais-je pu ignorer un tel film alors que j'étais complètement plongé dans ma recherche. Je n'avais jamais entendu parler de ce film auparavant. J'ai vu ce film par un bel après-midi ensoleillé où tout le monde aurait dû flâner dans un parc et j'espère que je n'en entendrai plus jamais parler. Hollywood demeurait fidèle à lui-même. Si jamais un film a reflété exactement cette haine de soi qu'éprouvent les Américains quand ils vieillissent, c'est bien *Les folies de l'âge mûr*. Tout d'abord, je me suis demandé à quel âge ils situaient l'âge mûr. Je l'ai su tout de suite.

La famille de Bobby Lee célèbre l'anniversaire de naissance de ce dernier (interprété par Bruce Dern). C'est un moment difficile; un événement; il est sur le point d'atteindre l'âge mûr. Bobby Lee est en train de franchir le cap de la trentaine. Comme c'est affreux! Quel traumatisme! Tout le film repose sur le fait que Bobby Lee souffre d'une ''crise de l'âge mûr'' de proportions gigantesques.

L'un des personnages déclarera même: ''À quarante ans, tout commence à merdoyer. C'est ce qui se passe à cet âge-là. Tu commences à rêver à toutes ces choses que tu aurais dû faire quand tu en avais encore l'âge!''

L'épouse de Bobby Lee, Sue Ann (interprétée par Ann Margret) (l'histoire se déroule au Texas, ce qui explique pourquoi tout le monde a deux prénoms), essaie de rassurer Bobby Lee, de le rendre heureux et de le combler (sexuellement) mais le moral de Bobby Lee se détériore, ainsi que son corps ''vieillissant''. Lors de la cérémonie de remise des diplômes de leur fils (ce dernier quittera donc la maison familiale pour aller à l'université, ce qui occasionnera en plus un ''syndrome du nid déserté'' chez les parents), Bobby Lee s'imagine en train de prononcer le traditionnel discours d'adieu. Affublé de la toque et de la toge non moins traditionnelles, il débite une tirade où il se déprécie et dénonce le terrible avenir réservé aux jeunes diplômés. ''Vous ne voulez pas représenter l'avenir. Retournez-leur donc leurs stupides toges et restez donc jeunes toute votre vie! L'avenir vous lèche le cul! Vous voulez voir ce qu'est l'avenir? Regardez vos parents, regardez leurs gros culs et leurs seins pendants! C'est ça l'avenir!'' (On retrouve une fois de plus l'importance des seins et des fesses!)

Ensuite, Bobby Lee reçoit de bons conseils des autres personnages, y compris de Sue Ann et de son père. Ces derniers lui donnent un dernier coup bas en tant ''qu'homme âgé''. Le grand-père, qui a 64 ans, prévient Bobby Lee: ''Ce qui te donne le plus l'impression d'être vieux, c'est d'être couché dans un motel et d'entendre des gens qui baisent dans la chambre d'à côté.''

Dans les scènes suivantes, Bobby Lee ''s'enfuit de chez lui'';

il part en voyage d'affaires; il a une aventure avec une danseuse; il troque son Oldsmobile contre une Porsche et son complet d'homme d'affaires contre des bottes de cow-boy et une paire de blue-jeans. La bande sonore hurle une chanson rock qui nous prévient: ''Il a la folie de l'âge mûr, il essaie de prouver qu'il peut encore!'' (Sonny Throckmorton. Phonogram, Inc., New York)

La séquence où Bobby Lee décide d'abandonner son entreprise et de plaquer sa femme pour la danseuse, était vraiment sublime. Abe Titus, le magnat qui utilise les services fournis par l'entreprise de construction de Bobby Lee, se fâche contre notre héros, ce dernier ne s'est pas présenté au rendez-vous (il ne le pouvait certes pas puisqu'il était encore au lit avec la danseuse). Bobby Lee lui dit: ''Je ne suis pas en grève ni en train de tout plaquer. Je fais le point. Vous pouvez tout prendre et le fourrer dans votre conglomérat, pour ce que ça me fait!'' J'ai applaudi mentalement tout en gribouillant mes notes dans l'obscurité.

Pour les lecteurs qui s'intéressent à la conclusion des histoires comme celle-là, je me dois de leur dire que Sue Ann avait elle aussi une aventure. Bobby Lee est retourné chez lui après avoir été rejeté par la danseuse (il l'a trouvée au lit avec un autre homme; elle lui a rappelé que les gens de *sa* génération ne se mettent pas de ''fil à la patte'') et il s'est retrouvé en Californie avec sa femme. Dans l'intervalle, nous avons subi une fois de plus ''Il a la folie de l'âge mûr, il essaie de se prouver qu'il peut encore!'' La caméra se déplace lentement et le film se termine par un gros plan de la Porsche que Bobby Lee a juré d'échanger contre une autre Oldsmobile.

Peu importe ce que nous faisons, les média ne seront jamais parfaits puisque nous ne sommes pas des modèles parfaits pour nos pairs ou pour les générations à venir. Nous ne sommes pas non plus le seul groupe d'intérêt particulier qui prend à partie les média à cause de leurs omissions et des stéréotypes qu'ils perpétuent. Les femmes ont bien combattu tout comme les minorités ethniques. J'ai découvert que même les grosses entreprises, les vaches sacrées de notre démocratie, commencent à critiquer la façon dont les média les représentent.

Une de nos plus importantes compagnies pétrolières a fait paraître une annonce assez visible dans laquelle elle se plaignait du fait que les valeurs sociales des grosses compagnies (celles qui compenseraient pour tout le reste, s'il y en a), n'étaient pas mises en évidence à la télévision. Elle leur reprochait de stéréotyper les hommes d'affaires (tout comme nous leur avons reproché de stéréotyper les personnes âgées). À la télévision, deux hommes d'affaires sur trois sont dépeints comme étant cupides, insensés ou criminels et la moitié des affaires qu'ils traitent impliquent des actions illégales. Ça vous rappelle quelque chose? La télévision est non seulement contre les gens âgés, elle est aussi anti-affaires. Je suis sûr que les hommes d'affaires vont se battre contre la mauvaise publicité qu'on leur fait.

Et nous devrions nous battre, nous aussi. La prise de conscience constitue la première étape. Il ne faut jamais sous-estimer la force des média ni la facilité avec laquelle ils déterminent les opinions et nous font douter de nous-mêmes. Cette question a été résumée très intelligemment par l'ex-gouverneur de l'État de New York, Malcolm Wilson, quand on lui a demandé de comparer l'image de marque de Nelson Rockefeller à sa vraie personnalité dans sa vie privée. M. Wilson a répondu: ''Dans le monde actuel, la vérité est hors de propos. L'important, c'est la perception et elle découle de la façon dont les gens sont exposés aux média.''

Partie II
Alors, qui sommes-nous finalement?

Maintenant que nous avons pris conscience de beaucoup de choses que *nous ne sommes pas*, il est temps d'essayer de découvrir certaines des choses que *nous sommes*. Nous sommes une génération unique au sein d'une société très spéciale; nous avons des expériences communes tout à fait étrangères aux autres générations qui nous entourent.

En plus d'avouer leur ignorance légitime des noms de nos anciennes vedettes de cinéma favorites, les jeunes sont isolés (par leur âge) des événements majeurs qui ont marqué nos destinées, de la Crise des années 30 à la fureur disco, en passant par la Seconde Guerre mondiale et l'Holocauste.

De la même façon, nous sommes différents de la génération qui *nous* a précédés et c'est nous qui n'avons pu comprendre les relations qu'il y a entre *eux* et la Première Guerre mondiale, la prohibition et le Black Bottom (danse nègre). Étant donné la rapidité à laquelle les changements se produisent, les gens des générations qui nous suivent ne pourront jamais être tout à fait comme *nous*. Cette rapidité est nécessaire pour que l'humanité soit mouvante et dynamique. Ce n'est ni bon ni mauvais. C'est un fait!

Chapitre 7
On ne peut pas tous être Chinois!

La jeunesse: malédiction des jeunes, culte des vieux.
Message trouvé dans un biscuit chinois par l'auteur

Quand les choses se gâtent, quand notre conscience nous démontre clairement que la vie n'est pas toujours juste, quand les enfants répliquent à leurs aînés (nous) et quand les gros titres des journaux nous vexent avec leurs changements violents et inquiétants, nous pouvons toujours nous rappeler que les *Chinois* traitent *leurs* patriarches avec vénération et respect. Il est toujours réconfortant de savoir qu'il y a un endroit au monde où les personnes âgées sont bien traitées, avec toute la déférence et l'amour que nous méritons si bien!

Peut-être est-ce notre façon personnelle de percevoir le processus de vieillissement qui nous pousse à nous tourner vers les autres cultures et à étudier comment elles traitent leurs aînés. J'ai utilisé maintes et maintes fois l'exemple des Chinois même après avoir lu dans les journaux que des bandes de jeunes Chinois font les cent coups dans les quartiers chinois de New York et de San Francisco et que des familles se désintègrent rapidement dans les taudis surpeuplés de Hong Kong. C'est toujours mieux d'ailleurs; c'était beaucoup plus facile à quelqu'autre époque.

Ainsi, je lis avec la sensation presque perverse de tout comprendre, ce qu'écrit Colin M. Turnbull dans son livre *The Mountain People* (Touchstone-Simon & Schuster, 1972). Il décrit les traitements que font subir les membres de la tribu Ik au Kenya aux membres plus âgés. Il raconte comment un vieil homme est injurié par les enfants du village, frappé au visage et assommé, le tout accompagné de rires et de chants d'allégresse. Pour les Ik, ce terrible traitement infligé à certains membres de la tribu par les autres est une façon de mater une société composée au départ de chasseurs nomades afin de les forcer à devenir des fermiers. Je me demande quelles *sont* nos raisons. Et aussi, comment les autres cultures traitent-elles leurs aînés?

Une chose est certaine: dans la plupart des sociétés, en particulier dans les plus primitives, et à la plupart des époques étudiées par l'anthropologie historique, les personnes âgées étaient des spécimens rares. La simple survie jusqu'à un âge avancé requérait des efforts surhumains et beaucoup de chance. Dans l'Angleterre élisabéthaine, il fallait au moins neuf naissances pour assurer qu'un ou peut-être deux survivants atteindraient l'âge de 50 ans. La peste noire et la petite vérole décimaient ensuite ceux qui avaient pu survivre malgré un taux de mortalité infantile effroyablement élevé. La nourriture était insuffisante (quand elle n'était pas toxique) et les guerres se chargeaient du reste. Il existe encore aujourd'hui partout dans le monde des ghettos fétides où trois enfants sur cinq périssent avant d'avoir atteint cinq ans. Lorsqu'on établit une comparaison en se basant sur de tels chiffres, on peut presque considérer que la vieillesse commence à 18 ans.

Les gens âgés étaient peu nombreux au début de notre civilisation (tout comme aujourd'hui dans les pays en voie de développement), mais ces quelques survivants étaient les détenteurs des connaissances nécessaires à la survie de toute la tribu et de sa culture. Aujourd'hui encore, chez les aborigènes d'Australie, les hommes d'âge mûr enseignent aux garçons et aux filles de la tribu l'artisanat, l'agriculture, la science tribale et les rites.

Le pays intérieur australien est un désert hostile, si insupportable que j'ai déjà vu un aborigène rester toute la journée dans l'ombre d'un rocher solitaire, se déplaçant en même temps que l'ombre, à attendre un kangourou. Si le gibier se montre, le chasseur n'a qu'une seule chance de l'abattre. Un aborigène d'âge mûr m'a montré comment lancer un boomerang, mais je n'ai jamais rien attrapé. Inexpérimenté comme je le suis, je mourrais de faim dans un tel désert.

Dans cette société, les hommes d'âge mûr exercent une autorité que leur confère leur âge; ils sont inflexibles en ce qui a trait à la discipline et au respect des lois tribales. Le chef du groupe est toujours un aîné, un de ceux qui ont le plus de connaissances et d'expérience. Quand la tribu tient conseil, seuls les hommes âgés participent aux discussions; les jeunes hommes ne sont pas de la partie. C'est évidemment une société patriarcale et les femmes n'ont pas un statut aussi élevé quand elles atteignent l'âge mûr.

Lorsqu'on remonte aussi loin qu'à l'époque de Babylone, de l'ancienne Grèce ou à l'époque des patriarches des tribus juives, on remarque que les aînés, ces quelques survivants, se créaient une gérontocratie personnelle et ils étaient, la plupart du temps, ceux qui bénéficiaient en premier lieu de l'ordre social. Les aînés étaient ceux qui transmettaient les lois tribales que les dieux eux-mêmes leur inspiraient et qui, par conséquent, devaient être observées intégralement, telles que prescrites. Le conseil était exclusivement composé d'aînés. Même alors, je doute fort que quelqu'un ait pu éprouver une grande joie à la perspective de vieillir!

Un ancien poème japonais exprime très bien ce sentiment. Il est évident que l'auteur n'était pas transporté de joie à la pensée de vieillir. Ce poème fut écrit vers l'an 905 après Jésus-Christ:

Lorsqu'on entend la vieillesse approcher,
Si seulement il nous était donné
De barricader la porte,
De répondre: ''Il n'y a personne''
Et de refuser de la rencontrer!
(Donald Keene, ed. Anthology of Japanese Literature.
Traduit du japonais par Arthur Walley, Grove Press, New York, 1955)[1]

Il y a environ dix ans, j'avais pris les dispositions nécessaires pour produire une émission spéciale de télévision dont le titre était *Celebration* et qui mettait en vedette Lorne Greene. Cette émission était censée célébrer *toutes* les phases (sic!) de la vie d'un homme

---

[1]Traduction libre de l'anglais

et correspondre aux cinq périodes les plus importantes: la Naissance, l'Enfance, l'Adolescence et les Fiançailles, le Mariage et la Vieillesse. Remarquez bien que, de cette façon, je supprimais une génération complète: *nous!* À cette époque, j'étais moi aussi influencé par ce mythe qui nous fait croire que nous disparaissons tous vers l'âge de 40 ou de 45 ans, pour nous reposer sur un palier jusqu'à ce que nous soyons devenus ''des anciens''. Au cours d'une seule année, nous avons travaillé dans quinze pays dont l'Australie, la Turquie, le Vénézuela, Hong Kong et le Kenya. C'était la première fois que je me sentais profondément concerné et vraiment intéressé par l'idée qu'il devait y avoir des ressemblances significatives et des différences bien marquées entre les cultures.

Les aborigènes, comme je l'ai déjà mentionné, passent par cinq phases bien déterminées de la vie: l'enfance, l'adolescence (ou période d'initiation), le début de l'âge adulte et la vie spirituelle de la vieillesse. Dans d'autres tribus telles que les Giriama et les Masaï du Kenya, la femme d'âge mûr a le rôle d'enseigner aux jeunes. Elle initie ses filles aux mystères de la féminité et de l'enfantement; elle leur fait connaître les remèdes aux maux d'estomac et leur apprend à soigner les éruptions cutanées des bébés; elle leur parle de la dentition et leur enseigne les remèdes galéniques ainsi que tous ceux que lui ont enseignés ses propres parents. Les hommes de la tribu des Masaï doivent suivre des rites spécifiques destinés à aider les guerriers à s'adapter à chacun de leurs rôles successifs au sein de la tribu.

Il a fallu plusieurs mois de préparation et d'organisation pour obtenir l'autorisation de filmer les cérémonies des Masaï. Nous nous sommes éloignés de Nairobi d'environ 100 milles avant de rencontrer les gens qui devaient nous aider et nous présenter aux Masaï. Nous avons passé la majeure partie de la journée à visiter le campement, entouré de clôtures de robiniers, à éviter avec précaution les bouses de vaches, elles vivent au milieu de la place publique) et à refuser poliment les gourdes que nous offraient gentiment les indigènes. Nous avions été avertis que cette boisson, semblable à la bergette, était fermentée dans l'urine de vache et qu'il était indispensable de grincer des dents en buvant afin d'empêcher les mouches de pénétrer dans notre bouche.

La cérémonie que nous avons filmée est désignée sous le nom de ''Dernière transition''. Quand un Masaï devient vieux, il perd son statut de guerrier. Inutile de préciser que le poème japonais

80

que j'ai cité plus haut peut très bien décrire les sentiments d'un Masaï: aucun guerrier n'aime abandonner son rôle pour devenir un ancien, même en sachant qu'il sera respecté de tous quand il aura atteint ce rang élevé. Cette cérémonie ne se déroule pas lorsque le guerrier a atteint un âge chronologique précis, mais lorsque son dernier fils a atteint l'âge de l'initiation.

Le guerrier s'isole du reste de la tribu pour quatre jours. Seules ses femmes lui apportent de la nourriture. Il ne peut quitter sa retraite que si une urgence se déclenche dans le camp ou dans le vénéré troupeau de vaches. Durant ces quatre jours, sa seule compagne sera la boisson fermentée typique que l'on retrouve lors de chaque cérémonie des Masaï, depuis l'attribution d'un nom aux enfants jusqu'au mariage.

À la fin de son séjour dans une hutte recouverte de bouse, l'homme revêt son costume de guerrier pour la dernière fois: la coiffure en plumes d'autruche, la cape en plumes de vautour et les anneaux de cheville en peau de singe. Armé de son gourdin, de son couteau, de sa lance et de son bouclier aux vives couleurs, il est prêt à affronter la crise de l'âge mûr.

Les autres anciens l'attendent dans sa hutte, faite en terre et recouverte de bouse de vache. On fait aussi porter des gourdes de vin. Les anciens psalmodient: ''Deviens vieux! Allez! Deviens un vieil homme!'' Et le guerrier leur crie: ''Il ne le faut pas! Oh non! Je ne veux pas devenir vieux! Non! Je ne veux pas!'' Quand les anciens répètent leur demande pour la cinquième fois, le guerrier, maintenant résigné et plus commode, entre dans une autre dimension de la culture Masaï en leur répondant doucement: ''Soit, je le ferai. Je deviendrai un vieil homme.'' Il change de costume, il abandonne à ses fils les parures de guerrier qu'il a si fièrement portées et revêt la longue robe des anciens qui lui descend à la cheville. Il ne sera plus jamais un chasseur de lions, ni un combattant, ni même un des protecteurs du village nomade. Il porte maintenant le nom de ''père de Gundaï'' ou un autre, selon le nom de son fils. C'est pour le village une bonne raison de faire la fête et de boire une quantité incroyable de gourdes remplies de l'enivrante boisson du village (accompagnée bien sûr de quelques mouches).

Il est possible que notre propre conception du rôle des gens âgés découle directement des rites des tribus anciennes. Chez les Masaï, les anciens ''à la retraite'' mènent une vie très différente de celle qu'ils ont menée jusque-là. Même s'ils n'émigrent pas vers un endroit qui serait un peu une version Masaï de notre Floride ou de notre Arizona, une de leurs principales occupations est de rester assis ensemble autour de la place, toute la journée. Ils fument leur pipe tout en tenant une interminable conversation sur le village, le surnaturel et les problèmes courants. Ils écoutent les histoires de guerre que racontent les autres guerriers retraités. Ils prodiguent une grande quantité de conseils aux jeunes, méditent et tiennent conseil afin de s'assurer que les anciennes habitudes Masaï sont perpétuées et que les coutumes restent immuables. Et mieux encore, ils sont respectés de tout le village. On m'a même dit qu'ils devenaient plus gentils et plus amicaux envers les étrangers et envers leur propre famille.

La façon dont les anciens sont traités et leur entrée dans l'âge mûr et dans la vieillesse varient évidemment d'une culture à l'autre, mais il ne faut pas oublier que la plupart des cultures traditionnelles ont été influencées par le fait que les tribus étaient décimées par les accidents, les maladies et des conditions de vie assez pénibles. Nous pouvons toujours désirer fortement être adulés comme les vieux Navajo ou comme les parents polynésiens (jusqu'à ce qu'ils arrivent à Hawaï et qu'ils soient obligés de lutter désespérément pour conserver leur culture) ou souhaiter bénéficier des traitements qui étaient réservés aux vieux dans la Chine ancienne. Cependant, il faut bien admettre que dans toute l'histoire du monde, aucune autre société n'a été confrontée à un nombre de personnes âgées aussi élevé que celui qui existe actuellement et qui ne cesse de croître. À la différence des Masaï, nous ne sommes pas des survivants exceptionnels qui ont réussi malgré tout à atteindre l'âge mûr. C'est pourquoi il est indispensable à notre époque d'avoir de nouvelles vues sur le rôle qui incombe aux personnes âgées.

Il nous est impossible de modifier notre situation dans l'histoire chronologique. Nous ne pouvons pas vivre à une autre époque ni modifier l'ère dans laquelle nous vieillirons. Nous ne pouvons pas transformer notre situation géographique de manière à nous retrouver dans le désert australien où nous serons vénérés comme le sont les vieillards autochtones. Notre société d'abondance, notre société industrialisée nous place dans une situation tout à fait différente de celle de nos frères, les bouviers nomades du Kenya. Il faut de longues années pour acquérir et assimiler les connaissances spirituelles et pratiques qui permettent à un sorcier d'être accepté et respecté par la tribu. Nos médecins quittent la faculté de médecine et commencent à exercer à l'âge de 27 ans. À une certaine époque, les jeunes ouvriers et les jeunes professionnels devaient obligatoirement être apprentis durant cinq ou dix ans avant de pouvoir exercer un travail qui entraînait certaines responsabilités. Aujourd'hui, les grandes entreprises recherchent des avocats et des étudiants spécialisés en affaires, frais émoulus de l'université, afin de leur permettre de débuter leur carrière à un salaire inouï.

Il y a bien eu une époque où la famille américaine était soutenue par le cercle familial au complet, sans être Chinois ou Polynésiens. Nous avons parfois la nostalgie de la vieillesse vue par Norman Rockwell, telle qu'il l'a si bien immortalisée sur d'innombrables couvertures du *Saturday Evening Post*. Qu'est-il bien arrivé au gentil médecin de famille (qui faisait des visites à domicile); à la vieille grand-maman souriante (toujours souriante) qui retirait la dinde du four le jour d'Action de Grâce; au commis du magasin général si amical, celui qui gardait des bonbons à un sou dans son comptoir vitré; à l'institutrice soignée et tout à fait collet monté, qui était si sévère mais qui aimait tant les enfants; à l'irrésistible chien de la maison?

Où est passé le ''bon vieux temps'' que nous désirons tous retrouver quand nous trouvons que la vie change trop vite, sans nous laisser le temps de reprendre haleine? Où sont passés les beaux jours de jadis? Notre mémoire sélective, ne nous rappelle que de bonnes choses et la brume euphorique qui nous envahit nous fait désirer toutes les composantes de ces événements si mémorables. Les spectacles de Broadway nous reviennent en mémoire: *Camelot, 42nd Street* et *Brigadoon*. C'était le bon vieux temps! Vraiment?

Je me demande combien d'entre nous retourneraient aux durs labeurs quotidiens du siècle dernier. La raison pour laquelle on représente la grand-maman en train de retirer la dinde du four est évidente: elle ne quitte jamais sa cuisine. Après avoir transporté de l'eau, lavé les enfants, préparé le déjeuner de grand-père et de toute la marmaille, fait la couture, le ménage, la lessive et la cuisine, c'est un miracle qu'il lui reste encore de l'énergie pour sourire alors qu'elle pose pour Norman Rockwell! Mon père ne voudrait sûrement pas retourner se battre à la Première Guerre mondiale. J'en suis convaincu même si les seules anecdotes qu'il nous raconte sur cette époque n'évoquent que le bon temps qu'il a partagé avec ses camarades. Il passe toujours sous silence tout ce qui a trait à ses trois blessures de guerre. Quand il nous raconte ses histoires de guerre, les tranchées n'existent pas.

Otto C. Bettman a écrit un livre merveilleux intitulé: *The Good Old Days They Were Terrible* (Paperback, Random House, 1974) dans lequel il rappelle clairement à tous ceux qui ont des mémoires sélectives, que la nourriture que consommaient nos grands-parents était souvent attaquée par la pourriture; que le taux de criminalité était aussi élevé qu'aujourd'hui et surtout, que des maladies telles que la malaria, la diphtérie et les infections intestinales causaient des ravages. Lors des voyages transatlantiques, nos ancêtres étaient confinés dans les cales malodorantes des bateaux (mes grands-parents ont fait la traversée en troisième classe). Dans les rues des villes, les voitures tirées par les chevaux causaient de vrais embouteillages et ce, dans la boue et la poussière.

Il se dégage des cultures arabes une indifférence généralisée vis-à-vis de l'âge, tout particulièrement intéressante. Les tout-petits ont tous ''moins d'un an''. Les ''vieilles personnes'' peuvent être âgées de 40, de 50, de 60 ans ou plus. Contrairement à chez nous, les mesures exactes n'ont pas leur place dans les sociétés arabes, tout comme les notions d'heures et de ponctualité. Alors, pourquoi à notre époque, déterminons-nous à l'avance quand nous serons vieux alors que tant de nouveaux horizons s'offrent à nous, autant qu'à nos frères.

Il n'est plus nécessaire de nous dépêcher de ''faire nos preuves'' avant d'avoir 30 ans. Puisque notre espérance de vie continue d'augmenter et que nous entrons dans une ère où l'âge n'est plus un facteur déterminant, il nous sera possible de profiter d'une deuxième chance et même d'une troisième. Nos richesses nous ont permis de nous créer une gérontocratie, tout comme les anciens l'ont fait au cours de l'histoire. Pourquoi nous sommes-nous laissés prendre au piège qui nous force à nous retirer de la vie? Dans la société d'aujourd'hui, je ne suis qu'un jeune ''blanc-bec'', malgré mes 57 ans!

La dure réalité est qu'à force de croire ce que l'on nous dit, nous avons fini par renoncer à la puissance que possédait notre gérontocratie. Nous avons apparemment oublié que les jeunes qui nous ont quittés pour partir à la découverte de *leur* liberté nous ont redonné *notre* liberté, par le fait même. La société est plus changeante, plus mobile que jamais. Quand les jeunes quittent la maison, non pas pour aller travailler, mais bien pour aller à San Francisco ou à Paris dans le but ultime de ''se découvrir'' (alors que c'est nous qui payons la note), ils *nous* laissent libres d'agir à notre guise. S'il leur est possible de voyager pour s'évader, il *nous* est maintenant possible de voyager pour nous amuser.

Il est temps de nous prendre en main. Nous ne pouvons pas tous être chinois, mais nous n'avons pas du tout besoin de l'être. Nous n'avons pas besoin de la vénération des jeunes pour rejeter nos propres cérémonies tribales et nos rites qui annoncent l'approche de la vieillesse: la retraite, l'inaction, l'invisibilité, un arrêt dans notre progression.

Hier soir, alors que je lisais un livre traitant des lois tribales des Navajo, j'ai fait un rêve bizarre concernant nos propres rites qui accompagnent le vieillissement. Notre plus jeune enfant venait d'être initié et d'entrer dans l'âge adulte. Nos autres enfants ''n'ont plus besoin de nous depuis longtemps''. Je revêts mon plus beau costume de guerrier et armé de mon attaché-case et de mes cartes d'affaires, je pénètre dans la hutte où je dois changer de rôle. Je suis censé devenir un ancien.

Cependant, au lieu de rencontrer les autres anciens qui m'attendent pour me juger et me donner les ordres rituels, comme c'était le cas pour mes frères de la tribu Masaï, tous ceux qui sont assis dans la hutte pour l'occasion, sont des jeunes. Ils sont vêtus des habits de guerriers d'aujourd'hui: blue-jeans de grands couturiers et tee-shirts sur lesquels sont imprimés les incantations rituelles de ''leur'' tribu, maximes de l'au-delà et avertissements des prophètes de leur génération: ''Vive Woodstock'', ''La génération Pepsi'', ''Défonce totale'' et ''Faites-vous dorer la couenne''.

Leur chef est une jeune fille de quinze ans à peine. Je lis sur son tee-shirt: ''MAINTENANT QUE JE SAIS TOUT, QUE ME RESTE-T-IL À FAIRE?'' Dès que j'entre dans la hutte, elle entonne: ''Va-t-en. Sois vieux.'' Derrière elle, le choeur murmure: ''Va-t-en en Arizona. Va-t-en en Floride.'' D'un coin sombre s'élève une petite voix aiguë qui ne cesse de répéter: ''Envoie-nous de l'argent.'' La jeune fille répète son ordre cinq fois. Les quatre premières fois je lui réponds: ''Non, je ne veux pas!'' Cependant, à la cinquième fois, lors du rituel et des mots magiques: ''Va-t-en. Sois vieux.'', je me redresse, mes plumes s'agitant au vent et mes peaux de singe brillant de tous leurs feux, je lui réponds: ''Va te faire foutre.'' Et je sors en colère!

Chapitre 8
Bouboupidou! Tralalaliou! et autres expressions courantes très utiles

Les pensées élevées doivent être exprimées dans un langage noble.

Aristophane:
Les Grenouilles

Il y a quelques mois, j'ai été invité à prendre la parole à une conférence qui devait se tenir à New York. Je me réjouis toujours d'avance à l'idée de telles apparitions en public, d'abord parce que j'adore disserter devant un auditoire, et ensuite parce que j'ai toujours l'espoir un peu pervers que le déjeuner sera un festin gastronomique. Évidemment, les festins me déçoivent toujours. Servis sur plateaux d'argent, je retrouve invariablement une manière de mets hybrides de compagnie aérienne et de McDonalds. Enfin, je garde malgré tout, mon optimisme même quand je dois affronter ces désastres culinaires innombrables et des heures de discours ennuyants (y compris le mien).

Cette conférence-ci traitait de toute une panoplie de sujets dont les voyages, la publicité et les communications. Le principal conférencier était un jeune conseiller en administration (environ 35 ans). Après mon premier verre de vin, j'ai espéré entendre le conférencier décrire de nouvelles approches au sujet des communications au sein de l'entreprise. Dès les premières phrases de son introduction accompagnées de trois ou quatre diapositives, je me suis rendu compte, non sans une énorme sensation d'être tout à fait inapte, que *je ne comprenais pas un mot de ce qu'il disait!* Cet expert en communication ne me communiquait tout simplement rien!

J'ai regardé autour de moi, croyant que j'étais le seul paumé et le seul à avoir bu du vin (ce qui, tout le monde le sait, engourdit les sens). En croisant le regard médusé d'un de mes voisins, j'ai compris par son haussement d'épaules que je n'étais pas le seul. Une autre diapositive apparut sur l'écran: des lettres lumineuses vertes et rouges formaient des mots assemblés étrangement:

> La désagrégation d'une compagnie en entreprises nationales est préalable à l'analyse stratégique et à la formulation. . .

Mon voisin leva les yeux au ciel. Nous avons trinqué en silence et ingurgité nos verres à toute vitesse. Mieux valait oublier ce qui était en train de se passer.

Nous avons grandi à une époque où les gens parlaient sans détour. Quand ma mère me disait: ''Mange tout ce qu'il y a dans ton assiette et fais tes devoirs'', il ne pouvait subsister aucun doute: je comprenais ce qu'elle entendait par là. Les héros de ma génération tenaient le même langage que les membres de ma famille. Ils disaient exactement ce qu'ils avaient à dire, ni plus ni moins. Lorsque Franklin D. Roosevelt a déclaré: ''Nous n'avons rien d'autre à craindre que la peur *elle-même*'', j'ai compris la signification de chaque mot. Dans les sombres jours de l'été de 1940, quand Churchill s'est adressé au peuple britannique, il leur a tout simplement dit: ''Les nouvelles en provenance de la France sont très mauvaises.'' Pas de charabia, pas de jargon. ''Mauvaises'' signifiait ''mauvaises''. Les Britanniques ont compris.

Mais combien parmi nous ont compris, quand l'accident de Three Miles Island s'est produit et qu'un porte-parole de la Nuclear Regulatory Commission a déclaré qu'il s'agissait ''d'un mode de défaillance jusqu'à maintenant imprévu''. Essayez d'imaginer la panique qui se serait déclenchée si Churchill s'était adressé à la population dans un jargon "super-technique". Quand j'étais jeune, ma première bicyclette a "fonctionné en mode de défaillance". Mon père, un pauvre homme sans prétention, a tout simplement dit que c'était un *accident.*

Il ne fait aucun doute que le langage est un des domaines qui creuse le plus le fossé entre les générations. À mesure que les nouvelles techniques se sont répandues dans tous les secteurs de la société, le virus de la négligence et des vagues abstractions a infecté le langage de tous les jours, les écoles, la publicité et le monde des affaires. Dans un article du *New York Times,* le professeur David Ehrenfeld de l'Université Rutgers lui donne avec justesse le nom de "peste du langage indirect". Et nous, qui sommes de la génération qui a grandi dans un monde où les gens parlaient sans détour; nous dont les parents ont toujours appelé "glacière" les réfrigérateurs électriques, nous commençons à croire que c'est *notre* faute si nous comprenons toujours moins que ce que l'on semble nous dire.

Il y a déjà quelque temps, le Colonial Penn Group a fait paraître une série d'annonces vraiment charmantes (qui s'adressaient toutes aux gens de notre génération). L'une d'entre elles m'a plu particulièrement. Elle s'intitulait: "Est-ce que les personnes âgées parlent étrangement?" Voici une partie du message qui suivait:

> *Pendant longtemps, nous avons prétendu que les jeunes pouvaient et même devaient apprendre beaucoup auprès de leurs aînés. Il est plus qu'évident qu'ils ont beaucoup à apprendre dans le domaine du langage. George Bernard Shaw a déclaré que l'Angleterre et l'Amérique étaient deux grands pays séparés par le même langage. Cette séparation creuse le fossé des générations, au sein de notre pays, et probablement en Angleterre aussi. Nous avons l'impression que les gens âgés parlent plus clairement, de façon plus cohérente et avec moins de détours que les jeunes.*

Les nouveaux discours ultra-modernes ont tous un point commun: plus ils sont élaborés, moins ils expriment d'idées. Ils sont plus abstraits, plus habilement tournés et plus vagues. Il est plus difficile d'être précis. C'est tellement plus facile d'être vague! Lorsque quelqu'un s'exprime trop clairement, il est nettement dangereux. Le docteur Ehrenfeld rejette une bonne partie du blâme, concernant ces nouvelles façons de s'exprimer, sur la bureaucratie qui a trop de choses à cacher.

Les gens de ma génération allaient à l'école, prenaient l'ascenseur et certains d'entre nous avaient des grands-parents qui avaient grandi sur une ferme. Richard Mitchell, dans son livre intitulé *Less Than Words Can Say* (Little, Brown & Co., New York, 1979), traite de ce qu'il appelle ''le principe des précisions inutiles'' selon lequel la petite école rouge est devenue ''un rendez-vous des systèmes d'éducation desservi par une infrastructure professionnelle''. Maintenant, nous ne prenons plus l'ascenseur, du moins pas du point de vue des normes techniques. Dernièrement, j'ai rendu visite à un ami qui habite un grand immeuble. Je me suis rendu au quinzième étage grâce à un ''système de transport vertical intégré à module unique'' piloté par un ''ingénieur spécialisé dans le fonctionnement des systèmes de transport intégré à module unique''! La ''ferme'' a maintenant cédé la place à ''l'environnement macro-agricole''. Il n'est pas étonnant que les jeunes les quittent pour les grandes villes (ou ''infrastructures urbaines'').

J'exagère? Regardez donc autour de vous. Des expressions telles que ''macro'', ''micro'', ''de pointe'' et ''actualisation spitiruelle'' pullulent. Nous ne vivons plus; nous ''fonctionnons''. Cette tendance est omniprésente et parfois même écrasante. Un de mes livres a mérité ce que j'aurais appelé un ''deuxième prix'' quand je fréquentais ''l'infrastructure d'enseignement professionnel''. Cependant, la société nouvelle croit certainement que j'ai été terriblement déçu d'être le deuxième alors, sur mon prix, on a écrit: ''Premier accessit''. Je ne vis pas dans un appartement ordinaire; j'ai créé ''mon propre espace vital''.

Il y a sûrement eu une époque où si j'avais cherché un emploi dans les annonces classées d'un journal, j'y aurais lu des listes comportant des emplois tels que ''historien'', ''infirmière'' ou ''directeur des ventes''. Certains de ces titres archaïques existent encore, mais les annonces classées sont devenues beaucoup plus compliquées avec le temps. Dans le journal de dimanche, j'ai trouvé une annonce qui proclamait: ''Ingénieurs en logiciel ou en matériel — *Nous parlons votre langage!* Je me suis rendu compte une fois de plus, comme ça m'était arrivé à la conférence, que non seulement ils *ne* parlaient pas mon langage, mais qu'ils ne parlaient pas non plus celui des millions de gens de ma génération. Il y avait des offres d'emploi dans des domaines très variés: la recherche sur la biomasse, la fabrication des lames de Si et les microprocesseurs. L'une d'entre elles exigeait que le candidat connaisse la théorie MRP, le logiciel MRP (MAC-PAC, MAPIC, COMSERV-AMAPS) et le système 34.

Récemment, le comté d'Arlington en Virginie recherchait une ''aide pour la revitalisation de l'espace urbain''. United Technologies est à la recherche de professionnels qui s'intéressent à la ''corrélation entre un détecteur de bord et les systèmes automatiques AN/SYS de repérage et de poursuite''. Ce phénomène dépasse le domaine des techniques. Les municipalités ont décerné aux gens qui ramassent les ordures tous les jours le titre ''d'ingénieurs sanitaires''! Quel jargon!

Il n'y aurait rien à redire au sujet de toute cette terminologie si elle restait confinée dans les limites du développement technologique de la société, dans les sciences, dans l'électronique très perfectionnée et dans l'industrie aérospatiale. Je ne m'oppose pas aux exploits ni aux progrès de la technique. Je suis même prêt à abandonner mon Victrola pour le tout dernier produit que j'ai vu annoncé dans le journal: ''Chaîne munie d'un synthétiseur à ligne de retard, d'un égaliseur graphique, d'une platine à lecture laser et d'enceintes acoustiques refroidies au ferrofluide. Elle est même équipée d'un interrupteur et le dispositif d'encastrement est facultatif!

Ce jargon ''nouvelle vague'' est omniprésent et quand nous nous exprimons à l'aide de notre langage ordinaire, courant et sans détour, c'est *nous* qui sommes accusés de ''parler étrangement''. Un des attachés de presse présidentiels, dont les mensonges venaient d'être découverts a tout simplement déclaré que ses affirmations antérieures étaient ''inopérantes''. ''Harmonie'', un terme certes démodé et ancien mais tout à fait acceptable est devenu ''tendances familiales à l'intégration''. ''Maintenant'', ce simple mot énergique et descriptif est remplacé par ''à l'instant précis où nous sommes''. Essayez d'imaginer votre mère ou votre père vous disant: ''Tu ferais mieux de nettoyer ta chambre, *à l'instant précis où nous sommes!*''

Notre génération n'est en aucun cas tout à fait innocente. Au fil des années, beaucoup de nos pairs ont contracté la maladie de la syntaxe torturée et des barbarismes modernes. Le secrétaire d'État Alexander Haig a vraiment créé de mini-événements dans le monde de la presse avec ses propos presque entièrement obtus qui sont un peu son image de marque. Beaucoup de ses expressions sont devenues des classiques. ''L'isolation théologique d'un objectif fonctionnel'' en est une parmi tant d'autres. Il restera longtemps célèbre pour avoir déclaré: ''Quand nous nous retrouverons d'une manière dialectique à l'une des extrémités du spectre.''

Voici un exemple classique qui illustre la façon dont le langage s'est modifié sous l'influence de la transformation des relations entre les jeunes. Il y a longtemps, lorsque des jeunes entretenaient des relations intimes, la plupart d'entre eux étaient innocents selon les normes actuelles. Le langage démodé utilisé il y a si longtemps ne peut suffire à exprimer les nouvelles réalités des couples d'aujourd'hui, en particulier quand ils ne parlent pas de ''son appartement à lui'' ni de ''son appartement à elle'', mais bien du ''leur''.

Pourtant, le langage de l'ancien temps, si descriptif et si simple, peut encore prêter à confusion. Une des annonces du Colonial Penn Group intitulée ''Est-ce que les personnes âgées parlent bizarrement?'' nous en donne la preuve:

> Il n'y a pas si longtemps, une séduisante jeune femme d'une éducation impeccable et à la bienséance exceptionnelle fit allusion en passant à une invitation où elle s'était rendue avec un de ses ''beaux''. Ses contemporaines eurent l'air intrigué. Les personnes âgées ont souri avec bienveillance. Il était vraiment inhabituel d'entendre une si jeune femme utiliser une si ancienne expression.
>
> Plus tard, les autres jeunes femmes essayèrent de déterminer ce que leur amie avait bien voulu dire. Est-ce que ''beau'' signifiait amant, ami intime, ami spécial, compagnon de chambre ou connaissance? Enfin, quoi? Les jeunes filles étaient d'avis qu'il était bien étrange d'utiliser un pareil mot. Les personnes âgées étaient d'avis qu'il convenait parfaitement. Il en révélait juste assez sur les relations qui existaient entre les deux jeunes gens. Il ne renseignait pas les gens sur ce qu'ils n'avaient pas à savoir.

Si vous avez des enfants qui ont quitté la maison pour suivre la nouvelle mode de la cohabitation sans le mariage, le non-engagement, est-ce que vous trouvez difficile de les présenter à vos amis, non pas parce qu'ils vivent ensemble, mais bien parce que leur relation se décrit difficilement dans le langage populaire actuel? ''J'aimerais vous présenter mon fils et sa concubine'' ou ''Voici ma fille et son compagnon de chambre, George''. Un chef d'orchestre célèbre avait la réputation d'avoir une ''compagne intime'' de longue date alors qu'une de mes jeunes amies m'a avoué honnêtement qu'elle ''vivait dans le péché'' avec son ami.

Aussi étrange que ce soit, ce sont les bureaucrates, coupables de tant de propos ambigüs, qui ont apporté une solution à ce problème. Ils ont inventé un terme qui décrit très bien la situation. La personne qui cohabite avec votre fils ou avec votre fille est tout simplement un ou une ''psopa'' ou, en termes explicites pour les personnes de notre âge, ''une personne de sexe opposé partageant le même appartement''. Et voilà: ''J'aimerais vous présenter mon fils et sa ''psopa''.''

Il y a cependant une fraction de la société qui pose des problèmes aux fournisseurs de mots de ''haute technologie''. *Nous!* Ils ne savent pas quelle étiquette nous apposer et ils ont essayé désespérément de décrire notre génération dans les termes de leur ''nouveau jargon''. Jusqu'à maintenant, leurs efforts se sont soldés par des échecs. Le terme ''d'âge mûr'' décrit trop bien la réalité et des mots tels que ''vieillissant'' et ''aîné'' font plus partie de notre langage que du leur. À leurs yeux, nous sommes un défi. Ils ont essayé de nous étiqueter ''personnes du troisième âge'' et de nous faire croire que nous avions atteint ''l'époque de la moisson'' ou ''l'âge d'or'' et que nous devenions plus mûrs, plus gris et plus matures.

Malheureusement, ces tentatives sont sans éclat lorsqu'on les compare aux descriptions et aux termes qu'ils peuvent forger pour les écoles, les ascenseurs, les descriptions de fonctions, les vieilles fermes familiales et le programme de la navette spatiale. J'attends avec impatience ce que les jeunes magiciens de la technologie vont inventer une fois pour toutes pour nous placer dans notre catégorie sémantique sans toutefois cacher leurs sentiments envers nous, les vieillissants.

Ils trouveront certainement. Un jour, dans un journal ou un magazine, nous découvrirons, parmi un foisonnement de mots qui empoisonnent la communication directe et l'honnêteté, une allusion nous concernant. Nous nous reconnaîtrons puisque le sujet de l'article sera ''les ancêtres humanoïdes qui s'étiolent''.

Qui a dit: ''On ne peut apprendre de nouveaux tours à un vieux chien?''

Chapitre 9
Et si la crise de l'âge mûr n'existait pas?

Au milieu de ce voyage qu'est la vie, j'ai abouti au beau milieu d'une forêt sombre où il n'y avait plus de sentier tracé.

Dante
L'Enfer (1310-1320)

J'avais à peu près huit ans quand j'ai pris conscience pour la première fois d'un mot terriblement menaçant: ''crise''. Dans ses chuchotements étouffés réservés aux sujets sérieux de la plus haute importance ou à ceux ''qui ne sont pas pour les enfants'', ma mère expliquait gravement à mon père que mon frère de trois ans, souffrant d'une pneumonie, en était au stade de la ''crise''. Remarquez bien qu'il ne s'agissait pas d'*une* crise quelconque, mais bien de *la* crise, de cette phase où la fièvre a déjà atteint son paroxysme et elle peut,soit tomber brusquement,ou laisser le patient dans un état critique. Cette maladie était certainement une crise réelle pour mon jeune frère et pour moi: les sentiments qui m'ont habité lors de cette expérience émotive déchirante et dans laquelle j'étais condamné à l'impuissance m'habitent encore.

Finalement, *la* crise est passée et la fièvre est tombée. Mon frère s'en est sorti on ne peut mieux, même avant que la pénicilline soit découverte. À en croire mes lectures, les média et les articles des quotidiens, nous avons tous les deux survécu à plus de 200 autres crises avant d'atteindre l'âge mûr et de nous préparer à la pire de toutes.

Étant donné la tendance qu'ont les Américains et les média américains à utiliser ce mot pour décrire tous les changements ou toutes les phases de la vie, j'ai presque peur d'être incapable de reconnaître ma crise de l'âge mûr quand elle s'abattra sur moi! Nous vivons dans une société de crises. Depuis quelques années, mes lectures me portent à croire que nous subissons une crise des devises, une crise des soins médicaux, une crise au sein du mariage, une crise de l'éducation, une crise dans la cuisine (et dans la chambre à coucher) et une crise de l'amour (en étant aimés et en ne l'étant pas). Nous survivons encore à la *crise* des missiles.

Nos enfants sont amenés à ne plus observer de culte religieux, mais ils reçoivent maintenant des "conseils en cas de crises". Tout récemment, j'ai découvert que l'industrie du cinéma était elle aussi minée par cette maladie, en lisant un article intitulé "La vraie crise des films américains" (à ne pas confondre avec la prétendue crise). Ce matin, je lisais dans les journaux que New York était au coeur d'une crise des "clochards". Il va sans dire que *nous* serons les prochains à être remarqués. Le docteur Bernice Neugarten, dotée d'une façon merveilleusement fraîche de voir l'âge mûr, a écrit dans la revue *Prime Time* un article intitulé "Must Everything Be a Midlife Crisis" (février 1980):

Les média ont découvert l'âge adulte. Une douzaine de livres populaires tels que Passages *de Gail Sheehy et* Transformations *de Roger Gould ont traité l'âge adulte d'une façon très dramatique en puisant des éléments dans l'oeuvre de Erik Ericson, dans* Adaptation to Life *de George Vaillant, dans* The Seasons of a Man's Life *de Daniel Levinson et dans d'autres études. Les journalistes et les psychologues décrivent la "crise de l'âge mûr" comme si c'était le point décisif qui sépare la joie et le désespoir, l'enthousiasme et la résignation, la santé mentale et la maladie. Les gens se tracassent au sujet de leur crise de l'âge mûr, s'excusent lorsqu'ils ne semblent pas réagir de la bonne façon et se font du mauvais sang si leur crise n'a pas lieu.*

Un célèbre comique recommande aux gens dont la crise de l'âge mûr n'est pas encore à l'horaire,de se rendre immédiatement dans un camp situé dans les Catskills où des experts provoqueront de telles crises chez eux. Le *Wall Street Journal* a fait paraître une bande dessinée dans laquelle on voit un groupe d'adultes qui pleurent à chaudes larmes dans une grande salle de séjour. L'hôtesse explique: "Je savais qu'ils s'entendraient bien. Ils traversent tous leur crise de l'âge mûr". Les rayons des bibliothèques nous rappellent chaque instant que nous vieillissons, au cas où les autres média nous le ferait oublier. *The Gray Itch* (Le syndrome de la métapause chez l'homme), *Women of a Certain Age* (La femme d'âge mûr à la recherche d'elle-même), *The Male Mid-Life Crisis* (Recommencer après 40 ans), *The Forty-to-Sixty-Year-Old-Male* (Un guide pour les hommes sur les femmes de leur vie. . . pour les aider à traverser les crises de l'homme d'âge mûr), *The Wonderful Crisis of Middle Age*. Après avoir passé l'après-midi à la librairie du quartier, j'étais tellement déprimé que je voulais acheter un autre livre intitulé *Exit House: Choosing Suicide as an Alternative.*

C'est un piège. Nous en serons les victimes une fois de plus si nous croyons tout ce que nous entendons et tout ce que nous lisons à notre sujet. Tout nous semble d'une telle logique. Si les changements que nous vivons sont décrits comme étant des *crises*, il nous est plus facile d'accepter le fait que nous changeons constamment et que la vie est une suite complexe, imprévisible et presque toujours illogique d'événements qui ne se produisent pas nécessairement à des moments prédéterminés.

Certes, il y a des crises qui sont susceptibles de se produire plus fréquemment chez les gens d'un certain groupe d'âge que chez les autres. Par exemple, plus nous vieillissons, plus il est probable que nous ayons à passer par la mort d'un parent ou d'un ami et dans ''Le fait de s'établir'' les sujets traités par Daniel Levinson, soit le ''premier mariage'' et les premiers enfants, sont beaucoup plus susceptibles d'intéresser les gens de 25 ans que ceux de 55. Cependant, 25% de ceux qui contractent un *deuxième* mariage ont plus de 50 ans! Ces *deux* crises ne sont-elles pas des exemples de changements *normaux*, d'une évolution normale et d'un cycle de vie normal? La plupart des crises que nous devons traverser au cours de notre vie n'ont aucun rapport avec l'âge tout comme celles de la société en général. Même si Levinson déclare ''qu'il est impossible de traverser le milieu de l'âge adulte (de 45 à 60 ans) sans avoir au moins une ''petite crise'', il précise en plus les périodes critiques de la vie de ses sujets dans la vingtaine et la trentaine. Je suggère donc qu'on attache trop d'importance à notre fameuse crise de l'âge mûr, que nous l'ayons déjà subie ou non. À une époque où il est si important de nous classer par catégories bien définies, de placer nos vies dans de beaux petits paquets avec emballage-cadeau, une telle crise, un tel phénomène, un tel changement, une telle transition et la direction vers laquelle pointe le capricieux doigt du destin sont beaucoup moins liés à l'âge que nous voulons l'admettre. Regardez bien la liste des crises qui suit, ajoutez-y la vôtre si vous le voulez et dites-moi à quel âge vous les avez subies:

- La perte d'un emploi.
- Le divorce et la garde des enfants.
- La mort d'un ami, d'un parent ou d'un enfant.
- Un changement dans votre carrière.
- Un échec ou un rejet assez important.
- Une maladie grave: une jeune femme qui a dû passer trois mois à l'hôpital,au cours de sa première année à l'université, parce qu'elle était allergique à la pénicilline.
- Une maladie catastrophique: un chef de famille apprend qu'il souffre du cancer et qu'il ne recevra aucune indemnité de ses assurances.
- Chômage prolongé: l'infortuné travailleur noir sans expérience ni qualifications ou une mère qui veut retourner sur le marché du travail,mais qui n'arrive pas à se trouver un emploi.

Plus jeunes, nous croyions que nos crises étaient insolubles. La rébellion des adolescents est une crise pour eux et pour nous aussi, sinon pourquoi les problèmes de drogue, le taux élevé de suicide et le nombre important de grossesses chez les jeunes seraient-ils des facteurs si importants de nos problèmes sociaux contemporains? Il est facile de minimiser les crises que traversent les jeunes, mais en revivant en pensée l'époque où nous étions au collège, nous nous rappelons que les premières apparitions d'acné avant un bal d'étudiants,représentaient des problèmes aussi graves que sont aujourd'hui le ''nid déserté'', la ménopause et la réduction de la pension de retraite. Un écrivain a même inscrit l'''orthodontie'' comme étant une crise importante chez les jeunes!

En un instant, il est possible de ressentir à nouveau tout le trauma et toute l'horreur causés par la mort d'un jeune compagnon. Au cours de la Seconde Guerre mondiale, j'ai combattu dans l'armée pendant quatre ans. J'aurais dû m'attendre à ce qu'un de mes amis périsse lors d'un combat ou à ce qu'un autre soit tué dans un accident d'avion au Texas, au cours d'un vol d'entraînement: une mort tout à fait ironique puisqu'il avait exécuté 75 missions de bombardement en Allemagne! Mais voilà! C'était en temps de guerre, à une époque où les histoires étaient plus horribles les unes que les autres. La mort planait partout. Tant de gens périssaient que la mort d'une seule personne ne signifiait plus grand chose.

Mais à peine quelques années plus tard, j'avais alors 31 ans, ma meilleure amie, Midge, est morte d'un cancer. Elle avait seulement un an de plus que moi et elle était enceinte. J'ai appris sa mort le jour de Noël. Même si je l'avais vue dépérir depuis au moins un an, je ne pouvais accepter ce genre de dénouement, cette fin, surtout pas pour quelqu'un qui était si près de moi, si pétillante, affable, intelligente. J'ai pleuré toute la journée. Finalement, je suis allé rejoindre son mari, m'attirant les foudres de tous les chauffeurs de taxi parce que je conduisais comme un malade. Chaque année, à Noël, je suis déprimé et je me rends compte que la blessure ne s'est pas refermée.

C'était une crise, de toute évidence. J'en ai subi bien d'autres depuis. Je me permets d'affirmer que les crises peuvent survenir n'importe quand et qu'elles ne sont pas prévisibles comme certaines transitions prédéterminées qui se produisent à un moment particulier. Je ne suis pas en train d'affirmer qu'*aucune crise ne se produit* lorsqu'on atteint l'âge mûr. Je fais tout simplement une demande (d'un point de vue tout à fait sémantique): celle d'appeler ''crise'' une ''crise'' si,et seulement si,nous sommes en présence d'une crise, d'éviter les exagérations et de résister à la tentation d'appeler ''bouleversement total'' le moindre petit changement. Comme le dit si bien mon amie Frankie: ''Tu n'as même pas le droit de ne pas être dans ton assiette. Essaie de ne pas être toi-même une seule journée et ils diront que tu es en crise.''

Je discutais avec une de mes amies d'âge mûr des sentiments et des sensations qu'elle éprouve à cette époque de sa vie. L'histoire d'une de ses copines est vraiment un cas d'espèce:

> C'est une femme qui, il faut bien l'avouer, était très grosse; donc désavantage au départ. Son mari, un ingénieur très doué, l'a laissée tomber pour aller vivre avec sa jeune secrétaire, il y a de cela quatre ou cinq ans. N'ayant aucun problème d'argent, elle a repris ses études, s'est inscrite à l'université et a obtenu un diplôme en administration. Elle s'était habituée à vivre seule.
>
> Puis, son mari a appris qu'il souffrait du cancer et il est retourné chez lui pour mourir avec elle. Il est mort un mois après. Même si elle était furieuse contre lui, elle l'a tout de même recueilli. Il lui a laissé environ un quart de million de dollars.

J'ai alors demandé ce qu'il était advenu de la jeune secrétaire.

> Je ne sais pas. Je suppose qu'elle l'a laissé tomber quand elle a appris qu'il avait le cancer. Ce fut toute une scène, tout un après-midi pénible, lorsque mon amie et moi sommes allées vider l'appartement que son mari avait partagé avec la jeune secrétaire. Ironiquement, l'avocat de mon amie est disparu avec presque tout l'argent que son mari lui avait laissé. Dans la même année, son père est mort du cancer et son frère qui vivait aux Caraïbes est mort d'une hémorragie cérébrale. Elle est maintenant complètement seule, sans soutien, sans argent. Comment appelles-tu ça?

Eh bien! Je qualifierais tout ça de *crise!* Pourtant, cet exemple ne peut être utilisé pour annoncer l'approche de l'âge mûr pour toute une génération. On ne peut établir une séquence de changements commune à tous. Il n'y a aucune uniformité de modes de

vie, de conflits de l'âge adulte, ni d'entrées et de sorties de différentes étapes déterminées de façon stricte. Gail Sheehy appose certaines étiquettes sur les périodes de dix ans qu'elle a déterminées:
''les tentations de la vingtaine'' ou ''la transition vers la trentaine'',
par exemple. Levinson a dit d'un auteur qui était au début de la
trentaine que ''rendu là. . . il était *un peu tard*'' pour exploiter et
développer ses talents'' (les italiques ont été ajoutés par l'auteur).
Le docteur Neugarten leur répond comme ceci. En premier lieu,
que les média interprètent l'âge mûr en se basant sur des éviden-
ces bien minces et sur trop peu de preuves (Levinson n'étudie que
40 hommes et Vaillant que 95 diplômés de Harvard). Elle ajoute:

> *Les choix et les dilemmes n'apparaissent pas à des inter-
> valles de dix ans. On ne prend pas des décisions pour
> les rejeter peu de temps après, comme on égrène un
> chapelet.*
>
> *À une certaine époque où la plupart des gens obser-
> vaient les mêmes règles et où les événements se pro-
> duisaient à des périodes prévisibles, il était tout à fait
> raisonnable de décrire la vie comme si elle n'était qu'un
> ensemble de phases. Les gens étaient depuis longtemps
> capables de dire à quel âge il était ''correct'' de se marier,
> d'avoir le premier et le dernier enfant, de réussir une
> belle carrière, de prendre sa retraite, de mourir. Cepen-
> dant, au cours des deux dernières décennies, l'âge chro-
> nologique s'est désynchronisé par rapport aux événe-
> ments importants de la vie. Nos horloges biologiques
> se sont modifiées.*

Elle explique ensuite que la puberté commence plus tôt que
jamais, que la ménopause se produit plus tard, qu'il se crée de nouveaux modes de vie, de nouvelles conceptions du travail et du choix
de carrière et que les gens ''vieillissants'' sont en meilleure forme
et plus actifs que jamais auparavant. Quand les enfants quittent
la maison, les parents d'aujourd'hui découvrent qu'ils sont entièrement libres d'entreprendre toute une gamme de nouvelles activités et qu'ils peuvent mener une vie beaucoup plus active.

Je lis la description que fait Levinson d'un certain écrivain dans
la trentaine et je ris vraiment en me rappelant la publication de mon
premier livre alors que j'avais 54 ans et surtout des quatres autres
qui ont suivi. Je suis émerveillé qu'un aussi grand nombre de mes

amis commencent de nouvelles vies, se découvrent de nouvelles vocations, débutent de nouvelles carrières alors qu'ils sont dans la cinquantaine ou même dans la soixantaine. J'ai lu, avec une certaine fierté, que le mari du docteur Neugarten, Fritz, avait mis sur pied une nouvelle entreprise à 65 ans!

La théorie de ''l'insignifiance de l'âge'' a aussi ses détracteurs. En dépit de toutes les modifications et de tous les changements qu'a subis la société, certains sociologues et certains intellectuels horrifiés lèvent les bras au ciel à la seule pensée que nous sommes peut-être en train de pénétrer dans une ère nouvelle, où les gens âgés seront rois. À l'aide de termes tels que ''spécialistes de l'espérance de vie'' (un titre très contemporain qui aurait très bien pu figurer au chapitre précédent), ils proclament que l'ordre social sera entièrement détruit si nous n'avons pas de normes concernant l'âge et qui serviraient de ''limites'' ou de ''repères''.

Un sociologue a même été jusqu'à déclarer qu'une société où l'âge n'aurait aucune importance serait une société sans gouvernail qui irait à la dérive. Un gérontologue a qualifié cette théorie d'irrationnelle. Après tout, quand on y pense bien, s'il était si facile de faire accepter cette théorie, que deviendraient tous les mythes et tous les stéréotypes? Qu'adviendra-t-il de notre crise de l'âge mûr si elle ne se produisait pas en temps voulu? Si, comme le soutient un autre gérontologue, l'insignifiance de l'âge chronologique encourage les vieux à essayer de rester jeunes, la dignité de la vieillesse leur sera de ce fait refusée; je me dois de lui demander si la *dignité* est réservée uniquement aux personnes âgées.

Il est terriblement injuste de caractériser nos problèmes et nos crises comme étant des signes de notre âge, au lieu de démontrer que ce que nous vivons au cours de ces années, est tout à fait normal et très prévisible. Le mythe de la crise de l'âge mûr a donné naissance à tout un ensemble de stéréotypes qui se suffisent à eux-mêmes et qui correspondent à tous les sujets populaires tels que le sexe, les diètes, la pensée positive et la religion, entre autres. L'âge mûr apporte évidemment avec lui tout un ensemble de problèmes et de changements qui lui sont propres et même certains troubles émotifs. Pourtant, on ne peut même pas dire que la majorité des gens de notre génération éprouve des conflits personnels, des crises d'identité, des bouleversements de leur carrière ou des difficultés familiales qui caractérisent les vraies bonnes crises de l'âge mûr. Les Chinois, grâce à leur sagesse légendaire, semblent avoir découvert la vérité une fois de plus: en effet, l'équivalent chinois pour notre mot ''crise'' est composé de deux éléments indissociables; l'un signifie danger et l'autre, possibilité.

Le mot ''crise'' devient superficiel et perd tout son sens quand on l'applique à un mode ''normalisé'', conforme à celui que l'on rencontre infailliblement dans des millions de situations familiales contemporaines. Dans le chapitre suivant, j'approfondirai ce sujet. Lorsque les enfants quittent la maison, on ne peut parler sérieusement de crise. Il est tout à fait normal que tous les membres d'une famille, même s'ils font partie de trois générations différentes, vivent chacun une vie active et enrichissante. En vieillissant, nous pensons à notre retraite, nous acceptons le fait que nous devrons (ou ne devrons pas) quitter notre emploi afin de nous donner à d'autres activités. Même si nous essayons de ne pas trop penser à la mort, nous finissons tous par l'accepter comme une partie intégrante de notre vie.

D'un autre côté, si nous étions si affectés par la crise de l'âge mûr, si nos vies étaient si tourmentées par les bouleversements émotifs qui accompagnent les événements importants qui nous troublent tant, il me semble que les hôpitaux psychiatriques seraient pleins à craquer et que les psychiatres seraient débordés. En réalité, le nombre de patients admis dans les hôpitaux psychiatriques augmente rapidement jusqu'à l'âge de 34 ans, *redescend* graduellement à l'âge mûr et augmente à nouveau après 65 ans. En dépouillant les statistiques concernant les cas extrêmes, on découvre que le taux de suicide chez les adolescents est beaucoup plus élevé que chez les gens de notre âge.

Le psychologue Douglas Bray et sa collègue Ann Howard ont étudié pendant 20 ans plus de 400 employés de Bell System. L'étude portait surtout sur le succès professionnel des directeurs et sur la satisfaction qu'ils retiraient de leur vie. Une de leurs conclusions les plus intéressantes est que seulement 22% des sujets étudiés souffraient de ce que l'on pourrait considérer une crise de l'âge mûr; ce qui signifie que la majorité des personnes d'âge mûr *n'en souffre pas.*

Les auteurs de ce rapport ne manquent pas d'humour. Puisque les psychologues, les psychiatres et les sociologues accordent tant d'attention à cette fameuse crise, les auteurs en sont venus à la conclusion que ''l'homme'' d'âge mûr menaçait de détrôner le rat de laboratoire et l'étudiant de deuxième année d'université et de devenir le principal sujet d'expérience en psychologie.

Jusqu'à maintenant, vous avez probablement remarqué que la balance penchait irrésistiblement en faveur des *hommes* de notre groupe d'âge. Même si les chercheurs et les auteurs trouvent toutes sortes d'excuses pour justifier le fait d'avoir ignoré plus de la moitié de la population, ils ne se sont préoccupés, par le passé, presqu'uniquement des hommes. Daniel Levinson ne disposait pas des fonds nécessaires pour mener à bien une étude approfondie et équilibrée des personnes des deux sexes dans *The Seasons of a Man's Life*. Vaillant a étudié les *hommes* diplômés de Harvard parce qu'à cette époque seuls les hommes fréquentaient Harvard. Quand Bray et Howard ont entrepris leur étude des directeurs de Bell System, il y a plus de 20 ans, la plupart et même tous les gens qui faisaient partie de cette catégorie étaient évidemment des hommes.

Ces rapports reflètent à la fois les attitudes et la démographie de notre société orientée vers les hommes et où les femmes restent à la maison afin de prendre soin des enfants. Quand une femme contribuait au marché du travail, elle était en général moins bien rémunérée que les hommes (et rien n'a changé dans la plupart des cas); elle ne pouvait bénéficier des mêmes droits pour les pensions; elle devait choisir une profession en fonction de l'endroit où travaillait son mari et elle ne pouvait jamais accéder à la direction générale. Pour couronner le tout, tout le monde s'attendait à ce qu'elle ait ''l'air jeune''.

Ne permet-on pas aux femmes d'avoir une crise d'âge mûr, même en imagination? Si, comme de nombreuses études l'ont montré, les femmes vivent des expériences plus stressantes que celles des hommes, si les différences *entre les sexes* sont plus significatives que les différences entre jeunes et vieux de chaque sexe, des points de vue de l'économie, du stress et des exigences de la société, sans mentionner la satisfaction, il va sans dire que les femmes ont, elles aussi, le droit de ressentir la ''panique'' de l'âge mûr.

Il n'y a nul besoin de toutes ces études pour comprendre que le veuvage, le divorce, le retour sur un marché du travail qui a beaucoup changé pour une femme qui l'a quitté 20 ans plus tôt pour élever sa famille, et la société qui exige que nous ayons l'air plus jeunes que l'âge que nous avons le droit d'avoir: tous ces facteurs conduisent inévitablement à une redéfinition de soi. Le chapitre 20 traitera de la prise de conscience croissante des femmes de notre société, des organisations politiques qui luttent pour l'égalité des personnes âgées et des femmes, de la lutte pour que justice soit faite après tant d'années d'injustice. Il est suffisamment difficile de faire face aux réalités qui font partie intégrante de ce conflit, sans qu'on y ajoute le poids de tous les mythes. Ce sont partout ces mythes qui me causent du souci. Quand on parle de ''crise de l'âge mûr'', les mêmes paramètres doivent être appliqués aux femmes qu'aux hommes.

Un événement inattendu ou un événement attendu qui se produit à un moment inattendu, crée un besoin de compréhension de ce qui nous arrive: panique, transition, crise, adaptation, maîtrise, stress. Les jeunes filles qui atteignent l'âge de la puberté *s'attendent* à être menstruées. Elles ne sont certainement pas en crise. Une grossesse voulue est une transition heureuse et normale; si elle n'est pas désirée, elle peut être désastreuse, peu importe l'âge des parents. La mort d'un enfant bouleverse les rythmes et la tranquillité de la vie beaucoup plus profondément que celle d'un parent âgé ou d'un des grands-parents. Le docteur Neugarten désigne avec justesse cette théorie sous le nom de ''théorie de la synchronisation''. Le veuvage pour une personne encore jeune, ou le veuvage soudain à n'importe quel âge, peut causer un choc critique suivi d'une réinsertion pénible dans une société qui abaisse les veufs, les veuves et les célibataires, en les traitant différemment des autres et en leur faisant perdre leur statut. Pourtant, en vieillissant, nous sentons confusément qu'il est fort probable que nous serons veufs quand nous serons sexagénaires ou septuagénaires. En regardant bien autour de nous, nous nous rendons compte que la plupart de nos amis sont veufs ou veuves. La mort peut être un choc, mais on ne peut pas vraiment la considérer comme une ''crise''.

Le domaine de la sexualité féminine est bien celui où notre société dominée par l'homme a implanté le plus de mythes, même si ceux-ci sont aujourd'hui démolis l'un après l'autre. Ce n'est pas seulement dû au fait que *les femmes* changent beaucoup. Il est possible que *la société* prenne conscience du fait qu'une grande partie de ce que nous avons lu ou entendu n'est que pure fantaisie. Les chercheurs (bénis soient-ils) ont même découvert que les femmes de l'époque victorienne aimaient faire l'amour malgré leur attitude frigide et hautaine.

Évidemment, tout le monde sait que les femmes sont hystériques. Même ma mère en était persuadée. Après tout, le mot ''hystérectomie'' n'est-il pas formé à partir du mot grec ''hustera'' qui signifie "utérus"? Je suis convaincu que même votre médecin croit à ce mythe! Ce mythe s'est développé au cours des siècles et les femmes (tout comme les hommes) en sont venues à douter fortement d'elles-mêmes. Elles ont le sentiment que si la société perpétue encore cette idée, c'est qu'elle a sûrement un fond de vérité. Nous essayons tous de vivre selon les attentes et les désirs des autres, en cela nous ne sommes pas très différents de ce que nous étions à 20 ans. Nous voulons plaire. Ce qui m'amène à parler du climatère ou ménopause.

Je me rappelle que ma grand-mère et ma mère ont beaucoup chuchoté au sujet de ce "grand changement": les bouffées de chaleur; la fin de la fertilité, de la féminité, de la sexualité; la disparition de tous les charmes et de la vitalité. Bref, la fin. La chose la plus terrible qui puisse arriver à une femme.

Il ne fait aucun doute que de grands changements hormonaux surviennent et qu'ils entraînent des changements psychologiques. Mais, à en croire les écrits de nombreuses femmes ainsi que les centaines d'entrevues que d'autres nous ont accordées sur ce sujet, le début de la ménopause n'est qu'un événement qui s'insère dans la croissance de la femme adulte.

Il est bon de se rappeler que les textes médicaux sont généralement basés sur l'étude de maladies. Par conséquent, nous ne pouvons pas en tirer des généralités pouvant s'appliquer à la majorité de la population. Quelque 75% des femmes souffrent de malaises et sont perturbées lors de la ménopause, mais seulement un très petit pourcentage d'entre elles consultent un médecin afin d'être traitées. Le docteur Neugarten a mené une enquête auprès de 100 femmes normales entre 43 et 53 ans. Seulement quatre d'entre elles ont déclaré que la ménopause était leur plus grande préoccupation. Cinquante pour cent ont affirmé que "la perte de leur conjoint" était ce qui les tourmenterait le plus.

En outre, plus de 65% de ces femmes ont affirmé que la ménopause n'avait rien changé à leur vie sexuelle. La plupart de celles qui ont vu un changement, avaient l'impression que les relations sexuelles étaient maintenant plus agréables, puisque *la peur d'être enceinte était enfin disparue.*

Un grand nombre d'auteurs se sont concentrés sur un autre phonémène qu'ils nomment "climatère de l'homme", "ménopause masculine" ou andropause. Même chez l'homme, les symptômes de dépression ou de fatigue et la redéfinition du mode de vie, de carrière et de la famille sont plutôt provoqués par des situations psychologiques et professionnelles que par des changements hormonaux. C'est une conséquence normale de l'augmentation de l'espérance de vie. Le terme ''climatère masculin'' ou andropause ne nous quittera plus. D'ailleurs, il représente une mine d'or pour les magazines populaires.

Quand j'étais jeune, j'ai pleuré à chaudes larmes à cause des coups que devait subir un de mes amis qui jouait avec Wallace Beery dans le fantastique film *The Champ*. C'était Jackie Cooper. À huit ans, son salaire hebdomadaire était de 1,500 $! Il y a quelques semaines, j'ai lu dans la section ''Arts et spectacles'' d'un journal, un article qui s'intitulait: ''Cooper: une vedette à huit ans, finalement heureux, cinquante ans plus tard''.

Mis en nomination pour un Academy Award à l'âge de huit ans, à dix-huit ans il était l'amant de Joan Crawford. Avant d'atteindre vingt-huit ans, il a été délaissé par l'industrie du cinéma, une autre pauvre victime de Hollywood. Il a divorcé deux fois et à trente-huit ans, il est redevenu une vedette, mais cette fois à la télévision. À cinquante-huit ans, il est réalisateur pour la télévision et l'on rapporte qu'il a déclaré: ''Je m'amuse. J'ai du plaisir comme je n'en n'ai jamais eu de toute ma vie!''

Je crois que ce qui m'a bouleversé, était la description que donne Cooper de la méthode que les gens employaient pour le faire pleurer devant la caméra. Sa grand-mère traînait son chien hors du plateau où quelqu'un ''abattait le pauvre animal d'un coup de fusil''. Enfant et même jeune adulte, sa vie était morbide. Pourtant ma mère aurait tellement aimé que je sois ''comme Jackie Cooper''.

Cette histoire est ironique quand on pense à toutes les qualités que l'on prête à la jeunesse et au potentiel des jeunes. Daniel Levinson les désigne sous le nom de ''rêve de la jeunesse''. Pourtant, un acteur-réalisateur de 58 ans, vient tout juste de réaliser ses rêves de bonheur. Et il n'est pas le seul. Trop de gens caressent des rêves qu'ils ne peuvent pas réaliser dans leur jeunesse, à cause d'un manque d'argent, de leur mariage, de leurs enfants, d'une maladie ou tout simplement parce qu'ils ne sont pas assez matures et qu'ils manquent d'expérience. Il est si regrettable qu'un si grand nombre d'entre nous croient que l'âge adulte et, en particulier, les années les plus importantes, ne sont qu'une période de stagnation ponctuée de traumatismes qu'apporte la crise de l'âge mûr. Comme c'est triste de croire à un pareil mythe.

Eda Le Shan, dans son livre *The Wonderful Crisis of Middle Age* (David McKay & Co., New York, 1973) nous décrit comme étant une ''génération de gens très fatigués''. Elle chante les hippies et leur esprit révolutionnaire des années 60. Deux ans plus tard, juste avant de mettre son livre sous presse, elle y ajoute un ''addendum'' parce qu'elle avait découvert que ces jeunes révoltés contre la société souffraient d'un certain malaise, de paresse et d'indolence et qu'ils stagnaient. Ils en avaient assez ''de ne faire que ce qui leur plaisait'' et retournaient chez leurs parents!

Non! Nous ne sommes pas une génération fatiguée. Les gens de la génération de mon grand-père l'étaient, parce qu'ils avaient trop travaillé physiquement, afin de nous donner ce qu'ils croyaient que nous méritions. Les jeunes d'aujourd'hui sont plus fatigués que nous le sommes, avant même qu'ils aient trouvé quelque chose dont ils puissent se lasser. Par contre, *nous* sommes dans une période de changement et de croissance. La démographie se modifie et nous représentons le groupe qui croît le plus rapidement dans ce sens. Comme la technologie, nous sommes mobiles. Nos carrières, nos revenus, notre vie familiale, la politique et le temps que nous pouvons consacrer à nos loisirs contribuent à accélérer plus que jamais le rythme des changements. Et nous serions fatigués? Qui a le temps de l'être?

Il est normal et tout à fait naturel que nous nous interrogions à mesure que nous progressons. Quand la vie semble nous oublier, il est raisonnable de se demander: ''Pourquoi moi?'' La plupart des expériences que nous vivons sont normales, des conséquences naturelles des changements et de notre croissance. Alors que je déjeunais avec mon amie Carol, un certain après-midi, elle a traduit ma pensée d'une façon très exacte:

> *Pourquoi faut-il que nous nous attendions à ce que tout aille comme sur des roulettes quand nous serons rendus à une certaine étape de notre vie, quand nous aurons une position, quand notre situation financière sera bonne et que tous nos conflits personnels seront réglés? Pourquoi espérer une telle situation?*

Jonathan Swift aurait pu lui répondre: ''Rien n'est constant dans ce monde, que l'inconstance.'' Je crois que résoudre des problèmes fait partie intégrante de la vie et les changements ne peuvent survenir que lorsqu'il y a des défis à relever.

Chapitre 10
Le nid déserté,
le nid surpeuplé et
l'effet boomerang

*Le temps leur apprendra bientôt la triste vérité, il n'y
a pas d'oiseaux dans les nids de l'an passé.*

> *Longfellow*
> "It Is Not Always May"

Imaginez-vous à une autre époque de votre vie. Vous êtes sur le point de quitter pour toujours la maison de vos parents. C'est une étape marquante pour vous et pour vos parents, puisque vous êtes le dernier de la famille à les quitter pour aller faire votre chemin dans ce monde cruel. Vous venez juste de vous marier ou vous les quittez tout simplement pour faire ''ce qui vous plaît''. Ou bien quatre années d'université vous attendent. Peu importe vos raisons, vous êtes sur le point d'abandonner le nid où vous étiez en sécurité, n'y laissant que deux adultes qui n'ont presque jamais été seuls ensemble, malgré vingt ou trente années de mariage.

Vous êtes parti. Le premier visiteur qui frappe à la porte de la petite maison, réveillant ainsi l'écho dans les chambres vides, est un sociologue qui fait une enquête sur une *nouvelle* crise de l'âge mûr que l'on vient tout juste de découvrir: "le syndrome du nid déserté". Hors d'haleine le (ou la) sociologue demande: "Quels sentiments avez-vous éprouvés quand votre dernier enfant a quitté la maison?"

Réfléchissez un moment à l'effet qu'a pu avoir une telle question sur vos parents et, en particulier, sur votre mère. Pendant plus de vingt ans, elle a subi un conditionnement destiné à lui faire accepter que le mariage, l'entretien de la maison et l'éducation des enfants soient son devoir et le but principal de sa vie. La récompense qu'elle accepte le plus facilement est d'être appelée "une bonne maman". Elle refoule alors toutes ses frustrations, tous ses rêves et tous ses buts personnels sous le seuil de sa conscience. Quand vous avez quitté sa maison, elle a sûrement cru que son enfant allait lui manquer, puisqu'elle vous aimait aussi en tant que personne. Pourtant, au plus profond d'elle-même, sous tous les lieux communs et tous les comportements prescrits par la société pour les personnes qui doivent exercer le rôle de mère, elle s'est sentie soulagée et libérée de ses chaînes. Le chercheur lui pose sa question une deuxième fois: "Qu'avez-vous éprouvé?"

Si elle lui répond sans mentir et qu'elle lui parle non seulement de la tristesse qu'elle a ressentie, mais aussi du soulagement et de la toute nouvelle sensation de joie qui se sont mis à bouillonner au plus profond d'elle-même, elle aura l'impression d'admettre qu'elle n'a pas été une bonne maman ou même le pire, qu'elle n'aimait pas ses enfants. Comment révéler de telles choses à un étranger? Après coup, il lui serait impossible de vivre avec un tel sentiment de culpabilité. Elle répond donc au sociologue ce qu'elle croit qu'elle *devrait* dire. De toutes façons, ce n'était pas une époque où les femmes laissaient libre cours à leurs sentiments, ni une époque où la société pouvait les accepter. Dans l'atmosphère de l'époque, votre mère était plutôt portée à dissimuler et à refouler les sentiments de liberté qui l'étreignaient tout en laissant libre cours au chagrin, au désespoir et à la solitude qui avaient été occasionnés par votre départ. Le chercheur la comptera sûrement parmi les cas souffrant d'un "syndrome chronique du nid déserté".

Cet exemple n'est pas "tiré par les cheveux". L'un des mythes concernant les personnes d'âge mûr, qui ont causé le plus de dom-

110

mages, tout en étant issus directement des études entièrement fausses menées vers les années 50, est bien celui du ''syndrome du nid déserté''. C'est plus un mensonge qu'un mythe et il a eu des effets négatifs et destructeurs surtout pour les femmes.

Je me demande pourquoi on a mis tant de temps à découvrir qu'il était fort possible que les femmes se réjouissent que leur rôle de mère tire à sa fin et qu'elles y voient une sorte de libération. Les enquêtes contemporaines menées auprès de gens qui n'ont plus peur de faire connaître leurs sentiments les plus profonds, ont démontré que les femmes ne souffraient *pas* outre mesure lorsque leur nid se vidait et lorsque leurs oisillons s'envolaient. Lillian Rubin de l'Institute for the Study of Social Change[1] (de l'Université de Californie à Berkeley) a mené récemment une étude auprès de 160 femmes d'âge mûr dont l'âge moyen était d'environ 46 ans. *Une* seule d'entre elles présentait les symptômes caractéristiques du syndrome du nid déserté! Beaucoup d'entre elles hésitaient à caractériser leurs sentiments, mais la plupart ont accueilli l'événement avec une énorme sensation de soulagement.

Les pères sont plus vulnérables face à ce changement familial et en particulier, les pères qui se sentent négligés par leur épouse ou ceux qui ont travaillé longtemps et durement afin d'obtenir une certaine position et d'avoir une belle carrière. Croyant qu'il peut enfin passer plus de temps avec ses enfants, le père se rend compte que la situation familiale est changée du tout au tout. Les disques de Springsteen et de Chicago ne lui cassent plus les oreilles; ils ont été remplacés par la collection de disques de Bach et de Vivaldi qui appartient à son épouse. Combien de *pères* de notre génération ont invoqué une centaine de bonnes raisons pour que leurs enfants fréquentent un collège ou une université situé près de la maison, alors que les mères avaient le sentiment qu'une école en Alaska pouvait dispenser le type d'éducation le plus approprié?

Mon ami Dee m'a écrit une longue lettre très personnelle dans laquelle il répond à toutes les questions que je lui ai posées au sujet de cette étrange maladie. Il m'écrit: ''Auparavant, les gens étaient enclins à agir comme on s'attendait à ce qu'ils le fassent. Les gens d'âge mûr étaient censés agir d'une façon bien particulière. Et c'est tout simplement ce qu'ils faisaient. Pense à la veuve européenne habillée de noir de la tête aux pieds. Elle a l'air vieille, laide, ordi-

---

[1]Institut pour l'étude des changements sociaux.

naire, seule, résolue et sans joie. Elle a probablement pris cet aspect parce que c'était ce que tout le monde voulait. Ses enfants seraient gênés, inquiets et affligés si elle était différente. Aujourd'hui, la plupart des Américains peuvent faire un choix parmi toutes les options qui s'offrent à eux. Nous pouvons choisir qui nous voulons être, où nous voulons l'être et avec qui. Ce choix n'est pas seulement économique, il est aussi un énorme changement de *perception*. Les gens ne sont plus obligés d'avoir l'air vieux ou d'agir comme des vieux. Rien ne les empêche de voir grand.''

Des amis tels que Dee m'ont beaucoup aidé à esquisser une image réelle de cette période de la vie. N'ayant pas d'enfants, j'étais particulièrement intéressé à découvrir ce que *les autres* ressentaient devant un nid déserté, étant donné que leurs enfants sont sur le point de les quitter ou qu'ils l'ont déjà fait. Sans eux, comment aurais-je pu savoir que les premières études faites à ce sujet ne présentaient pas des résultats véridiques et que même les plus récentes enquêtes étaient,elles aussi,trompeuses et inexactes. Mes enfants n'ont jamais quitté la maison sans espoir de retour. Les enfants de Dee n'étaient partis que depuis peu lorsqu'il m'a écrit ce qui suit:

''Nous avons eu un bébé dix mois et demi après notre mariage. Nous formons un ''couple'' pour la première fois. Ce n'est ni bon ni mauvais. C'est tout simplement différent de tout ce que nous avons connu ensemble. . . Nous étions très impatients de voir notre nid déserté. . . Nous commençons à apprendre de nouveaux rôles. Jusqu'à maintenant, nous sortons beaucoup plus qu'auparavant, peut-être trois soirs par semaine. Eleanor a déjà changé ses habitudes. Elle a toujours beaucoup lu, presque tous les jours depuis que nous sommes mariés. Auparavant, elle lisait des romans à l'eau de rose, des romans historiques, de la littérature d'évasion. Cependant, ces dernières semaines, elle s'est mise à lire des classiques tels Jane Austen et elle a commencé *A Distant Mirror* de Barbara Tuchman. D'une manière ou d'une autre, j'ai l'impression qu'elle a assez de vigueur, d'émotion ou d'intelligence en surplus pour l'investir par goût dans des lectures substantielles,après n'avoir lu pendant des années que pour se détendre et s'évader.''

Cette réaction est loin d'être inhabituelle. Les mères s'inscrivent à l'université pour obtenir un diplôme,soit pour continuer des études interrompues par une grossesse ou par la naissance des enfants,soit pour éprouver le plaisir d'apprendre en même temps que d'autres adultes,sans avoir à abaisser leur intelligence au niveau de celle d'un enfant de trois ans ou d'un adolescent. D'autres retournent sur le marché du travail afin de poursuivre leur carrière ou pour relever des défis autres que ceux qu'elles rencontrent dans leur cuisine ou dans le système de co-voiturage du quartier.

Des histoires merveilleuses racontent,comment des parents fraîchement libérés,ont redécoré toute leur maison après le départ de leurs enfants. Un certain couple a transformé les pièces qui étaient réservées aux enfants en un bureau et en une petite boutique, au grand chagrin de sa progéniture quand elle lui rend visite; elle se retrouve dépossédée de ses quartiers et ce, au nom de la libération des parents. Une mère me raconta avec soulagement,qu'elle peut maintenant s'asseoir et converser tranquillement avec un autre adulte,sans qu'un jeune adolescent s'asseoie avec eux et qu'il reste là à les regarder. Si la perte est ressentie comme un traumatisme, ce n'est que de façon passagère; quand une nouvelle vie commence à prendre forme, de nouveaux choix s'ouvrent enfin aux parents. Voici d'autres exemples que j'ai tirés des entrevues que m'ont accordées quelques-uns de mes amis.

L'heure est enfin venue de pouvoir s'offrir de merveilleux dîners aux chandelles à la maison ou au restaurant, en tête à tête ou avec des amis. L'heure est enfin venue d'apprécier la présence de l'autre, de s'écouter et de penser à soi. Il est maintenant possible de dire adieu aux groupes de jeunes qui envahissaient le salon; de recevoir avec joie les enfants quand ils reviennent passer le jour de Noël à la maison et d'admettre que c'est un plaisir de les revoir. Le temps est venu de s'adonner à son passe-temps favori pour lequel il ne restait jamais assez de temps. Le temps est venu de pouvoir jouer au tennis pour le plaisir d'y jouer et non parce que c'est une escapade loin des enfants et de leurs problèmes. Le temps est venu de réfléchir en paix; d'être ce qu'on a toujours pensé qu'on deviendrait. L'heure d'être soi-même est enfin arrivée.

Mon ami Dee écrit: ''Je suis content de ce qui m'arrive. Je ne me demande pas si c'est tout, s'il n'y a rien de plus. Graduellement, très lentement, les enfants se sont mis à faire partie du passé. Quand ils font un appel interurbain, c'est agréable, sans être merveilleux. Ce n'est pas comme ce qu'on décrit dans ces réclames publicitaires pour les interurbains qui font si chaud au coeur. J'ai découvert que des journées complètes se passaient sans que je pense à eux un seul instant. Eleanor vit presque la même chose. C'est elle qui s'occupe de leur envoyer de petits colis et de faire suivre leur courrier.

"Nos enfants sont gentils. Je les aime. Je suis content d'eux. Chacun est différent de ses parents et différent de ce que je croyais qu'il était ou qu'il deviendrait. Je suis heureux de les avoir élevés, de m'être occupé d'eux. Je suis aussi content de ne plus avoir à le faire!''

En me promenant sur l'île l'autre jour, j'ai rencontré Emily dans son jardin. Son nid est bien prêt de se vider alors que Dee, lui, a déjà dit au revoir à ses enfants. La fille d'Emily est à l'université et son fils va la quitter d'ici un an. "Parfois, j'y pense sérieusement et je me dis que je n'en peux plus d'attendre comme ça leur départ, puis je me répète qu'ils me manqueront quand ils seront partis pour de bon tous les deux. Je ne sais pas vraiment à quoi ma nouvelle vie ressemblera, mais je suis impatiente. J'ai hâte d'être moi-même, de ne plus être obligée de rentrer à la maison pour préparer le dîner. J'ai hâte d'avoir plus de mobilité.''

Seule dans son jardin, elle essaie d'être pragmatique. Elle me sourit en disant: "Je sais bien que la fille de ma *voisine* viendra passer toutes ses vacances chez sa mère et que ma fille ne viendra pas.'' Je lui ai demandé si ça l'ennuyait. Les yeux pétillants, elle me répondit: "Mais bien sûr! *Qui va m'aider à préparer le dîner?*''

Le nid surpeuplé

Nous avons tranché la question de la "crise'' du nid déserté. Cependant il est certain qu'un autre problème la remplacera rapidement. Les temps changent si rapidement; nous ne sommes plus obligés de nier la sensation de liberté qui nous envahit lorsque les enfants nous quittent. En fait, beaucoup de parents admettent qu'ils attendent impatiemment le départ de leurs enfants. *Qu'est-ce qui arrive quand les enfants ne veulent pas s'en aller?* Après leur avoir acheté un billet d'avion pour l'Alaska si l'on vit à New York (ou un pour New York si l'on vit en Alaska), après avoir fait leurs valises et après leur avoir tenu la porte ouverte pendant un certain temps, que faire s'ils ne se décident toujours pas à partir? Voilà ce qu'est *une vraie crise!*

Ayant reçu une lettre décrivant la triste situation d'une famille, la courriériste Ann Landers a conseillé à la mère qui signait "Désespérée mais confiante'' de "mettre à la porte son fainéant de fils''. La mère se plaignait de son fils de 22 ans dont elle n'arrivait pas à se débarrasser. Le jeune homme était endetté; il ne lui payait pas de pension; il vivait comme un clochard; il ne nettoyait jamais sa chambre (qui ressemblait à une porcherie); il volait son père et ses frères et, pour couronner le tout, il faisait des chèques sans provision. La mère ajoutait en guise de conclusion: ''Tout ce que je peux faire, c'est de refuser d'accepter les frais quand il me téléphone. La plupart du temps, il n'a pas besoin de me téléphoner; il est *ici* en permanence!''

Ann Landers lui a répondu en lui citant des extraits de lois canadiennes et américaines qui permettent aux parents de poursuivre leur enfant majeur, au civil ou au criminel, pour violation de leurs droits. Une de mes amies, un peu moins hostile envers son fils de 25 ans que cette mère désespérée, se plaint de son nid ''surpeuplé''. Tout est tellement confortable chez elle, que l'idée de partir n'effleurera jamais l'esprit de son fils. Non seulement ce nid ne sera jamais déserté, mais il semble qu'il sera surpeuplé à jamais.

Mon amie affirme qu'elle a tout essayé. ''Chaque soir, je rapproche son lit de la porte d'entrée, avoue-t-elle. Il ne saisit pas du tout l'allusion''. Je lui ai envoyé l'article d'Ann Landers. Je dois avouer que dans ces cas-là, je remercie le ciel de ne pas avoir d'enfants. Je me demande sérieusement si j'aurais le courage de ''mettre à la porte mon fainéant de fils''.

L'effet boomerang ou le retour au bercail

Tout peut commencer par un simple coup à la porte ou par un appel interurbain (à frais virés, bien entendu). La vie à San Francisco n'est pas tout à fait un rêve. Pour ''faire ce qui nous plaît'', il faut partager son appartement avec les blattes les mieux endurcies de toute la Californie. Le voyage en Europe afin de ''se découvrir'', comporte malheureusement des imprévus pour un jeune homme, comme se faire voler tout son argent par un pickpocket ou égarer ses billets d'avion. Il décide finalement que ce qui lui reste de mieux à faire est de retourner à la maison avec son sac de couchage et sa nouvelle conquête, ''mais pas pour très longtemps''.

Pour un jeune couple, les aspects financiers sont beaucoup trop difficiles à envisager, surtout depuis la naissance de leur enfant, et ils veulent économiser pour s'acheter une nouvelle maison à un prix astronomique. Récemment, un journaliste a interviewé un jeune couple qui n'avait plus les moyens de faire des économies. Ils étaient forcés d'abandonner leur grand appartement (qui avait même un atelier d'artiste pour la jeune épouse), de se priver des quatre repas par semaine qu'ils prenaient au restaurant et de se défaire de l'ordinateur personnel que le mari venait tout juste d'acheter. Ils sont donc retournés vivre chacun chez leurs parents jusqu'à ce que leur compte en banque se porte mieux!

Il me semble que les espoirs des jeunes sont bien faciles à anéantir. Nous les avons élevés dans une société d'abondance où les problèmes de croissance étaient réduits au minimum. En nourrissant de grands espoirs, nous avons pourvu aux besoins de cette génération qui ''méritait'' tout ce que nous pouvions leur offrir et qui n'avait qu'un mot à la bouche: ''MOI''. Le simple fait qu'un magazine aussi superficiel et aussi vide que *Self* connaisse un tel succès, témoigne des pensées élevées des enfants qui réintègrent leur nid en nombre toujours croissant, incapables qu'ils sont de faire face aux aspects financiers de la vie dans le monde extérieur et à ce processus inachevé qu'est leur développement émotif.

Je ne présente aucunement les gens de notre génération comme étant des modèles d'équilibre. De mon temps, quand on quittait finalement la maison familiale, on en attendait beaucoup moins de la vie. L'important était de se trouver un emploi, n'importe lequel, même s'il était servile et ennuyeux. Peut-être était-ce un accroc à notre personnalité. Nous nous attendions à lutter durement et à faire notre vie petit à petit. Le mariage, les enfants et la carrière passaient bien avant ''l'ordinateur personnel''. Cet effet boomerang nous démontre assez durement que rien n'indique où se termine le rôle des parents. Vous avez réussi à vider votre nid. Votre liberté si bien méritée vous appartient enfin. Soudainement, vous devez reprendre votre rôle de parent, mais cette fois, avec d'énormes différences.

Au cours de leur séjour à l'extérieur, vos enfants ont découvert leur propre manière de vivre et contracté de nouvelles habitudes. Ils ont parfois été influencés par le partenaire avec lequel ils ont décidé de vivre (chez vous ou chez eux). Votre fils qui revient à la maison est souvent dégoûté du marché du travail, votre fille ne prévoit qu'un ''court séjour'' chez vous. Les repas que vous aviez l'habitude de leur servir auparavant ne leur conviennent plus; ''vous ne connaissez rien à l'alimentation''. Votre fils George est devenu végétarien. L'ami d'Alice se fichait complètement qu'elle fasse le lit ou non, qu'elle fasse le ménage ou non lorsqu'ils vivaient ensemble dans leur appartement, alors pourquoi est-ce que ça vous dérangerait? Vous êtes en train d'aimer l'ami de votre fille plus que vous ne l'aimerez jamais, elle (il a emménagé chez vous en même temps qu'elle). Les problèmes causés par le retour d'un enfant sont encore plus graves quand les parents ont divorcé ou qu'ils se sont remariés. Pour toutes sortes de raisons, ce retour peut transformer la maison en champ de bataille. Les deux camps perdent évidemment leur intimité. De nombreuses solutions s'offrent aux infortunés parents. Autres, bien sûr, que d'accueillir les revenants d'un air triste et abattu. Certains parents évident tout simplement l'effet boomerang; ils abandonnent leur spacieuse maison pour aller habiter en ville dans un petit appartement sans chambre d'ami,dès que les enfants quittent la maison pour la première fois. De plus, ils accrochent une pancarte invisible mais qui proclame d'une façon inflexible: ''Pas de sacs de couchage''.

D'autres parents divisent leur maison en deux parties de façon à ce qu'il n'y ait que quelques pièces communes. Certains réussissent à voir les côtés positifs d'une telle situation familiale et à tirer parti des avantages imprévus qui accompagnent inévitablement les désagréments. Cependant, après avoir discuté longuement avec des familles qui avaient dû s'adapter à une nouvelle vie, après avoir lu de nombreux rapports traitant de ce phénomène, j'ai l'intime conviction que la balance penche en faveur des jeunes (encore).

La peur d'être incapable de faire face aux difficultés est très forte chez nos enfants. S'ils reviennent habiter avec nous, *nous* serons obligés de *les* aider à s'adapter aux vicissitudes de *leur* vie. Pour eux, ce sera une nouvelle occasion de ''se découvrir'', de se réorienter ou d'entreprendre une nouvelle carrière. Si votre enfant revient à la maison accompagné de l'homme ou de la femme de sa vie et que ce charmant couple ait déjà des enfants, ils pourront en plus profiter gratuitement de votre service de garderie; ils pourront économiser en vue d'acheter la maison de leurs rêves,puisqu'ils habiteront gratuitement dans la vôtre, celle pour laquelle vous avez lutté et travaillé seul et sans aide.

Pour les parents, une telle situation peut faire renaître cette sensation d'être utile (oubliée depuis un certain temps) et ce, pour maintes raisons pratiques. Cette nouvelle façon de vivre peut aussi représenter un défi et ressembler à une cure de rajeunissement.

Pourtant, de l'avis de tous, de telles situations sont difficiles à vivre. Pour ceux d'entre nous qui se sont réjouis de voir leur nid se vider et qui le voient se peupler à nouveau quelque temps après, le choc émotif peut être grave et la colère qui peut s'ensuivre très naturelle. Il peut être difficile, et même impossible, de refuser à un enfant de revenir à la maison. S'il revient, il est préférable de préciser clairement certaines ''règles de conduite'' et ce, une fois pour toutes. Après tout, c'est dans votre maison qu'il revient. Afin d'empêcher la situation de devenir tout à fait chaotique, il faut que les tâches telles que faire la vaisselle, sortir les ordures ou promener le chien (même par les soirs de pluie) soient bien réparties entre tous les membres de la famille. De votre côté, vous devez réfléchir aux règles que vous avez imposées à votre fille âgée de plus de 30 ans concernant l'heure à laquelle elle doit rentrer. Pour que tout aille bien, on doit, de part et d'autre, voir les choses avec beaucoup de maturité.

Quelques brèves remarques

Une nouvelle tendance se dessine dans les relations familiales chez les gens de notre génération. Même si j'ai souri la première fois que j'en ai entendu parler, je ne suis pas prêt de dire que c'est une mauvaise idée. On l'appelle ''déshéritement charitable''. Beaucoup de parents ont l'impression qu'ils ont subvenu amplement aux besoins de leurs enfants au cours des vingt ou trente années durant lesquelles ils les ont élevés, instruits, nourris et acheminés au collège ou à l'université. Ils ont également fait leur part en leur avançant des fonds pour les aider dans leurs premières opérations financières. Leurs enfants jouissent maintenant d'une certaine sécurité financière, ils n'ont plus besoin de leurs parents, bref, ils sont indépendants.

En conséquence, de plus en plus de gens ne lèguent rien à leurs enfants. Beaucoup d'enfants ont perdu leurs parents de vue depuis nombre d'années. Dans la plupart des cas, ils n'ont rien en commun à part l'hérédité. D'un autre côté, les parents découvrent parfois que leurs amis ou leurs voisins ont plus besoin de leur argent que tous leurs enfants réunis. C'est ce qui les pousse à les déshériter malgré les hauts cris que pousseront les enfants indignés. On les abandonne au seuil de la pauvreté avec leurs ordinateurs personnels. Les enfants poussent les mêmes cris de douleur quand leur père ou leur mère, veuf ou divorcé, décide de se remarier. Un bon nombre d'entre eux supposent que le nouveau conjoint a des vues sur leur héritage!

Chapitre 11
Le sexagénaire sexy
(tout ce que nous voulions
savoir sur le sexe, nous
le savons depuis longtemps)

Je ne suis pas un vieux cochon, Je suis un homme âgé
vachement sexy.

Auto-collant sur un pare-chocs

Le chauffeur de taxi new-yorkais, philosophant sur des questions inutiles sans qu'on le lui demande, se frayait péniblement un chemin au coeur de l'embouteillage. Je m'enfonçais dans mon siège, résigné à défrayer une longue course et regrettant de ne pas avoir décidé d'y aller à pied. Lui, débite son monologue. Il donne son opinion sur le gouvernement actuel, le mandat du maire Lindsay qui vient de se terminer et l'afflux des indésirables dans notre belle ville. Il me récite les dernières nouvelles aussi consciencieusement qu'un journaliste. Un célèbre médecin spécialisé en diététique et en régime amaigrissant a été tué de quatre coups de feu par sa maîtresse, et les fantastiques révélations faites au cours de ce procès pour meurtre, avaient de quoi faire jaser les féministes, les gens au régime, les millions de gens qui avaient lu son livre et surtout, les chauffeurs de taxi new-yorkais. Ballotté comme je l'étais, je n'écoutais que vaguement son monologue, mais une de ses remarques a attiré mon attention. Comme j'étais évidemment au coeur de mes recherches pour ce livre, j'ai sursauté et tendu l'oreille. À travers les bruits des klaxons, je l'ai entendu dire: ''Y'a pas de perte. C'était pas un ange. Il baisait tout ce qui portait jupon. Je me demande bien comment il y arrivait. Vous savez, il avait *70 ans!*''

Peu après cette conversation, alors que j'étais sur le point de décider si j'allais attaquer ce chapitre avec humour, un peu d'esprit et des sarcasmes ou encore avec toute la colère que je ressens devant ces gens qui croient que les personnes âgées (et nous, les gens d'âge mûr, y compris) sont asexuées, qu'elles ne sont pas du tout intéressées par ''la chose''; que leur vie sexuelle est terminée comme celle du dinosaure. Donc, quelques semaines après cet incident, je discutais avec des amis de mon âge, du cas d'une dame de 52 ans. Je l'ai entendu une fois de plus et je me suis demandé comment j'avais pu ne pas m'en rendre compte avant. (Je l'ai entendu dire par mes propres amis.)

Je m'explique. La fille de cette dame se plaignait du fait que sa mère et des gens plus jeunes qu'elle, avaient loué un chalet et que, depuis ce temps-là, sa mère participait à des ''échanges de couples''. La jeune fille (qui avait 26 ans) en était évidemment affolée. Selon elle, sa mère *tombait en enfance*. Les gens de ma génération semblaient être d'accord avec elle. Sa mère n'agissait vraiment pas comme une personne de son âge.

Le sage romain Publilius Syrus a écrit: ''Pour un jeune homme, il est tout à fait naturel d'aimer; quand on est vieux, l'amour est un crime''. Ce n'est qu'après plusieurs siècles que quelqu'un a daigné formuler une réponse, ce qui aurait dû être fait depuis longtemps. En 1972, Simone de Beauvoir lui a répondu:

> *Lorsque les personnes âgées expriment les mêmes désirs, les mêmes sentiments et les mêmes besoins que les jeunes, le monde entier les considère avec dégoût; chez eux, l'amour et la jalousie sont des sentiments révoltants ou absurdes, la sexualité est répugnante. . .*

D'où viennent ces interdictions? Pourquoi les gens perçoivent-ils les personnes âgées comme des êtres asexués? Pourquoi avons-*nous* accepté des mythes et des stéréotypes qui nous confinent dans des rôles de personnes sans importance, sans sentiments et sans intérêts? Les réponses à ces questions sont complexes; en les examinant une à une nous verrons comment l'absurde peut devenir parole d'Évangile.

Pouvez-vous imaginer vos parents en train de faire l'amour? Même aujourd'hui, à l'âge que vous avez? L'incapacité d'imaginer leurs parents, ou n'importe qui de plus de 45 ans en train de faire l'amour n'est pas exclusive aux gens de ma génération. Rien n'a changé, même de nos jours. Récemment, une jeune femme que je connais a demandé à sa mère d'un ton légèrement ennuyé: ''Quand papa et toi allez vous coucher, pourquoi fermez-vous la porte? Qu'est-ce que vous pouvez bien faire?'' Indignée, sa mère s'est redressée de ses 5 pi 1 po et lui a répondu sèchement: ''Ce que vous faites, toi et ton ami, quand *vous* fermez *votre* porte!''

Pour cette jeune femme, il est tout aussi impossible d'imaginer *ses* parents, en train de faire l'amour, que ce l'était pour nous et pour nos grands-parents quand ils étaient jeunes. Peut-être avons-nous été conçus grâce à des acrobaties stériles qui n'ont jamais été répétées. Le fait le plus intéressant est que personne ne s'est jamais occupé de nous *demander* si nous avions poursuivi nos activités sexuelles même après la naissance de nos enfants. En vieillissant, il est de plus en plus rare de rencontrer quelqu'un qui s'intéresse à notre sexualité. Le docteur Alex Comfort nous fait remarquer que les études sur la vie sexuelle ne portent jamais sur les personnes âgées ''parce que tout le monde *sait* bien qu'elles n'ont pas de vie sexuelle et que l'on présume qu'elles n'en ont pas parce que personne ne leur a demandé.''

Certes, les temps ont changé. Certains comportements sexuels ont changé, mais beaucoup d'impressions sont restées ce qu'elles étaient il y a 50 ans. Revenons au fait qu'il *nous* était impossible d'imaginer nos parents ou nos grands-parents en train de faire l'amour, n'est-il pas du plus haut intérêt de constater que nos enfants sont, eux aussi, incapables de combler un tel fossé émotif. Ils sont censés être libérés, eux! En comparaison, nous étions censés être retardés. Mais l'étions-nous vraiment?

À 17 ans, comme des millions de mes contemporains, j'étais constamment dans un état de tumescence par anticipation. Mon expérience se limitait au fait que les filles de ma génération étaient aussi des êtres sexués. Les catégories de filles nous étaient indiquées par nos parents, évidemment! Il y avait les filles de bonne famille, les filles de moeurs légères et les femmes de mauvaise vie. Toutes les filles de notre quartier étaient de bonne famille, il ne fallait donc pas compter sur elles pour nous soulager de cette douleur que nos reins supportaient en permanence. Toujours optimistes, nous avions en permanence un condom enroulé, caché dans le petit compartiment de notre portefeuille. Notre condom était toujours à sa place, dans le creux qu'il avait fini par former. Il était là, ''juste au cas'' où nous aurions la chance de rencontrer une de ces filles aux moeurs légères qui habitaient les autres quartiers. En fait, il y restait si longtemps que si nous en avions eu besoin, il se serait probablement désagrégé au contact de l'air. Les jeunes de cette époque gardaient néanmoins leur optimisme.

Dans son roman *Le choix de Sophie*, William Styron décrit une situation caractéristique de cette époque si naïve dans laquelle le héros rencontre une fille de Brooklin et, chaque fois qu'ils sont ensemble, la tension sexuelle monte, mais la fille se refuse toujours au dernier moment. C'était vrai. C'était triste, malheureux, ridicule et dévastateur. Lorsque des jeunes comme nous avaient assez de chance pour rencontrer une fille aux moeurs ''modérément'' légères, ils exécutaient le cérémonial des caresses se débattant avec une armure médiévale: agrafes et attaches de soutien-gorge, boutons, boutons-pression, fermetures éclair, jarretelles et gaines. S'ils avaient assez de chance pour se rendre jusqu'à la chair nue que l'on entrevoyait entre la gaine et le haut des bas, une main ferme les arrêtait et une voix à la fois hautaine et naïve demandait: *''Mais qu'est-ce que tu fais?''* Je n'ai jamais pu m'imaginer comment il était possible qu'elle ne sache pas ce qui se passait!

Je n'ai jamais rencontré une de ces filles. Quand je voulais changer le condom que je gardais dans mon portefeuille juste au cas, j'étais toujours malchanceux. J'entrais dans une pharmacie et invariablement, une femme se tenait derrière le comptoir. Après avoir murmuré quelque chose comme quoi j'avais besoin de pâte dentifrice, je sortais du magasin à pas traînants, sachant fort bien que le condom qui attendait dans ma poche devrait y rester encore un an ou deux. Mes mésaventures avaient pourtant un avantage secondaire: je n'ai jamais manqué de dentifrice.

Les choses ont changé et la plupart d'entre elles, pour le mieux. Mon pharmacien a placé son étalage de condoms à la vue de tous. Ils sont même annoncés dans de nombreux magazines ''Sensi-nu: pour les deux''. Quel choix il y a aujourd'hui! ''Excita lubrifiés au sensitrol, Excita sensi-nervurés. Fourex en membrane naturelle, Fourex Quatre-X, Suprême: sensitivité exceptionnelle. Ramsès: doux comme de la soie, Ramsès lubrifiés et nervurés, sans oublier le fameux désensibilisant pour une vie sexuelle plus active. Et en plus de tout ça, la pilule, le diaphragme et le stérilet.

Avons-nous complètement raté la libération sexuelle? Nous sommes nés trop tôt pour avoir la chance de pouvoir acheter nos contraceptifs ouvertement, sans avoir à faire des raids furtifs dans les pharmacies, et sans ressentir ce sentiment de clandestinité qui accompagne aujourd'hui la revente de cocaïne. Mais, n'y avait-il pas tant d'autres choses qui pouvaient très bien remplacer cette liberté sexuelle et la ''sexualité sans amour'' dont on entend parler aujourd'hui? Pouvons-nous oublier ou minimiser les sentiments que nous avons éprouvés, les engagements que nous avons pris et l'affection dont nous débordions? Était-ce mal de ''tomber en amour'' si souvent? Était-il si étrange d'exiger que nos démonstrations d'affection se fassent dans l'intimité? Nous étions bien sûr très différents des jeunes d'aujourd'hui, tout comme *nous* l'étions de *nos* parents.

Je me promenais sur la plage l'été dernier en regardant les baigneurs éviter les fortes vagues de l'Atlantique. Un jeune homme et une jeune femme étaient couchés près des dunes de sable, le bas de leur corps à peine dissimulé sous une veste. À la vue des passants, ils étaient de toute évidence très occupés à faire l'amour. Leur rythme se faisait de plus en plus indiscret, les jambes de la fille tressautaient comme celles d'une poupée de chiffon, tandis qu'il lui faisait l'amour par derrière. J'ai éclaté de rire, non pas à cause de ce qu'ils faisaient, mais parce que je me suis rappelé à cet instant une conférence que Margaret Mead avait donnée devant une classe de femmes d'une certaine université. ''Tout ce que vous faites, nous le faisons aussi, disait-elle, cependant, nous nous gardons de le faire sous les yeux du doyen!''

Mais ça ne s'arrête pas là! Pas du tout. Nos relations érotiques et notre sexualité peuvent varier, mais il n'y a aucune raison pour qu'elles prennent fin à un âge précis. Nos enfants et nos petits-enfants peuvent être convaincus que notre vie sexuelle est terminée, mais notre situation ne prend des reflets obscènes, que lorsque nous commençons à les croire et que nous les aidons à perpétuer ces mythes. Les gens d'âge mûr et les gens âgés auprès desquels on a mené des études récemment, renforcent encore et encore cette théorie. Quand on leur demande s'*ils* aiment le sexe, leur réponse est presque toujours la même: ''Oui, mais je suis une exception.''

Aujourd'hui, dans notre pays, il y a environ 60 millions d'exceptions. Il devient évident pour de plus en plus de gens que le fait d'éprouver des désirs sexuels à l'âge mûr ou au troisième âge, n'a rien de scandaleux; que les relations érotiques ne doivent pas nécessairement être clandestines; que les gens de 50, 60, 70 ans et même ceux de plus de 80 ans,peuvent continuer de goûter à cet extraordinaire plaisir terrestre. La perpétuelle tumescence chez l'homme peut bien avoir disparue, mais beaucoup d'autres changements ont eu lieu. Selon le docteur Ruby Benjamin, une thérapeute dotée d'une vision pragmatique du sexe et d'un merveilleux sens de l'humour: ''La sexualité englobe plus que les organes génitaux, le système reproducteur et l'acte sexuel. Il comprend les concepts de chacun, le choix du partenaire et toutes les formes de communication interpersonnelle. L'acte sexuel n'est qu'une partie de la sexualité. En vieillissant, beaucoup de gens perçoivent le sexe comme étant une communication intime dans laquelle ils retrouvent de la tendresse, de la compagnie, le toucher, les caresses, la sensation d'être nécessaire et d'être désiré et cette capacité de donner du plaisir à quelqu'un et d'en recevoir à son tour. Ce sont les vraies manifestations de la sexualité. En vieillissant, on découvre que le côté sensuel de la sexualité est aussi important et même plus important que l'acte sexuel.''

Ces affirmations sont corroborées par une étude faite par le psychologue Andrew Barclay. Il a écrit dans la revue *Medical Aspects of Human Sexuality,*que même les fantasmes sexuels variaient avec l'âge. Ces fantasmes, tout comme les pulsions sexuelles, ne disparaissent pas, mais leur siège semble se fixer sur *une plus grande variété* de plaisirs sexuels. Il en fait d'ailleurs une très belle description: ''On pourrait se représenter les pulsions sexuelles sous l'aspect d'une rivière, étroite près de sa source, agitée et tourbillonnante dans les rapides et qui s'étale, ralentit et serpente à mesure qu'elle s'approche de l'embouchure. En vieillissant, nous avons tendance à retirer de plus en plus de plaisir de toute chose; nous comptons moins sur l'acte sexuel et sur les contacts génitaux pour exprimer notre sexualité.''

Il est évident que le corps se transforme. L'orgasme peut être plus long à atteindre. Il se peut même qu'il ne se produise que rarement. Chez l'homme mûr, l'érection peut prendre plus de temps que chez les jeunes étalons et elle prendra encore plus de temps avant de réapparaître après l'acte sexuel. Chez la femme, la capacité d'atteindre l'orgasme peut diminuer, sans disparaître à tout jamais. Il est possible que le vagin rétrécisse, qu'il se lubrifie moins et qu'il perde de son élasticité. Mais comme le dit le docteur Benjamin: ''Avec le temps, *toutes* les réactions physiques se font de plus en plus lentement.''

Il est très important de se rappeler, cependant, que si les prouesses sexuelles de l'homme et les réactions de la femme diminuent avec les années, la cause est beaucoup plus psychologique que physique. L'ennui ou les soucis dûs à la famille, au travail, à la situation financière, une extrême fatigue ou des problèmes de santé tels qu'une crise cardiaque récente, peuvent avoir des influences néfastes sur la vie sexuelle.

Comme d'habitude, le corps médical n'a presque rien fait pour s'opposer à la ''mauvaise réputation'' que s'est attirée la sexualité des personnes âgées. Contrairement à beaucoup de rapports médicaux, une étude du National Institute on Aging a démontré que les hommes âgés qui étaient en bonne santé, produisaient des hormones sexuelles en quantités égales à celles retrouvées chez des hommes beaucoup plus jeunes. Une étude plus approfondie a permis de prouver que les hommes âgés éjaculaient la même quantité de sperme que les jeunes hommes. Par contre, la proportion de spermatozoïdes immatures est plus élevée avec l'âge. Les statisticiens peuvent évidemment nous rappeler que plus de 20,000 hommes sont devenus pères alors qu'ils avaient plus de 50 ans.

Il n'est pas surprenant de constater que les médecins sont aussi mal informés que le grand public au sujet de la sexualité et de la vieillesse et qu'ils ajoutent foi, eux aussi, à la plupart des mythes concernant les personnes âgées. Le docteur Benjamin a déclaré: ''À cause de leur ignorance, certains médecins et d'autres professionnels de la santé peuvent faire naître des attitudes négatives lorsqu'ils prennent conscience des problèmes sexuels des personnes âgées. Certaines personnes semblent attendre de leur médecin la permission d'exprimer leur sexualité dans des buts purement récréatifs, mais ils ne reçoivent en fait que des réponses puritaines de la part de leur médecin. D'après une certaine étude, 39% des médecins interrogés ont déclaré que les femmes de plus de 50 ans *ne devraient pas avoir* de besoins sexuels inassouvis. Il est peu probable qu'une femme plus âgée exprime ses désirs et ses besoins sexuels à *un de ceux-là*!''

Il se peut que nous soyons en train de nous affranchir, peu importe à quel point nous avons été accablés par cette vision que la société projetait de nous: nous devenons des ermites asexués dès que nous franchissons le cap de la cinquantaine. L'impuissance psychologique est presque toujours causée par cette idée fixe, caractéristique de l'autodestruction, selon laquelle l'impuissance est inévitable. Elle apparaît donc inévitablement!

L'image de soi véhiculée par notre culture de jeunes, peut faire naître beaucoup d'anxiété chez les femmes qui croient que la beauté physique est nécessaire pour atteindre le plaisir sexuel. Comme le dit le docteur Benjamin: ''Je me demande à quel moment ces si jolies taches de rousseur deviennent ces horribles taches brunes. . . Les femmes âgées — et chacune d'entre nous en fait — ont besoin d'attirer le respect et l'admiration, non en dépit du fait qu'elles vieillissent, mais parce qu'elles vieillissent. Leur image sexuelle et l'image qu'elles se font d'elles-mêmes sont en jeu. Nous devons établir nos propres normes, sans entrer en compétition avec les femmes plus jeunes.''

Il y a environ dix ans, toutes ces nouvelles idées ont commencé à prendre forme, lentement au début, puis à un rythme toujours plus rapide, ponctué d'articles, de recherches et de reportages. On ne sait trop pourquoi des journalistes étonnés, la plupart d'entre eux assez jeunes, se sont mis à écrire des articles sur les communautés de personnes retraitées établies en Floride, en Arizona ou en Californie dans lesquelles ils avaient vu des personnes âgées se tenant la main, dansant ensemble, sortant ensemble et s'embrassant en public. Pis encore, certains couples se sont fiancés et se sont épousés.

Les couples qui préféraient ne pas se marier afin d'éviter une réduction de leurs pensions de retraite, ont choisi d'habiter ensemble à l'instar de leurs enfants et de leurs petits-enfants. Ces histoires ne furent bientôt plus des ''exceptions'' et leur nombre continue d'augmenter. C'est une bonne leçon pour les enfants et pour ceux parmi nous qui croient ''qu'agir comme une personne de son âge'' signifie renoncer aux plaisirs sexuels, peu importe leur forme. Une femme que j'ai interrogée, m'a raconté qu'elle n'avait commencé à apprécier le sexe, qu'au cours de son deuxième mariage, à 70 ans.

Plus de 225,000 lecteurs de la chronique de ''Dear Addy'' lui ont répondu lorsqu'elle a demandé si les femmes de plus de 50 ans aimaient le sexe. Plus de 50% lui ont répondu un ''oui'' passionné!

Mon oncle Jack s'est remarié à *89* ans avec un petit bout de femme de 82 ans. La cérémonie s'est déroulée dans une cathédrale par déférence pour l'épouse. L'Église, nullement déroutée par les stéréotypes et les mythes, a demandé à mon oncle de signer des papiers par lesquels il consentait à ce que leurs enfants soient élevés dans la foi catholique!

De tels événements heureux se produisent dans les maisons de retraite, même si la société a déjà refusé de croire que les personnes âgées éprouvent encore des sentiments. J'ai visité une de ces maisons et le personnel spécialisé en psychologie m'a invité à rester à dîner. Un à un, les pensionnaires vinrent s'asseoir dans la salle à manger. Quelqu'un m'a montré une femme de 75 ans assise dans une chaise roulante; il m'a expliqué que l'homme qui poussait sa chaise était son amoureux. Il la met au lit chaque soir, l'aide à s'habiller et à se déshabiller et il passe tout son temps à lui parler et à lui tenir la main. Il y a quelques années, ils auraient été expulsés, parce qu'à cette époque-là, tout le monde savait qu'on ne doit pas avoir d'amoureux quand on a 75 ans. Aujourd'hui, l'attitude des patients et des administrateurs change de façon graduelle; ils ne refusent plus aux personnes âgées le droit de se toucher si elles en ont envie. Je ne peux qu'espérer que les administrateurs seront de plus en plus éclairés. Il est malheureux que ces vérités ne soient pas acceptées dans le monde entier.

Si l'on reconnaît que les gens de 70 ans et plus éprouvent de tels sentiments, pourquoi refusons-nous de croire à l'existence de notre sexualité entre 40 et 60 ans? J'ai mis plusieurs années à découvrir et à admettre que ma mère était une personne sexuelle, même si elle avait joué jusqu'à sa mort le rôle d'une gamine des années 20 et même si elle n'aurait jamais avoué publiquement l'histoire que je vais raconter.

En allant rendre visite à mon frère qui habite à Tulsa avec sa famille, ma mère a rencontré dans l'avion, une jeune femme médecin qui allait rejoindre son ''ami spécial''. Quand ma mère a téléphoné d'Oklahoma, elle a pris la voix et l'intonation qu'elle réserve aux affaires personnelles et importantes pour déclarer: ''Je mourais d'envie de lui demander où elle comptait habiter.'' Je lui ai répondu que la jeune femme irait probablement habiter avec son ami. Ma mère répliqua immédiatement: ''Pas elle, c'était *une fille de bonne famille!*'' (la *jeune fille de bonne famille* fait son apparition une fois de plus). Pourtant, ma mère n'a jamais reconnu le fait qu'*elle* avait vécu *neuf longues années* avec mon beau-père avant qu'ils ne se marient!

Le sexe est encore vivant! Le docteur Benjamin signale même qu'il est maintenant évident que l'activité sexuelle est une thérapie pour ceux qui souffrent d'arthrite, puisqu'elle permet ''d'augmenter la sécrétion de cortisone de la glande surrénale, ce qui soulage la douleur''. En riant, elle ajoute qu'elle ne conseille pas à tous ceux qui souffrent d'arthrite d'accrocher le premier partenaire venu et de faire l'amour dans un ''but thérapeutique''.

Vous pouvez ne penser qu'à ceci: tout se résume à l'image que nous nous faisons de nous-mêmes en tant que personne âgée, à notre sexualité et au fait que nous sommes une génération qui découvre de nouvelles occasions dans tous les domaines. Si vous vous sentez faiblir et que vous jetez un coup d'oeil désenchanté et légèrement envieux à la nouvelle génération et à leur ''amour libre'', à l'absence de promesses et d'engagements, à la prétendue ''liberté'' de leur mode de vie, rappelez-vous que leur façon de vivre fait naître mille et une insatisfactions. Ils ont leurs mythes et leurs stéréotypes bien à eux. Ils essaient de vivre conformément à ce que la société pense d'eux. Il est de plus en plus évident que leur vie n'est pas aussi épatante qu'ils voudraient nous le faire croire. Ils commencent à sentir qu'ils perdent, du point de vue de la profondeur des sentiments, ce qu'ils pensaient avoir gagné, du point de vue de leur liberté physique.

Tout comme nous, ils sont constamment en train de changer, de découvrir et de se chercher d'une façon très profonde et troublante. Même s'ils nous perçoivent comme si nous étions des êtres asexués, ils rompent de plus en plus fréquemment les contacts superficiels et les relations sans engagements. Bien que chagriné, je n'ai pu réprimer un petit sourire de sympathie en lisant la critique d'un nouveau livre *destiné aux jeunes*, écrit par le docteur Gabrielle Brown. Il était plus que temps d'examiner attentivement cette nouvelle liberté sexuelle. Ce livre s'intitule *The New Celibacy*.

Chapitre 12
À l'image de Dieu

Joie, sérénité et modération
Claquent la porte au nez du médecin
                    Oliver Wendell Holmes

J'ai toujours été stupéfait de constater la rapidité avec laquelle l'humour voyage et tout aussi étonné de remarquer l'endurance de certaines blagues que j'ai entendues pour la première fois quand j'étais adolescent et qui me sont racontées 40 ans après par des enfants qui sont convaincus qu'ils viennent de faire une découverte terriblement comique. Quand les blagues véhiculent une vérité de base ou un peu d'hostilité, elles se répandent encore plus vite. On reconnaît facilement que les sociétés ont survécu grâce à leur sens de l'humour; les histoires comiques dissimulent fréquemment les contradictions profondes qui existent dans la vie politique, économique ou sociale.

Une longue file de personnes attend devant les portes du paradis. Saint-Pierre vérifie les lettres de créance de ceux qui pourront y entrer. L'attente semble interminable. Mais puisque le temps n'existe plus, les gens ne s'en soucient pas jusqu'à ce qu'un homme en blouse blanche, un stéthoscope dans le cou, contourne la foule d'un pas alerte, dépasse Saint-Pierre et traverse les grilles. Un murmure de colère s'élève; les gens murmurent: ''Pour qui se prend-il?'' Saint-Pierre essaie de les calmer, puis il leur dit: ''C'est Dieu. Il se prend pour un médecin!''

Peu de temps après avoir entendu cette histoire pour la quatrième fois, j'ai pris un avion bondé qui m'a amené de Los Angeles à New York. Frank Sinatra et Faye Dunaway jouaient dans le film qui nous était présenté à bord. Je l'ai vaguement regardé et j'ai complètement oublié le titre. Vers le milieu du film, la pauvre Faye Dunaway est à l'article de la mort. Sinatra, mécontent des traitements qu'elle reçoit, saisit le médecin par les revers de sa blouse et le projette violemment contre le mur. La réaction dans l'avion fut étonnante. Trois cents personnes ont applaudi et montré leur approbation! Les seuls qui sont restés silencieux ne regardaient pas le film (à moins évidemment qu'ils aient été médecins ou qu'ils aient fait partie de la famille d'un médecin).

Qu'est-il arrivé à nos dieux? Qu'est-il donc arrivé au docteur en médecine, doux, compréhensif, omniscient et tout-puissant? Le médecin a-t-il *déjà été* un personnage à idolâtrer? Est-il possible que *nous* soyons coupables de perpétuer des stéréotypes où il (ou elle) nous déclare: ''Vous vieillissez, je ne peux rien faire pour vous!'' Avons-nous perpétué des mythes concernant les médecins et ces derniers ont-ils cru toutes les publications flatteuses au sujet des relations entre le public et les médecins? Le héros populaire. Le chirurgien à qui rien n'échappe et à la main qui ne tremble jamais. Le gentil médecin de famille du *Saturday Evening Post*. Il donne des ordres sur le même ton savant qu'utilise le capitaine d'un sous-marin allemand. Suivez mes ordres et vous serez heureux toute votre vie. L'image divine que nous nous faisions des médecins perd peu à peu de son éclat.

Pour ceux d'entre nous qui ont atteint l'âge mûr, la médecine et les attitudes des médecins contribuent à notre bien-être d'une façon plus importante que jamais. Il est tout à fait vrai que les maladies chroniques sont plus fréquentes chez les gens âgés, même si la fréquence des cas graves diminue. Nous nous intéressons de plus

près à l'alimentation (ou du moins nous le devrions). Nos médecins (et nous aussi) ont tendance à considérer de plus en plus les
médicaments comme la panacée. Le nombre des opérations chirurgicales augmente à une vitesse alarmante. Il semble que la plupart de ces opérations soient inutiles. L'attitude la plus répandue
parmi les médecins est qu'il n'y a rien à faire pour nous soigner,
étant donné que nous vieillissons. Il ne faut pas non plus oublier
d'ajouter les soi-disant spécialistes qui ne traitent qu'une ou deux
maladies bien précises, au lieu de faire tout ce qui est en leur pouvoir pour éviter que les gens ne les attrapent. Il faut également tenir
compte de l'effroyable rigidité de l'American Medical Association
(Ordre des médecins américain) face à toutes les idées nouvelles
et innovatrices. Il est évident que les médecins peuvent constituer
une menace sérieuse pour les gens qui vieillissent, à moins que ces
derniers connaissent la nature de leurs problèmes et quelques-unes
des solutions qui ont déjà été trouvées, et à moins qu'ils acceptent
de jouer un rôle actif dans l'amélioration de leur santé.

Il est donc plus que temps d'examiner attentivement nos médecins de famille bien-aimés et leurs amis les chirurgiens. Il est temps
de réfléchir au sujet d'une des catégories de notre ''liste noire de
l'âge mûr''.

Autres mythes, autres stéréotypes

Il y a quelque temps, dans la revue médicale *Pediatric News*, il y
avait un article qui portait sur le fait que ''le comportement des
médecins variait selon la race, le sexe, l'âge et l'apparence du
patient.'' L'article suggérait même aux médecins de surveiller leurs
attitudes de façon à s'assurer que *chacun* puisse recevoir des soins
de façon courtoise et empathique.

Mais après tout, les médecins sont des gens comme les autres.
Dans ces conditions, comment pourrions-nous attendre d'eux qu'ils
agissent différemment quand les préjugés envers les personnes
âgées sont présents à tous les niveaux de la société, même parmi
les gens de notre génération? Malheureusement, la médecine n'est pas
isolée du reste de notre monde imparfait. Il n'est donc pas étonnant que les médecins perçoivent eux aussi les personnes âgées
d'une façon dégradante, superficielle et erronée ainsi qu'à travers
de nombreux mythes et de nombreux stéréotypes.

Le médecin est soumis tout comme nous à un torrent de stéréotypes en provenance des média; il en retrouve même dans les

revues médicales. On a analysé 151 réclames pour des médicaments qui ont paru dans la revue *Geriatrics* sur une période de 20 ans. Avec le temps, le nombre de femmes représentées par la publicité a augmenté et les personnes âgées sont présentées maintenant d'une façon plus positive. Cependant, dans nombre de ces annonces, les personnes âgées sont décrites comme étant tristes, malades, incompétentes ou effacées. Plus de 30% des titres des annonces représentant des personnes âgées,sont négatifs.

Il ne faut pas oublier non plus le fait que les facultés de médecine ne font qu'effleurer la gériatrie. Vous commencez à comprendre d'où vient ce fameux diagnostic: "Vous vieillissez, je ne peux rien faire pour vous!" et aussi pourquoi ils nous servent cette rengaine qui semble expliquer tous nos maux: "sénescence".

Les mythes concernant la vieillesse se sont si bien répandus que nous commençons à croire qu'en vieillissant, nous nous plaignons *tous* de notre santé, nous nous inquiétons de façon excessive au sujet de notre condition physique et que nous allons faire une crise aiguë d'hypocondrie chez le médecin au moindre malaise. Nos médecins partagent entièrement ces opinions, évidemment. Il est vrai que certains d'entre nous agissent ainsi, mais le National Institute on Aging (Institut national qui étudie la vieillesse) a publié en 1980,un rapport qui disait en partie: "Alors qu'il est vrai que certains problèmes de santé soient plus fréquents chez les personnes âgées, il n'y a aucune preuve que les maladies soient disproportionnées chez les personnes âgées. . . Spécifiquement, les personnes âgées souffrent surtout de problèmes des organes sensoriels, du système cardio-vasculaire et du système génito-urinaire. Rien n'est étonnant,puisque ces organes et ces systèmes sont de plus en plus prédisposés aux maladies et troubles de fonctionnement,à mesure que l'âge augmente." Le rapport conclut que la proportion des personnes qui pourraient être considérées comme hypocondriaques n'est pas plus élevée chez les personnes d'âge mûr et chez les gens âgés que chez les jeunes!

La société nous a conditionnés et nous prenons maintenant pour acquis que nous souffrirons de douleurs et de toutes sortes de malaises quand nous atteindrons l'âge mûr. Nous acceptons sans protester le mythe qui prédit que nous déclinerons rapidement après 50 ans et que notre conscience glissera de façon irréversible vers la sénilité et que nous vivrons dans le monde obscur de la dépression et de la confusion. La majorité de nos médecins en est malheureusement convaincue elle aussi. Il est vrai que la *vitesse* de nos réactions diminue avec l'âge, mais il a été prouvé maintes et maintes fois, que la plupart des personnes âgées conservent des capacités intellectuelles de niveau normal jusqu'à leur mort, à 85 ou 90 ans. Alex Comfort fait remarquer que moins de *un pour cent* de tous les gens deviennent séniles; ce pourcentage est de beaucoup inférieur à celui des jeunes qui perdent la raison.

J'ai entendu trop de jeunes déclarer que leurs grands-parents vieillissaient et qu'il était grand temps de les faire admettre dans une maison de repos. Comme nous, ils ont été conditionnés et ils acceptent ce fait comme l'aboutissement d'un enchaînement inévitable d'événements, en dépit du fait que c'est un autre mythe. Seulement 4 à 5% des personnes âgées vivent dans une maison de repos! Cinq pour cent de ceux qui restent sont obligés de rester chez eux à cause d'une maladie. En réalité, seulement 15% des gens de plus de 65 ans ont besoin de services médicaux ou sociaux de nature spéciale. Il reste donc *85%* de ces gens qui sont actifs dans leur maison et dans la collectivité.

Une des réactions du corps médical qui me semble très effrayante, est de qualifier machinalement de ''sénilité'' ou de ''sénescence'' tout symptôme de confusion, de dépression, de perte de mémoire ou d'esprit affaibli et ce, pour la bonne raison que leur patient vieillit. Ces différents symptômes peuvent très bien être causés par des douzaines de maladies *curables*, par une mauvaise alimentation ou par des médicaments prescrits par un autre médecin, comme nous le verrons plus loin. Si vous interrogez votre médecin sur un diagnostic, un pronostic ou un traitement et qu'il vous donne, d'un air dédaigneux mais amusé, une réponse qui ressemble à celles qu'on fait aux enfants précoces qui posent des questions indiscrètes, il est peut-être temps de changer de médecin de famille.

Intervenir plutôt que prévenir

Je suis tenté d'offrir quelques excuses lorsque je prends à partie la médecine moderne. J'ai été élevé à une époque où l'on révérait les médecins de famille. Mon médecin actuel, le docteur Bob Levin, est l'exception classique et brillante; il n'a aucun des comportements négatifs que je ressens et que je décris habituellement. Lorsque je parle du médecin moyen, on répond à chacune de mes critiques en me demandant le nom de la faculté de médecine que j'ai fréquentée. Après tout, si je ne suis pas docteur en médecine, comment pourrais-je savoir comment formuler mes questions? Comment puis-je oser critiquer Hippocrate et ses dignes successeurs?

Mon épouse a demandé une fois à notre ex-médecin de famille, quels seraient les effets secondaires d'un médicament qu'il venait de prescrire à ma belle-mère. Il lui a répondu: ''Il est préférable que vous n'en sachiez rien!''

Je crois qu'il est grand temps que la médecine moderne nous accorde le droit de savoir, le droit de jouer un rôle dans le maintien de notre santé et de notre bien-être. Les médecins prennent conscience du fait que de plus en plus de personnes âgées s'interrogent, qu'elles examinent et explorent de nouvelles approches. Nous sommes profondément troublés par les réactions qui nous proviennent de ce royaume d'inflexibles qui ont tiré la plus grande partie de leur puissance de la confiance que nous leur avons accordée, et que nous avons si souvent mal placée. Trop de gens ont vécu des histoires ''d'épouvante''. Il n'est pas étonnant que nous commencions à poser des questions plus précises, à demander qu'on nous fournisse les réponses qu'on nous refuse depuis si longtemps et à exiger d'*être écoutés*.

Il y a quelques mois, j'ai regardé presque avec fascination une émission de télévision où l'on interviewait le docteur Robert S. Mendelsohn, auteur de *Confessions of a Medical Heretic* (Contemporary Books, Chicago, 1979) et du récent *Male Practice: How Doctors Manipulate Women* (Contemporary Books, Chicago, 1981). Impressionné par cet homme et par ses idées, j'ai lu son dernier livre sans attendre et je lui ai téléphoné à son bureau, en Illinois. Puisqu'il attachait une telle importance aux mauvais traitements que les gynécologues, les obstétriciens et les omnipraticiens font subir aux femmes, lui était-il possible d'établir un parallèle entre cette situation et celle de la médecine pour les gens âgés? Après tout, il a relevé le fait qu'environ 700,000 hystérectomies ont été pratiquées aux États-Unis en 1979 et que pas plus de 20% d'entre elles pouvaient être considérées cliniquement nécessaires! Une bagatelle, quoi! Impliquant ni plus ni moins que 20% de la population de ma génération: les femmes à leur ''retour d'âge''.

Je ne crois pas que les faits que j'ai décrits concernant les femmes et la gynécologie soient comparables à ceux concernant les personnes âgées et la gériatrie. . . La discrimination envers les personnes âgées se retrouve partout, à tous les niveaux de la médecine. Vous pouvez accuser la médecine et vous pouvez aussi accuser l'enseignement de la médecine puisque les étudiants ne choisissent la gériatrie que comme cours facultatif. Ils n'apprennent donc rien au sujet des personnes âgées!

Pourtant, ces mêmes étudiants soignent des patients plus âgés lors de leur internat et même dans leur cabinet. De dire le docteur Mendelsohn: ''Oui, ils peuvent ainsi payer le loyer de leur bureau.''

À l'heure actuelle, il y a environ 125 écoles importantes de médecine aux États-Unis. Seulement 25 à 30 d'entre elles couvrent sérieusement l'étude de la gériatrie. Dans un rapport pour la revue *Geriatrics* (National Institute on Aging), le docteur Robert N. Butler a affirmé: ''Les besoins des personnes âgées ont été plus que négligés lors de la formation des professionnels de la santé, de l'organisation et du financement des services médicaux et du soutien de la recherche biomédicale et de l'étude du comportement. Les programmes d'étude des écoles de médecine ne laissent pas suffisamment de place à l'étude de la fréquence et de la nature des affections multiples dont souffrent les personnes âgées. Les services médicaux sont souvent conçus comme si ceux qui en bénéficient étaient jeunes. . .''

Certaines écoles de médecine ont pris conscience du problème, pourtant je ne suis pas certain que les résultats correspondent à ce que l'on espérait. Le Medical College of Pennsylvania a mis sur pied un programme destiné à aider les jeunes étudiants en médecine à prendre conscience des problèmes des patients âgés qu'ils traiteront un jour. Tout en agissant comme s'ils étaient atteints de cécité, d'une légère surdité ou d'arthrite, les étudiants doivent accomplir certaines tâches telles que préparer le dîner ou prendre un livre sur une étagère. On se serait attendu à ce que les jeunes ressentent plus de compassion envers les personnes âgées après de tels exercices. Mais c'est souvent le contraire qui se produit. Le New York Times rapporte les impressions d'une jeune étudiante en médecine qui devait essayer d'utiliser un téléphone et de demander un numéro à la téléphoniste, les mains emprisonnées dans des gants de caoutchouc, afin de diminuer leur mobilité et leur dextérité, et les oreilles bouchées avec du coton: ''Ça m'a surtout donné envie de rester jeune!''

Alors que des spécialités telles que la médecine nucléaire, la roentgénologie pédiatrique et la néonatologie ont la priorité dans les écoles de médecine à l'heure actuelle, ''les insuffisances que l'on retrouve depuis toujours dans l'enseignement de la gériatrie représentent les attitudes négatives inconscientes de toute la société envers les personnes âgées'', selon l'avis du docteur Butler. Au cours des nombreuses années de formation, l'étudiant en médecine reçoit environ un quart de million d'informations distinctes; très peu d'entre elles ont trait à la vieillesse.

Il y a probablement beaucoup de facteurs psychologiques qui s'ajoutent aux insuffisances et aux imperfections des traitements médicaux destinés aux personnes âgées. Les patients âgés sont beaucoup moins attirants physiquement que les jeunes, c'est pourquoi beaucoup d'examens ainsi que certains traitements sont exécutés avec peu ou pas d'application. Il s'ensuit souvent des ordonnances exagérées et des interventions chirurgicales inutiles ou bâclées. Un soir, au cours d'une réception, j'ai entendu un jeune gynécologue raconter que le fait d'examiner une jeune patiente l'avait ''excité sexuellement''. Est-ce que ça vous choque? Nous avons déjà admis que certains de nos dieux n'étaient que des mortels comme nous.

Par ailleurs, quand quelqu'un fait remarquer qu'un certain gynécologue masculin n'est pas compétent, trop brusque ou antipathique, la réaction est immédiate. On répond invariablement: ''Va voir une femme médecin''. C'est parfois la solution idéale, mais il ne faut pas oublier cependant que la plupart des femmes qui pratiquent la médecine à l'heure actuelle ont acquis leurs connaissances auprès des *hommes*. Ils dirigent les écoles de médecine et dominent la profession. Il ne faut donc pas s'étonner si une femme médecin présente exactement les mêmes prédispositions et les mêmes préjugés que ses collègues masculins.

En chirurgie, on retrouve des victimes dans tous les groupes d'âge, mais malheureusement la menace devient de plus en plus sérieuse avec l'âge. On a évalué que seulement 20% des interventions chirurgicales pratiquées aujourd'hui sont essentielles. On compte parmi les interventions nécessaires celles qui relèvent de la chirurgie traumatologique, celles qui permettent l'ablation d'un cancer, par exemple, ainsi que toutes les opérations nécessaires au maintien ou à la prolongation de la vie d'un patient. Toutes les autres opérations sont discutables ou inutiles.

Quand l'aspect financier est en relation directe avec le nombre d'opérations pratiquées, les statistiques augmentent d'une façon phénoménale. Pour que les hôpitaux puissent survivre malgré l'inflation, tous les lits doivent être occupés. De plus, il y a un excédent de chirurgiens qui s'élève à environ 30% et ce, dans un pays où abondent les généralistes. Tous ces gens essaient de gagner leur vie. Le docteur Peter Bourne, conseiller médical de l'ex-président Carter, exprime ce problème d'une manière très succincte: ''Pour parler franchement, c'est un vrai stimulant pour l'économie: plus on fait de chirurgie, plus on gagne d'argent.''

Grâce aux plans d'assurance-maladie, la majorité des gens ont les moyens de subir une intervention chirurgicale. Ce n'est pas par pure coïncidence que le nombre d'opérations facultatives pratiquées aux États-Unis a augmenté et que la plupart des patients se seraient mieux portés s'ils n'avaient pas été opérés. Dans les années 70, le nombre d'interventions chirurgicales s'est élevé de 23% alors que la population n'a augmenté que de 11%. Le nombre de césariennes a doublé; le nombre d'opérations de la cataracte et le nombre de prostatectomies ont augmenté de plus de 40%. À l'heure actuelle, le taux d'hystérectomies le plus élevé se retrouve aux États-Unis, ce qui est loin d'être à notre honneur. Ce taux est deux fois plus élevé que celui de la Grande-Bretagne et quatre fois plus que celui de la Suède! Par conséquent, le taux de mortalité dûe à des interventions chirurgicales a augmenté lui aussi.

Bien entendu, les médecins peuvent répondre très facilement. Le docteur Mendelsohn a même écrit: ''Quand on accuse les médecins de prescrire trop de médicaments à leurs patients, ils répondent invariablement: ''C'est ce que les patients nous demandent.'' Les médecins utilisent fréquemment cette stratégie qui consiste à ''rejeter le blâme sur la victime'', dans le but de camoufler la plupart de leurs fautes, qu'elles consistent à pousser à la consommation excessive de médicaments ou à pratiquer des hystérectomies ou des césariennes que les patientes ne devraient pas subir et dont elles n'ont aucun besoin.''

D'une façon ou d'une autre, je trouve inacceptable le prémisse de leur raisonnement qui veut que ce soit ''ce que désirent les patients''. Les chirurgiens soutiennent que les patients exercent des pressions sur eux pour les forcer à pratiquer des opérations et qu'ils ne le font que parce que nous le leur demandons. Lors d'une interview, un chirurgien britannique a raconté une blague classique au sujet des patients trop obligeants. Le docteur déclare: ''Ma chère dame, nous allons prendre toutes les mesures nécessaires pour que vous soyez décapitée mercredi prochain.'' La malade lui répond: ''C'est parfait!''

La seule défense que je peux accepter de la part des médecins qui pratiquent aujourd'hui, est l'augmentation continuelle des primes d'assurance-responsabilité professionnelle, dûe au nombre effarant de poursuites pour incurie professionnelle, sans oublier les dommages-intérêts de quelques millions de dollars qui les accompagnent habituellement. En conséquence, beaucoup de membres du corps médical pratiquent une médecine ''défensive'', ils font passer des batteries de tests, écrivent une grande quantité d'ordonnances, puisqu'ils craignent que le fait d'omettre une seule possibilité dans leur diagnostic ou leur traitement, finisse par des poursuites judiciaires. Je les comprends bien et je reconnais qu'il y a là un grave problème. Tout ce que je demande aux médecins, c'est d'essayer de comprendre, à leur tour, ce que *nous* ressentons lors d'une consultation médicale.

Nous sommes effrayés, vulnérables, seuls, confiants, en quête d'une réponse de la part de quelqu'un que nous considérons comme une idole (et qui est souvent convaincu lui aussi qu'il en est une), virtuellement malades ou souffrant d'une maladie qui peut s'avérer mortelle si nous n'acceptons pas d'y remédier immédiatement, à l'instant même! À des moments pareils, qu'est-ce que le chirurgien voudrait nous entendre dire? Quelles sont les réactions qu'il attend de nous?

Il y a certaines choses que nous *devons* apprendre à faire. Selon le docteur Mendelsohn: ''Évitez de renforcer le sentiment d'omnipotence qu'éprouve votre médecin; ne le laissez pas vous traiter avec condescendance ni vous intimider et surtout, ne l'encouragez pas à le faire. Soyez sur vos gardes. Demandez-lui de vous expliquer chaque diagnostic qu'il établit et les raisons pour lesquelles il recommande une opération. Demandez-lui de défendre ses opinions. Obligez-le à vous considérer comme un égal; vous méritez qu'il vous respecte au moins autant que vous le respectez!''

Et s'il recommande une intervention chirurgicale? N'hésitez pas à demander l'avis d'un autre médecin. Le docteur Mendelsohn vous recommande de prendre l'avion et d'aller dans une autre ville, consulter un médecin qui n'a aucun contact avec le vôtre. Expliquez-lui bien que vous ne retiendrez pas *ses* services pour une opération, peu importe son diagnostic. Si vous n'êtes pas encore convaincu, demandez l'avis d'un *troisième* médecin. Ne vous laissez pas pousser dans le dos.

Il y a quelques jours, j'ai lu une épitaphe rédigée par Matthew Prior au début du dix-huitième siècle. À une époque où la chirurgie est en plein essor, elle reste au goût du jour: ''Hier, on m'a guéri de ma maladie; la nuit dernière, je suis mort de la main de mon médecin.''

Les hôpitaux peuvent être dangereux pour la santé

Lois Gould a écrit un roman intitulé *Such Good Friends*, dans lequel le mari de l'héroïne devait aller à l'hôpital pour y subir une opération bénigne, l'ablation d'une verrue. Il est mort sur la table d'opération ''à la suite de complications''. Ces mots décrivent ces imprévus dont le nombre a semblé *augmenter* au lieu de diminuer au cours des dernières décennies. Cette expression est merveilleusement fluide, elle coule bien, fait bon effet et nous donne l'impression d'être instruits et bien informés. C'est une réaction ''iatrogénique''; ce mot est si beau, si superbe que j'aimerais qu'il ne décrive pas une situation aussi horrible, soit les maladies et les complications qui peuvent résulter d'opérations ou de traitements recommandés pour une maladie totalement différente. La situation décrite par Lois Gould comporte justement une réaction iatrogénique. Les milieux hospitaliers, inventeurs du ''babil médical'', qualifieraient une infection iatrogénique de ''nosocomiale'' (ayant rapport avec l'hôpital), un autre candidat possible à examiner dans le chapitre consacré au langage du futur.

Le docteur Mendelsohn ajoute :''Les hôpitaux *ont l'air* terriblement aseptisés. Pourtant, ils sont infestés de tant de germes que 5% des patients qui séjournent à l'hôpital, contractent des infections dont ils n'avaient pas le moindre symptôme avant leur admission. Dans de tels cas, les séjours sont prolongés de sept jours en moyenne.''

Une étude menée dans un hôpital a démontré que 36 patients sur les 2,500 qui y avaient été admis pour subir une opération, ont souffert de complications de gravité variable, toutes dûes à des erreurs du médecin. Parmi ces 36 patients, 20 sont décédés; 11 de ces morts ont été directement imputées à une erreur du médecin. Chez les survivants, on en compte cinq dont la santé a été sérieusement détériorée, ce qui aurait pu être facilement évité. Un article du *Wall Street Journal* est arrivé à la conclusion que ''la plupart des complications sont dûes à des erreurs de jugement de la part du chirurgien. Ces problèmes comprennent évidemment le fait d'établir des diagnostics erronés, de retarder indûment une opération nécessaire et urgente, de pratiquer une opération inutile ou trop importante, ainsi que de ne pas tenir compte de certains signes indiquant des troubles de l'organisme, à cause d'un optimisme mal dirigé de la part du chirurgien, ou d'une confiance exagérée en lui-même.''

On ne doit pas sous-estimer les dangers qui guettent ceux d'entre nous qui viennent d'atteindre l'âge mûr et qui feront bientôt partie des groupes les plus âgés de notre société lorsqu'ils sont hospitalisés. Étant donné le nombre croissant de maladies chroniques et la tendance du corps médical à proposer des solutions drastiques, allant des fortes doses de médicaments à des opérations majeures, les risques que comportent un séjour à l'hôpital, peu importe sa durée, sont loin d'être minimes.

Le National Institute on Aging a rédigé un rapport sur une étude menée par le Boston University School of Medicine[1] qui a démontré que *plus du tiers* des 815 patients étudiés (soit 290) ont souffert de complications découlant directement de leur hospitalisation. Soixante-seize d'entre eux ont présenté plus d'une complication sérieuse. Les réactions iatrogéniques ont contribué à la mort de 15 d'entre eux. Les médicaments ont causé 208 réactions iatrogéniques, des incidents au cours de l'établissement du diagnostic en ont causé 45 et les chutes, 35. Le rapport déclare ensuite: ''Les fiches des patients constituent un autre problème. . . On néglige souvent d'y faire des observations concernant des réactions iatrogéniques importantes ou même d'en faire mention!''

Remarquez, si vous le voulez bien, le nombre le plus élevé parmi l'énumération qui précède. Je vais maintenant vous présenter l'associé de la médecine, les compagnies pharmaceutiques.

---

[1] École de médecine de l'Université de Boston

Ces drogués d'un certain âge

Voltaire a écrit: ''Les médecins prodiguent des médicaments qui leur sont presque inconnus pour soigner des maladies qu'ils connaissent encore moins et dont souffrent des êtres dont ils ignorent tout.'' Puisque les Américains de plus de 50 ans ingurgitent plus de 25% de tous les médicaments prescrits par les médecins (en plus de tous ceux qui ne le sont pas) et, en particulier, parce que les maladies chroniques accompagnent généralement notre espérance de vie plus élevée, nous nous devons de nous intéresser aux médicaments.

Nous avons atteint un point où les malades ainsi que les médecins s'attendent à ce qu'il y ait ''un médicament pour chaque maladie''. Si nous souffrons de plus d'une maladie, qu'elles soient réelles ou imaginaires, nous mélangeons nos pilules, même si elles ont été prescrites par différents médecins qui ignoraient tout des ordonnances faites par les autres!

''À quelle réaction doit-on s'attendre lorsqu'on prend deux médicaments qui sont incompatibles? Ou deux médicaments en même temps que des aliments? Sont-ils compatibles avec le jus d'orange? Avec des boissons alcoolisées?'' Je suis allé visiter l'hôpital St. Barnabas dans le Bronx. J'y avais déjà tourné deux films quelques années auparavant et l'un d'eux portait sur les maladies chroniques et sur la vieillesse. Je dînais avec le docteur Manny Riklan et Janet Beard, directrice de Braker Home. ''Je ne suis pas sûre que les médecins connaissent les réponses. Je suis loin d'être convaincue qu'ils prennent le temps de lire la documentation qui s'y rapporte; d'ailleurs, elle ne comporte que des données pharmaceutiques; rien au point de vue pharmacologique.''

Les médecins doivent choisir parmi un flot ininterrompu de nouveaux médicaments qui font leur apparition sur le marché en tant que panacées pour guérir l'hypertension, le diabète, le glaucome, l'arthrite, les maladies cardiaques, le cancer, les troubles digestifs et toutes les autres maladies qui peuvent nous frapper en vieillissant. À une certaine époque, une crise cardiaque nous expédiait tout de suite dans l'autre monde; aujourd'hui, les médicaments nous permettent de rester actifs et bien en vie pendant vingt ans et parfois plus, après une crise cardiaque.

Les connaissances que le médecin possède sur les médicaments lui sont fournies en grande partie par les représentants des compagnies pharmaceutiques. En effet, très peu de médecins ont le temps de lire la documentation qui accompagne le flot d'échantillons déversé dans leur bureau chaque jour. Cette corne d'abondance ne contient-elle vraiment que des remèdes miraculeux?

Nous *présumons* que le médecin nous rédigera une ordonnance avant que nous quittions son cabinet. On lui a appris à l'école de médecine qu'il devait absolument nous donner quelque chose à emporter. Parfois, un petit jeton avec des inscriptions en latin auraient autant de valeur que les fameuses ordonnances. Il arrive trop souvent qu'un médecin prescrive en toute confiance des médicaments qu'il ne connaît pas bien, et qu'il n'explique pas à son patient quels peuvent être leurs effets secondaires.

J'ai déjà mentionné que notre ex-médecin de famille avait recommandé à mon épouse de donner de la thorazine à sa mère malade et assez âgée et qu'elle lui avait demandé quels seraient les effets secondaires. Plein de sagesse, il lui avait répondu "qu'il était préférable qu'elle n'en sache rien". Elle s'est rendue immédiatement à la pharmacie pour y consulter des ouvrages de référence. Elle fut horrifiée de constater que ce médicament entraînait des effets secondaires virtuellement plus graves que les symptômes de la maladie pour laquelle il avait été prescrit. On expérimente la plupart des médicaments sur des jeunes personnes ou sur des gens d'âge mûr, et mon épouse avait la forte impression que les doses prescrites par le médecin étaient beaucoup trop fortes pour une vieille femme malade et frêle, ne pesant que 85 lb. Elle décida de réduire les doses. J'avais presque oublié la thorazine quand j'ai découvert dans le livre du docteur Mendelsohn une histoire vraiment incroyable, pareille à l'histoire classique de "la poule et de l'oeuf".

On prescrit la thorazine pour traiter les troubles psychiques tels que l'agitation, l'anxiété excessive et la tension. Cependant, certains des effets secondaires qu'elle provoque ressemblent aux symptômes de la maladie de Parkinson. Quand ils apparaissent, le médecin prescrit de l'artane qui a ses propres effets secondaires:

> *Étourdissements, nausées, troubles psychotiques, illusions, hallucinations, confusion mentale, agitation et perturbation du comportement.*

Évidemment, quand quelqu'un fait part de *ces* effets secondaires au médecin, ce dernier s'empresse de prescrire un médicament des-

142

tiné à les faire disparaître: la thorazine!

Nous sommes encore vulnérables. Même les médecins ne connaissent pas bien les incompatibilités entre les médicaments ni les effets secondaires qui peuvent apparaître. De plus, les compagnies pharmaceutiques sont évidemment des entreprises à but lucratif. Plus elles vendent de leurs produits, plus elles font de profits. Les médicaments ont tous été expérimentés et approuvés par le Food and Drug Administration[1], bien sûr. Les compagnies pharmaceutiques investissent des millions de dollars dans la recherche et dépensent d'autres millions en publicité et en promotion, afin de faire pénétrer leurs produits dans les cabinets de médecins trop occupés pour en étudier les effets. La thalidomide avait été expérimentée. On reconnaît maintenant que le DES (diéthylstilbestrol) peut causer le cancer du vagin chez les filles des femmes de notre génération qui ont pris ce remède pendant leur grossesse. On sait maintenant que le bendictin, un médicament destiné à soulager des nausées matinales et supposément bien étudié et expérimenté à fond, est responsable des mêmes malformations congénitales que celles que causait la thalidomide.

En vieillissant, on réalise que les histoires d'horreur se multiplient. Il est tellement courant que les gens âgés soient mal renseignés sur les médicaments qu'ils prennent, ou qu'ils en fassent un usage abusif, que ces cas ne sont plus des exceptions, mais bien la règle générale. On entend même raconter que les personnes du troisième âge s'échangent leurs pilules. Le nombre de gens qui doivent être hospitalisés d'urgence parce qu'ils ont absorbé des quantités mortelles de médicaments, augmente à mesure que la population vieillit. Les consommateurs de 50 ans et plus représentent le plus gros marché pour les médicaments en vente libre. Nous achetons 60% de tous les analgésiques qui suppriment les douleurs arthritiques ou rhumatismales, 45% des laxatifs et 25% de tous les médicaments délivrés sans ordonnance, ce qui représente un marché de 1,3 milliards de dollars! Beaucoup de médicaments en vente libre produisent des effets secondaires nuisibles quand ils sont pris seuls ou en même temps que des remèdes prescrits par un médecin.

Par exemple, un coup d'oeil rapide au livre intitulé *Nonprescription Drugs* publié par les éditeurs de *Consumer Guide* (Beekman House, New York, 1979) est suffisant pour vous faire réfléchir. Je

---

[1] Organisme américain presque équivalent à Santé et Bien-Être Social Canada

143

flânais dans une librairie et je me suis mis à le feuilleter. J'ai lu ce qu'on y disait au sujet du Chlor-Trimeton, un décongestionnant qui soulage l'allergie et le rhume, en vente libre et fabriqué par la Schering Corporation. En plus d'être contre-indiqué pour les personnes qui souffrent d'un ulcère peptique, du glaucome, de maladies cardiaques ou rénales, entre autres, les effets secondaires possibles de ce médicament comprennent une augmentation de la pression artérielle, la nervosité, l'anxiété, l'agitation, l'insomnie, des tremblements, des étourdissements, des maux de tête, une sudation excessive, des nausées, des vomissements, un manque d'appétit, des palpitations, des douleurs à la poitrine, une miction douloureuse ou difficile, une vision embrouillée, la confusion, la constipation et des démangeaisons. C'est impressionnant de la part d'un médicament en vente libre! Je me demande quelles bombes à retardement contiennent les remèdes que nous prescrivent les médecins.

Il y a quelque temps, en pleine canicule, les journaux ont rapporté un cas tragique. Trois patients d'un hôpital psychiatrique sont morts parce qu'ils avaient été exposés à des températures dépassant 35°C et à des degrés d'humidité trop élevés. Les patients étaient confinés dans une salle sans air climatisé et où les fenêtres étaient à peine entrouvertes. Ils prenaient tous les trois des médicaments antipsychotiques. Quels en étaient les effets secondaires? Ils diminuaient la résistance des patients aux chaleurs extrêmes.

Janet Beard explique aussi: ''Il y a un autre problème chez les gens âgés. Regardez dans leur armoire à pharmacie. Vous y découvrirez des médicaments périmés, des médicaments prescrits par un médecin, certains prescrits par un autre. Le médecin A ne sait pas ce qu'a prescrit le médecin B. Nous appelons ces gens des ''collectionneurs de médicaments''. Nous essayons de leur faire comprendre qu'ils ne doivent laisser qu'à *une seule* personne le soin de s'occuper de leur santé.''

Chaque médicament qui fait partie de votre pharmacie, peut fort bien être sans dangers et efficace, s'il est utilisé dans les conditions particulières pour lesquelles il a été prescrit. Pourtant, la ''polypharmacie'' que contient votre armoire peut être dangereuse si vous prenez en même temps plusieurs médicaments ou si vous n'êtes pas habitués aux effets secondaires possibles. De plus, la plupart des tranquillisants prescrits volontiers par les médecins, peuvent très bien créer une dépendance. Lorsque vous déciderez finalement que vous n'avez plus besoin de Miltown ou de Valium, le sevrage sera si pénible qu'il vous sera presque impossible de renoncer à cette drogue. Avant de condamner l'héroïne et la marijuana, vous seriez bien avisés d'examiner d'un oeil critique, les rangées de bouteilles et de flacons contenant les drogues de ''l'establishment'' qui garnissent les rayons de votre armoire à pharmacie.

Que pouvons-nous donc faire? La réponse est à la fois simple et complexe. Nous devons apprendre à nous protéger contre les médicaments prescrits trop rapidement et trop facilement par nos médecins (encouragés par les nombreuses promotions faites par les fabricants de produits pharmaceutiques). Le meilleur moyen est d'acquérir le plus de connaissances possible au sujet des produits que le médecin essaie de nous refiler. Vous ne devez pas supposer qu'il sera facile d'obtenir la coopération de votre médecin. S'il ressemble aux autres, il considérera que le simple fait d'aborder cette question équivaut à une hérésie. Soyez fermes. Insistez pour qu'il réponde à toutes vos questions. S'il refuse, il ne vous restera plus qu'à vous chercher un autre médecin.

Demandez à votre médecin quels peuvent être les effets secondaires des médicaments qu'il vous a prescrits. Y a-t-il des contre-indications ou des avertissements concernant certaines réactions ou certaines interactions que vous devriez connaître?

Mentionnez à votre médecin tous les autres remèdes que vous prenez et les raisons pour lesquelles vous les prenez, sans oublier les médicaments en vente libre, les laxatifs et les vitamines.

Essayez de prendre en note tout ce que le médecin vous dit au sujet de ce qu'il vous a prescrit. La plupart des gens sont si tendus lors d'une consultation, qu'ils ont tendance à oublier certaines recommandations. Certains croient que tout sera indiqué clairement sur le flacon. Doit-on prendre la pilule rose à jeûn, après un repas ou avant le coucher? Doit-on éviter de conduire une automobile après avoir pris la dose prescrite?

Le médecin prescrit-il la plus petite dose possible? Je n'ai jamais pu comprendre comment on pouvait donner à une femme de 50 kg, les mêmes doses de médicaments qu'à un homme de 100 kg.

Si vous ressentez des effets secondaires, parlez-en immédiatement au médecin. S'il essaie de vous prescrire un médicament qui éliminera ces effets secondaires, je vous conseille de lui poser certaines questions de la plus haute importance!

Il ne me reste qu'à aborder ici un dernier aspect de l'industrie des médicaments: l'aspect financier. Les compagnies de produits pharmaceutiques voudraient bien que les gens n'utilisent que des produits portant leur marque de fabrique et elles font tout ce qui est en leur pouvoir pour inciter les médecins à prescrire Miltown (par exemple) plutôt que le médicament générique, le méprobamate. Les deux médicaments sont identiques, mais les marques de commerce coûtent cher et constituent un gaspillage dans la majorité des cas. Il y a évidemment des cas où l'usage d'un médicament particulier est recommandé à cause des réactions du patient ou du dosage précis contenu dans une marque bien déterminée. Pourtant, une étude menée à New York a démontré que la grande majorité des médicaments portant une marque de fabrique bien précise, qui étaient prescrits, étaient des analgésiques, des tranquillisants, des antihistaminiques, des antibiotiques et des remèdes amaigrissants très courants. Chaque année, les New-Yorkais malades paient plus de dix millions de dollars en trop, pour le seul privilège d'utiliser une marque connue.

Le président de l'ordre des médecins de cet état a immédiatement fait connaître son opinion sur ce rapport. Sa réponse fut typique. Il s'est opposé formellement à l'idée d'utiliser des médicaments génériques; il a déclaré que les marques de commerce permettaient au médecin ''d'utiliser des techniques essentielles fondées sur ses expériences. . . et de mieux prévoir les réactions du patient'' puisqu'il prescrit ''des médicaments qu'il connaît parfaitement''. J'aimerais pouvoir croire ce qu'il a dit, surtout la dernière partie de son affirmation. Malheureusement, il semble que ça n'est pas toujours le cas et qu'il serait opportun de demander à votre médecin quel médicament générique peut remplacer celui qu'il vous a prescrit et d'en discuter par la suite avec votre pharmacien.

Selon Sir William Osler, le premier devoir d'un médecin est ''d'enseigner aux masses qu'il ne faut pas prendre de remèdes''. Idéalement, nous devrions tous suivre ce conseil. À défaut de quoi, il est toujours possible de modifier légèrement la réponse que notre ex-médecin de famille a faite à mon épouse: ''Il est préférable que *vous soyez* au courant!''

Comment choisir son médecin

Nous avons malgré tout besoin de nos médecins et même de nos chirurgiens. Même les plus sévères critiques de la médecine moderne n'oseraient pas suggérer qu'il serait préférable de pratiquer la médecine comme au siècle dernier, du moins pas du point de vue de la technologie. (Sans aucun doute, la compassion et les visites à domicile renaîtraient.) Mais, on a investi toute l'énergie disponible dans le traitement des malades plutôt que dans le maintien d'une bonne santé; dans le développement de services hospitaliers complexes et coûteux plutôt que dans l'avancement des sciences de l'alimentation et de la prévention des maladies; les patients et les médecins sont donc emprisonnés aujourd'hui dans un tourbillon de soins médicaux impersonnels et inflationnistes et nous continuons à dépendre de nos médecins plutôt que de prendre notre santé en main.

Il est *impératif* de consulter un médecin lorsqu'on souffre d'une maladie grave. Pourtant, il arrive fréquemment que seuls des choix insuffisants ou insatisfaisants se présentent à nous. Pour nous, les gens d'âge mûr, il est inconcevable qu'il nous soit impossible d'avoir recours à une aide médicale alors que nous en avons désespérément besoin. Certains d'entre nous ressentent donc de la colère, de l'hostilité et même de la peur devant les membres d'une profession qu'on nous a appris à admirer, à respecter et à ne jamais remettre en question.

Avant d'acheter une automobile, nous courons les magasins. Nous examinons soigneusement les moindres détails concernant ses performances, son apparence et sa durabilité. Avant d'acheter votre réfrigérateur, vous avez consulté les résultats d'enquêtes menées par différents organismes de protection du consommateur et vous avez sûrement interrogé vos voisins, vos parents et vos amis. Si votre comptable commet une grave erreur dans votre déclaration d'impôt, vous envisagerez sérieusement de changer de comptable. Et si votre épicier vous traitait avec aussi peu de chaleur humaine que vous traite votre médecin, vous essayeriez de trouver un autre épicier dans le quartier. Alors, pourquoi acceptons-nous que les membres de la profession médicale nous traitent d'une manière que nous ne tolérerions jamais de la part de quelqu'un d'autre, alors que notre santé et parfois notre vie sont en jeu? En premier lieu, examinons nos médecins d'un oeil sévère et réaliste en nous rappelant un dicton que mon épouse adore citer: ''Rappelez-vous bien que 50% de tous les médecins faisaient partie de la seconde moitié de leur classe!'' Nous devons apporter autant de soins et d'attention au choix d'un médecin qu'au choix d'une nouvelle automobile.

Je veux que mon médecin puisse faire la distinction entre mon âge chronologique et ma condition physique. Je ne suis pas plus sujet à la douleur et aux maux que je ne l'étais il y a 10 ou 20 ans. Je ne suis ni plus fou, ni plus sénile que je ne l'étais, et la plupart de mes contemporains ne le sont pas non plus. À vrai dire, j'étais probablement plus fou à 17 ans que je ne le suis aujourd'hui.

Je veux que mon médecin soit ouvert aux idées nouvelles. Le monde de la médecine se ferme trop rapidement dès qu'on aborde une idée qui va à l'encontre de ses préceptes ou qui menace son statut. Le pauvre docteur Ignaz Semmelweis a eu un mal fou à convaincre ses collègues que les infections post-partum étaient dûes au fait qu'ils ne se lavaient pas les mains avant un accouchement. La médecine n'a pas beaucoup changé depuis. Je veux que mon médecin de famille soit d'accord avec le concept global de la médecine qui précise que je suis un être humain complet qui souffre d'une maladie quelconque. À l'hôpital, je suis vraiment froissé lorsque quelqu'un me désigne sous le nom de ''vésicule biliaire'' ou sous le nom d'''hernie'', comme tant de médecins semblent le faire. Lorsque je veux connaître l'avis de mon médecin sur la chiropractie, j'aimerais qu'il ait la courtoisie de m'écouter et d'envisager une possibilité de guérison sans remèdes ni chirurgie, plutôt que de le voir écarter cette possibilité avec un soupir résigné ou avec une affirmation pleine de hargne: ''Ce sont tous des charlatans!''

J'aimerais qu'il réagisse de la même façon et qu'il adopte la même attitude favorable quand je lui demande son avis sur l'acupuncture, le biofeedback, la méthode Feldenkrais ou la technique de Jacobson, le rolfing, le shiatsu, le yoga, la gestalt et l'homéopathie.

Si l'on doit envisager une opération qui comporte des mutilations assez sérieuses ou qui doit me sauver la vie, il faut absolument que mon médecin soit ouvert aux nouvelles thérapies, aux nouvelles techniques et aux nouvelles approches. Si j'étais une femme d'âge mûr et que je découvrais un beau matin une petite bosse à un de mes seins, je voudrais sûrement en savoir plus sur les différents traitements qui existent. Pendant longtemps, la seule solution que proposaient les chirurgiens pour remédier au cancer du sein était la mamectomie, même si l'on avait mis au point de nouvelles techniques moins radicales. J'étais dans le cabinet d'un chirurgien quand il a déclaré à une patiente qu'elle devait être hospitalisée immédiatement et qu'elle devait subir le plus tôt possible une intervention chirurgicale pour enlever la petite bosse qu'elle avait dans l'un de ses seins. Quand elle a interrogé le chirurgien au sujet des autres possibilités qui s'offraient à elle et ce qui risquait d'arriver si elle ne subissait pas d'opération, il lui demanda d'un ton condescendant et presque hostile: ''Est-ce que j'ai bien entendu?'' La patiente est sortie en claquant les portes et n'a jamais remis les pieds dans son cabinet. Finalement, la chirurgie qu'il lui avait recommandée s'est avérée inutile.

Le médecin n'est pas toujours seul à avoir l'esprit fermé aux idées nouvelles; parfois, le corps médical au complet s'y oppose. Lors du tournage du film qui m'a valu d'être mis en nomination pour un Academy Award, *To Live Again* (1963), j'ai eu le plaisir et l'honneur de travailler avec un brillant neuro-chirurgien, le docteur Irving Cooper de l'hôpital St. Barnabas situé dans le Bronx, à New York. À cette époque, il était encore très jeune homme, mais il venait de mettre au point une technique remarquable, grâce à laquelle il parvenait à soulager ses patients des symptômes de la maladie de Parkinson. Cette technique, la cryochirurgie, consistait à introduire une sonde dans le thalamus et à abaisser ensuite la température de cette région du cerveau sous le point de congélation, afin d'éliminer les tremblements ou la rigidité dystonique qui rendent infirme le malade, et qui finissent par le détruire complètement.

Je l'ai regardé exécuter opération sur opération et j'ai toujours admiré les résultats: les tremblements s'arrêtent. Le patient, encore étendu sur la table d'opération, peut bouger les doigts et les mains. J'étais convaincu que tous les membres de la profession médicale l'acclameraient à l'unisson, mais rien de tout cela n'est arrivé! Par malheur, le docteur Cooper était trop ''jeune''. Par le passé, ceux qui avaient essayé de réussir des opérations semblables, avaient échoué lamentablement, soit en paralysant leurs patients, soit en les tuant. Même si le docteur Cooper avait réussi plus de 6,000 opérations, certains médecins ont cru pendant longtemps (du moins jusqu'en 1980) qu'il n'était qu'un charlatan, qu'il hypnotisait ses patients et peut-être même qu'il était un sorcier (en tout cas, c'est ce que j'imagine). Il a écrit dernièrement un livre intitulé *The Vital Probe* (Norton, New York, 1981) dans lequel il raconte avec beaucoup de sensibilité sa vie de médecin. Je le recommande à tous ceux qui croient que j'exagère lorsque j'accuse avec tant de violence le monde de la médecine d'être rigide, inflexible et fermé aux idées nouvelles.

Je veux que mon médecin réponde à mes questions. Je ne veux pas qu'il les évite en disant: ''Est-ce que j'ai bien entendu?'' ou ''Il est préférable que vous n'en sachiez rien''. Je ne veux pas qu'il me manque de respect, ni qu'il me traite avec condescendance. J'exige qu'il me réponde d'une manière honnête et responsable. Je veux qu'il *prenne le temps* de discuter et de répondre à toutes mes questions. Je sais que ''le temps, c'est de l'argent'', mais pour moi, ma santé passe en premier, et il devrait en être de même pour mon médecin.

Je veux que mon médecin use d'une prudence excessive lorsqu'il recommande un traitement. Lorsqu'il est tout à fait indiqué de recourir à des mesures sérieuses, surtout dans un domaine tel que celui de la chirurgie, il faut prendre le temps de discuter, d'examiner la situation et de prendre une décision. Je veux que mon médecin hésite longtemps avant de me recommander une intervention chirurgicale, des médicaments ou une série interminable d'examens. Lors d'une enquête récente, on a constaté que près de la moitié des infirmières étaient entièrement convaincues que de 30 à 50% des opérations sont inutiles et que jusqu'à 50% des séjours à l'hôpital ne sont pas nécessaires. Il me déplairait au plus haut point de devenir une de ces statistiques. L'été, à Fire Island, nous avons un médecin merveilleux qui m'est très sympathique, le docteur Bob Furie. Un de mes amis ne se sentait pas bien depuis près d'une semaine. Le docteur Furie lui a déclaré qu'il l'observerait quelques jours et que, pendant ce temps, il le traiterait avec la ''négligence la plus complète''. Ce traitement s'est avéré efficace, même si on ne l'enseigne pas à l'école de médecine.

Je veux que mon médecin apprécie à sa juste valeur l'opinion d'un autre médecin. Que je veuille parfois connaître l'opinion d'un autre médecin au sujet d'une maladie plus grave que la grippe asiatique, est loin de signifier que je n'ai pas confiance en mon médecin de famille. J'apprécierais même qu'il me suggère *lui-même* de consulter un autre médecin qui confirmerait ou réfuterait son propre diagnostic. Comme je l'ai déjà précisé, si vous allez consulter un deuxième médecin, n'oubliez pas de lui dire *que vous ne retiendrez pas ses services* par la suite.

À une époque particulièrement difficile pour ma famille (médicalement parlant), j'ai lu un livre très intéressant écrit par Rose Kushner, *Why Me?* (Harcourt, Brace, Jovanovich, New York, 1975), dans lequel elle raconte son combat contre un cancer du sein. Au cours des quelques semaines qui ont suivi, je lui ai souvent téléphoné. Le soutien qu'elle m'a apporté m'a beaucoup aidé à traverser cette période éprouvante. Elle conseille fortement aux femmes de subir une biopsie en deux étapes et de ne jamais entrer dans la salle d'opération sans savoir dans quel état elles en ressortiront. Dans les milieux médicaux, de plus en plus de gens partagent son opinion.

Elle insiste sur le fait qu'il est très important que la patiente consulte un autre médecin et qu'elle comprenne qu'*elle a le temps* de le faire; elle ne doit surtout pas se laisser entraîner à toute vitesse vers une opération qui risque de la détruire moralement et physiquement. Devant un groupe de femmes rassemblées à Miami, elle a prononcé un discours où elle faisait une analogie puissante et sans détour (à son image): ''Si vous aviez la chance de posséder une Rolls Royce de 50,000 $ et que le moteur se mettait à cogner un peu, iriez-vous voir le premier garagiste venu? Accepteriez-vous son devis estimatif, en particulier s'il vous demandait 10,000 $ pour les réparations, tout en vous avertissant qu'il ne pourrait même pas vous offrir une garantie de six mois? Sûrement pas! Vous essayeriez de changer de mécanicien. Vous devriez traiter votre corps de la même façon!''

Je veux que mon médecin évite autant que possible de me faire hospitaliser. Lorsque je suis malade, je veux être près de ceux que j'aime et qui m'aiment. Je veux qu'on me dorlote et qu'on me fasse de la soupe au poulet quand j'en manifeste le besoin. Je me sens beaucoup mieux à la maison. Pourtant, la médecine moderne m'expédie à l'hôpital pour toutes sortes de raisons, que ce soit en dernier recours ou non. Trop de médecins choisissent d'envoyer à l'hôpital des gens en phase terminale d'une quelconque maladie, alors que ces gens seraient bien mieux chez eux. C'est le conflit séculaire qui existe entre la philosophie humanitaire et la pratique de la médecine. Tous les membres de la profession médicale s'opposent violemment à ce qu'un enfant naisse à la maison, tout comme ils tiennent mordicus à ce que nous mourions seuls, abandonnés, isolés dans une chambre d'hôpital. Cette attitude change lentement, grâce uniquement aux pressions qu'exercent les patients et leur famille.

Je veux surtout que mon médecin soit un adepte de la prévention. Je veux que mon médecin m'aime bien sans qu'il tienne pour autant à me voir souvent. Je veux qu'il croie, tout comme moi, que *je joue un rôle important* en prévention médicale. S'il m'arrive d'avoir réellement besoin de lui, je veux qu'il soit disponible et prêt à me recevoir. Je veux qu'il sache que je n'aurai recours à ses services, que lorsque ce sera absolument indispensable.

Les médecins prennent de plus en plus conscience de ces faits et c'est peut-être un bon pas vers un changement d'attitude. Un spécialiste en économie a déclaré, lors d'une réunion de l'American Society of Internal Medicine, que beaucoup de patients se demandaient qui était responsable de leur état de santé et qu'ils finissaient par se rendre compte, que cette responsabilité leur incombait ''à eux'', beaucoup plus qu'à leur médecin. Si les malades s'occupaient plus de leur alimentation et s'ils faisaient plus d'exercice, les médecins risqueraient de perdre une bonne partie de leurs revenus. En effet, de moins en moins de gens auraient besoin de soins médicaux. Les médecins survivraient cependant, d'une façon ou d'une autre, à cette nouvelle indépendance!

J'ai lu dans la revue *Pediatric News*, un article dans lequel un psychologue recommandait aux médecins de faire remplir un questionnaire par leurs patients, au moins une fois par année. ''Ces questionnaires facilitent la mise à jour des dossiers. C'est aussi un moyen fantastique d'établir une bonne relation avec ses patients; ces derniers y voient un message très important: nous nous intéressons à vous.''

Du moins, je l'espère de tout coeur.

Bien manger pour être en santé
ou plutôt prévenir que guérir

Mon père a été blessé trois fois durant la Première Guerre mondiale. Une de ses blessures était très grave; la gangrène avait commencé à infecter sa jambe blessée. Un matin, un médecin est venu le voir et lui a donné un papier à signer.

Mon père, qui n'avait que 19 ans à l'époque, lui demanda pourquoi.

Le médecin lui répondit négligemment: ''Nous devons amputer votre jambe si nous voulons vous sauver la vie.''

— Non. Je suis né avec deux jambes et j'entends mourir avec mes deux jambes, lui répondit mon père en lui redonnant son papier.

La gangrène est finalement disparue et mon père a survécu. Il refusa durant *60 ans* de consulter un médecin. ''J'aime pas les médecins. Je ne leur fais pas confiance'', me répondait-il chaque fois que j'essayais de le convaincre qu'il était important de se faire soigner, même pour les maladies les plus bénignes. Il continuait cependant à se porter bien.

Il y a quelques années, il s'est blessé au poignet en travaillant. Voyant qu'il souffrait encore quelques jours plus tard, j'ai essayé de le convaincre qu'il était possible que son poignet soit légèrement cassé, ce qui était effectivement le cas. Réticent, il m'a accompagné chez mon médecin. En prenant note de ses antécédents, celui-ci lui a demandé:

''Quand avez-vous vu un médecin pour la dernière fois?''

— En 1918.

— Et vous ne vous en portez pas plus mal pour autant!, lui sourit le médecin.

Nous sommes les premiers responsables de notre santé et de notre bien-être et nous pouvons prendre seuls les décisions qui s'imposent. Nous découvrons petit à petit que le bon sens est souvent plus efficace que les nouvelles technologies et que les techniques médicales les plus perfectionnées. Le corps médical américain n'arrête pas de se faire des éloges. Pourtant les enfants qui naissent au Danemark, au Japon, en Belgique, aux Pays-Bas, en Suisse, en Finlande et même à Singapour sont plus en sécurité que ceux qui naissent aux États-Unis. Les statistiques relatives à l'espérance de vie de 14 pays, sont plus favorables que celles des États-Unis, en dépit de toute l'admiration qu'a la médecine américaine moderne pour ses fantastiques réalisations. L'espérance de vie actuelle d'un homme de 45 ans n'est supérieure que de trois ou quatre ans à celle des hommes qui vivaient dans les années 1900. À cette époque, les remèdes miracles et les merveilles de la chirurgie n'existaient pas! (Les plus grandes réalisations de la médecine moderne ont été effectuées dans le domaine des maladies infantiles, ce qui permet *à plus de gens* de vivre plus longtemps.)

Les médecins ne peuvent nous inculquer les bonnes habitudes qui maintiennent en santé. C'est à *nous* de contrôler notre poids, de faire des exercices régulièrement, de bien nous nourrir, d'éviter le tabac et les excès d'alcool. L'an dernier, l'AMA suggérait de laisser tomber les examens de routine annuels. Le docteur Mendelsohn a même été plus loin. Selon lui: ''On devrait pouvoir lire sur la porte des cabinets de médecin que les examens de routine annuels sont dangereux pour la santé. Beaucoup d'études effectuées au cours des dix dernières années ont prouvé que ce n'était qu'une perte de temps et d'argent.''

Les groupes de chercheurs du monde entier découvrent peu à peu que beaucoup de maladies de la vieillesse sont causées par une alimentation inadéquate. L'ostéroporose, ou fragilité anormale des os, est une grave maladie dont souffrent beaucoup de femmes âgées. Elle est la cause d'environ 200,000 fractures de la hanche par année. Des chercheurs de la Nouvelle-Zélande ont découvert qu'un régime pauvre en calcium mais riche en sel pouvait favoriser l'apparition de cette maladie. Le National Institute on Aging a publié un rapport qui indiquait qu'un régime équilibré comportant une quantité suffisante de calcium et de vitamines, des exercices réguliers et le fait d'éviter le tabac et les excès d'alcool contribuaient à *empêcher* l'apparition de l'ostéroporose.

Certains membres de la profession médicale commencent à penser en termes de *bien-être* et de *santé* plutôt qu'en termes de maladie. Le Gerontology Research Center du National Institute On Aging commence à s'intéresser à des domaines tels que l'alimentation des adultes, la gériatrie et les médicaments destinés aux personnes âgées. Ils essaient de rendre obligatoires les cours de gériatrie que dispensent les écoles de médecine. Jusqu'à maintenant, ces cours ont toujours été facultatifs.

Nous entendons parler parfois de programmes novateurs qui rejettent enfin les carcans dans lesquels sont emprisonnés les traitements médicaux. Ces programmes ouvrent de nouvelles possibilités à la médecine préventive. L'hôpital du Mont Sinaï de New York a mis sur pied un programme de quatre millions de dollars destiné à améliorer la *qualité* de la vie des personnes âgées. L'hôpital St. Barnabas du Bronx a établi des centres socio-médicaux satellites. ''Les hôpitaux et le corps médical ont un rôle important à jouer; ils doivent éduquer les gens, les renseigner sur les effets de la cigarette, de la perte de poids, de l'hypertension. Il faut leur montrer comment prendre leur pression sanguine'', me confia le docteur Manny Riklan. Il a ensuite ajouté: ''*Avant* qu'il ne soit trop tard!''

Cinq de ces centres socio-médicaux offrent des services à la population. Dans chacun d'eux on trouve un éducateur qui renseigne les gens sur l'hypertension, sur les aliments qu'il faut manger et sur ceux qu'il faut éviter, sur les exercices physiques, sur la façon de traiter l'arthrite ou le diabète. Le docteur Riklan m'expliqua: ''Nous fonctionnons comme à l'université. Les ''étudiants'' passent des examens et obtiennent un vrai diplôme. Certains de nos médecins-professeurs sont de très jeunes médecins qui veulent se familiariser avec les problèmes de la vieillesse tandis que d'autres sont des médecins semi-retraités. L'un d'entre eux a 73 ans.'' C'est vraiment un nouveau début.

L'une de mes meilleures amies est une fumeuse invétérée typique. Comme la plupart des fumeurs, elle souffre de toute une série de problèmes tels que l'emphysème et de tous ses symptômes allant de la perte de souffle, aux terribles quintes de toux. Et elle continue à fumer après avoir essayé maintes et maintes fois d'arrêter. À l'instar de tous ses amis, j'ai essayé de la convaincre d'arrêter et de l'encourager de toutes les façons possibles, en souriant ou en me mettant en colère. Elle sembla être d'accord avec moi, puis de sa voix la plus charmante, elle me dit: ''J'arrêterais si seulement *mon médecin* pouvait me faire vraiment peur et s'il me disait d'arrêter!''

Pour cette amie que j'aime tant et pour laquelle je me fais beaucoup de soucis, ainsi que pour tous ceux d'entre nous qui ont atteint l'âge mûr, le temps est venu. Le temps est venu d'arrêter de dépendre de nos médecins et d'affronter les choses de la vie (ainsi que les choses de la mort). L'heure est venue d'arrêter de les idolâtrer et de les considérer comme des divinités ou des magiciens qui peuvent nous guérir avec une ordonnance ou un coup de scalpel. Il faut cesser de croire qu'un flot ininterrompu d'argent peut permettre de développer de nouvelles techniques qui nous rendront notre santé. Que ça vous plaise ou non, *nous sommes les seuls* à pouvoir exercer une influence bénéfique sur elle. Que ça vous plaise ou non, c'est maintenant ou jamais.

Chapitre 13
''Bois ton lait! C'est bon pour la santé!'' (Quelques réflexions sur l'alimentation et sur les exercices)

Bien que j'aie l'air vieux, je suis malgré tout fort et vigoureux.

William Shakespeare
Comme il vous plaira

J'ai une confession à vous faire. Je suis un voyeur qui s'adonne à son vice dans les supermarchés. Comme vous, je pousse mon panier dans les allées sans fin, émerveillé par tant d'abondance et tant de variété, incapable de trouver du premier coup ce que je cherche. Lorsque je fais mes courses, je regarde dans les paniers de tous ceux que je rencontre. Je fais mentalement la liste de tout ce qu'ils achètent; j'essaie de deviner quel repas ils ont l'intention de se préparer en rentrant chez eux. J'arrive toujours à la même conclusion: *pour rien au monde je ne voudrais être invité dans l'une de ces maisons.*

Des repas congelés, des boîtes et des boîtes de céréales enrobées de sucre, du pain blanc à la texture semblable à celle de la laine, des lasagnes congelées, du café instantané, des substituts chimiques de produits laitiers, des croustilles, des croustilles de maïs, des boissons gazeuses, des viandes préparées, des sacs de sucre de 5 kg, sans compter tout le gras animal que l'on y retrouve sous forme de boeuf haché, de steak et de bacon. Les paniers débordent de boîtes gaies et colorées dont la plupart sont annoncées à la télévision et dans les magazines destinés aux consommateurs. Les prix sont élevés, évidemment! Il faut bien que quelqu'un paie la préparation, les campagnes publicitaires et les produits chimiques utilisés comme additifs ou comme agents de conservation.

Pour un pays aussi riche que le nôtre et où les gens sont ingénieux et inventifs quand ils sont obligés, il est étonnant que si peu de gens comprennent que nous sommes une nation d'individus obèses et mal nourris, en dépit du fait que nous consommons plus de nourriture per capita que partout ailleurs dans le monde. Les torts sont partagés. On peut blâmer notre ignorance, notre paresse, notre entêtement et surtout notre foi aveugle dans les conseils d'''experts'' qui en savent moins que nous au sujet de l'alimentation.

Ma mère était sans doute un cas typique de toute une génération d'immigrants qui avaient lutté durement et qui étaient bien décidés à ce que leurs enfants ne souffrent jamais de faim dans ce pays d'abondance. Leur progéniture ''bien en chair'' serait la preuve vivante que leurs durs labeurs, leur dévouement et tous leurs sacrifices avaient servi à quelque chose. Enfant, j'étais si maigre que je détestais me montrer en maillot de bain. Sur une vieille photographie toute jaunie et presqu'effacée, prise à la plage quand j'avais 13 ans, on peut compter très exactement les côtes qui garnissent mon corps déguingandé.

Ma maigreur était un supplice pour ma mère. En plus de me répéter sans arrêt: ''Mange'' ou ''Prends-en encore un peu'', elle me citait toujours en exemple un de mes amis obèses nommé Harold. Elle essayait de m'encourager et de m'aider à devenir ce qu'elle rêvait que je sois en me disant: ''Regarde comme Harold est beau! Regarde comment il a l'air en santé!'', tout en me gavant de puddings nappées de crème fraîche, de steaks et de côtelettes d'agneau qui baignent dans le gras de friture, d'oeufs et de bacon, de gâteaux au chocolat et de magnifiques bonbons recouverts de sucre en guise de ''récompense''. Naturellement, elle voulait bien faire et j'ai réussi à survivre (comme tout le monde), malgré les légumes trop cuits et débarrassés de toutes leurs vitamines, les steaks bien cuits et un régime presque entièrement à base de cholestérol, de graisses saturées et de sucre. Pour couronner le tout, ma mère était loin d'être un cordon-bleu. Durant la Seconde Guerre mondiale, j'étais le seul soldat qui ne rêvait *pas* aux "tartes aux pommes de sa mère"!

Les techniques modernes ont finalement pris la relève. Nous avons appris à préparer industriellement les aliments; il est maintenant plus facile de préparer les repas d'une famille occupée. Les réclames publicitaires nous incitent à consommer encore plus de céréales instantanées, plus d'aliments enrichis ou riches en sucre et en agents de conservation qui font de nous "les terrains les plus propices pour le développement de troubles cardio-vasculaires" comme le dit si bien le docteur Gae Gaer Luce (dans son livre intitulé *Your Second Life,* Delacorte/Seymour Lawrence, Boston, 1979). Le docteur Luce ajoute que "nous sommes en passe de devenir la capitale mondiale du diabète". Il est prouvé que nous allons payer très cher notre régime alimentaire si commode, fruit de la technologie moderne. En effet, *il a une influence directe sur six des dix principales causes de décès aux États-Unis.*

Les média et l'industrie alimentaire américaine méritent vraiment leur place en tête de notre liste noire. Le Senate Committee on Nutrition and Human Needs[1] a publié un rapport signé par les sénateurs George McGovern et Charles Percy. Voici un bref extrait de ce qu'on peut y trouver:

> *La publicité télévisée concernant les denrées comestibles ne contient en général que peu ou pas d'information sur les éléments nutritifs que contiennent ces produits et elle détermine en grande partie les choix du public. La plupart des aliments annoncés n'ont aucune valeur nutritive.*

En 1972, le Neuvième Congrès international sur la nutrition[2] concluait que "50% de l'argent investi en réclames publicitaires pour des produits alimentaires, était destiné à la publicité de produits pouvant avoir des influences néfastes sur la santé. . . Ces aliments ont habituellement une teneur élevée en matières grasses, en cholestérol, en sel, en sucre ou en alcool."

[1] Commission sénatoriale sur la nutrition et sur les besoins humains.
[2] Ninth International Congress of Nutrition.

On ne peut attendre aucune aide de la médecine. À quand remonte la dernière conversation que vous avez eue avec votre médecin au sujet de votre nutrition? A-t-il déjà pris le temps de vous expliquer les relations de cause à effet qui existent entre une bonne alimentation et une bonne santé? Il est fort probable que ça ne soit jamais arrivé, tout simplement parce que la plupart des médecins ne connaissent *rien* à la nutrition. Ce n'est pas une matière qui figure au programme des facultés de médecine, étant donné qu'elle est une science préventive, et qu'elle n'est pas utilisée comme traitement pour une maladie en particulier. Quand votre médecin de famille vous tapote gentiment l'épaule en vous disant: ''J'aimerais bien que vous perdiez de 2 à 3 kg'', il vous sert une dose complète de conseils vides, puisqu'il ne vous dit pas du tout comment accomplir cet exploit.

Les diététiciens et les soi-disant nutritionnistes qui travaillent dans les hôpitaux ne font guère mieux. Vous est-il déjà arrivé de regarder d'un oeil critique les repas servis dans les hôpitaux? Si les hôpitaux servaient réellement des repas merveilleusement équilibrés, comment se fait-il que les patients mangent autant de gélatines ne contenant que du sucre et des colorants, en guise de dessert? Le docteur Robert Mendelsohn rapporte qu'un important hôpital de Boston a fait subir des examens à des patients qui avaient subi une chirurgie. Ces examens visaient à déterminer s'ils absorbaient assez de protéines et de calories. La moitié d'entre eux absorbait une quantité insuffisante de l'une ou de l'autre ''et 25% des patients souffraient de malnutrition assez prononcée pour nécessiter un prolongement de leur hospitalisation. D'autres études ont permis de découvrir qu'entre 25 et 50% des patients hospitalisés souffraient de malnutrition. *C'est une cause de décès très courante chez les patients âgés.*'' (Les italiques ont été ajoutés par l'auteur.)

Il y a parfois une pointe d'humour noir dans les histoires comiques que nous lisons, et nous rions de notre impuissance et de notre vulnérabilité avec un pincement au coeur. Le *Washington Post* a envoyé une journaliste visiter les cafétérias des agences gouvernementales américaines qui oeuvrent dans les domaines de la santé, la nutrition et la diffusion d'informations relatives à la santé, dont le ''Food and Drug Administration'' et le ministère de l'Agriculture. Elle a découvert que ces cafétérias se spécialisaient en repas graisseux et en patates frites et qu'on y négligeait presque entièrement les fruits et les légumes frais, ainsi que les aliments à basses

160

calories. On les appelle ''les entrepôts de restauration rapide de l'oncle Sam''.

Voici un extrait du rapport de la commission sénatoriale: ''Depuis le début du siècle, le régime alimentaire de l'Américain moyen a changé radicalement. Les hydrates de carbone complexes tels que les fruits, les légumes et les céréales qui étaient auparavant la base du régime alimentaire, ne jouent à l'heure actuelle qu'un rôle secondaire. La consommation de matières grasses et de sucre a augmenté à tel point que ces deux éléments fournissent maintenant 60% de la ration calorique totale.''

Lorsqu'on y ajoute le stress imposé par la société moderne; la prédominance de la cigarette et de l'alcool, la pollution qui se répand constamment et qui a même atteint des villes comme Denver et Salt Lake City qui n'avaient jamais connu ce fléau auparavant, les injections d'hormones et d'agents de conservation, les gaz que l'on injecte aux légumes et aux fruits pour en accélérer la croissance, il nous est possible de voir plus clairement pourquoi nos mauvaises habitudes alimentaires peuvent aliéner notre espérance de vie et réduire notre résistance aux maladies. Il est important d'en prendre conscience, surtout pour les gens d'âge mûr. C'est un domaine où l'argent ne peut nous sauver, malgré toutes les richesses dont dispose la nation américaine. Il est même possible que cette abondance fasse empirer les choses. L'année dernière, lors d'une expédition cinématographique à Vancouver, au Canada, alors que nous cherchions un restaurant tranquille où nous reposer après une grosse journée de travail, quelqu'un nous a recommandé le ''meilleur'' restaurant de la ville, The Mansion (un établissement élégant et historique situé dans un quartier tranquille). J'ai regardé rapidement le menu, à la recherche d'un plat simple, sain, naturel et diététiquement acceptable. Bien entendu, je n'ai rien trouvé. Plus un restaurant est chic, plus les repas sont complexes. J'ai découvert un plat vraiment typique de ces établissements chics et j'en ai lu la description à mes compagnons:

> *Boeuf, veau et porc couronnés de chair de crabe. . . Foie gras accompagné de coeurs d'artichauts nappés de sauce béarnaise. . .*

Ma mère se serait empressée de me dire: ''Mange, c'est bon pour toi. Peut-être que tu vas finir par ressembler à ton ami Harold!'' Si elle vivait encore aujourd'hui, peut-être rirait-elle avec nous. Il n'est jamais trop tard pour changer. Au cours des quelques dernières années, des changements se sont fait sentir presque partout. Beaucoup d'entre nous se sont mis à prendre leurs responsabilités à coeur et prennent finalement conscience des effets néfastes qu'a eus notre alimentation sur notre santé.

Il a fallu beaucoup de temps pour le réaliser. Les effets de la ciguë apparaissent immédiatement, mais il est fort possible que les ravages causés par une mauvaise alimentation, la cigarette, l'obésité et le manque d'exercice ne se fassent pas sentir avant que nous ayons atteint l'âge mûr ou même la vieillesse. Ils peuvent apparaître sous la forme de maladies chroniques ou d'une mort prématurée. On préfère ne pas voir les choses en face et dire: "Bah! Ça n'arrive qu'aux autres!" ou alors, on se fie aveuglément à la médecine: "Ils vont me soigner si ça m'arrive". Nous sommes une nation qui a besoin de garanties pour tout ce qu'elle fait ou achète et, après tout, il n'y a pas de garantie écrite qu'un changement dans nos habitudes sera réellement bénéfique. Pourtant, il est étonnant de constater que les *deux tiers* des familles interviewées en 1979 par le U.S. Department of Agriculture's Economics and Statistics Service[1] ont déclaré qu'elles avaient changé leurs habitudes alimentaires pour améliorer leur santé. Jusqu'à 20% d'entre elles ont réellement réduit leur consommation de bacon, saucisses, de hot-dogs, de viandes préparées, d'oeufs, de boeuf et de porc tout en augmentant leur consommation de poulet, de poisson, de fruits et de légumes.

Cette prise de conscience s'est même répandue jusqu'aux compagnies d'assurance. Un nombre toujours croissant de compagnies offrent maintenant des primes réduites pour leurs clients qui ne fument pas ou ne boivent pas, qui maintiennent leur poids et qui font régulièrement de l'exercice. Ces compagnies se rendent compte que nos mauvaises habitudes font mourir prématurément beaucoup de gens et qu'elles rendent invalides des millions d'autres:

Dans notre société, l'obésité est l'un des plus importants problèmes de santé. Le *Canadian Medical Association Journal* citait le docteur Ken Walker. Selon ce dernier, les kilos en trop signifient diabète et artériosclérose et s'il était possible de les éliminer "on pourrait mettre à la porte la moitié des médecins du pays et fermer la moitié des hôpitaux".

[1] Ministère de l'économie agricole et des statistiques des États-Unis.

Une perte de poids de 10 à 30% seulement, est suffisante pour abaisser la tension artérielle de façon significative, selon le *New England Journal of Medicine*.

Des chercheurs commencent à croire qu'une mauvaise nutrition peut être une des causes de la sénilité chez les personnes âgées. En vieillissant, ce que nous mangeons peut avoir une influence sur notre vulnérabilité face à l'ostéroporose, aux maladies périodontiques, à l'anémie et à la privation de nourriture. Les maladies coronariennes et les attaques peuvent être associées directement à nos régimes à base de graisse et de cholestérol et aux dommages causés par la cigarette, allant de l'emphysème au cancer du poumon, malgré les dénégations de l'industrie du tabac.

Mon père, qui a 85 ans, a fumé toute sa vie, du moins depuis l'âge de 11 ans. Il fumait parfois jusqu'à deux paquets de cigarettes par jour. Le jour de son 72e anniversaire de naissance, il a renoncé à ses cigarettes bien-aimées et n'y a plus jamais touché. La seule réponse qu'il m'a donnée quand je lui ai demandé la raison de ce sevrage a été: ''J'ai pensé que je me sentirais mieux''. Je repense souvent à sa réponse et à la volonté remarquable dont il a fait preuve, après avoir inhalé cette fumée cancérigène pendant 61 ans, surtout quand un ou une de mes amis me dit qu'il ou elle ''aimerait bien arrêter'' mais ''que ça lui semble impossible''.

Il ne fait aucun doute que nous mangeons trop. En vieillissant, nous devrions réduire nos portions, mais il semble que beaucoup de gens les augmentent. Le National Institute on Aging a mené à bien, un grand nombre d'expériences: les animaux auxquels on ne donnait qu'un peu de nourriture vivaient jusqu'à deux fois plus longtemps que ceux qui pouvaient en manger une quantité illimitée. On a découvert, plus tard, que la réduction des quantités de nourriture retardait l'apparition de maladies chroniques qui accompagnent souvent la vieillesse. Je dois admettre que ces expériences étaient faites sur différentes espèces telles que les poulets et les guppis. Je dois également admettre que les chercheurs ont déclaré qu'ils devaient poursuivre leurs recherches avant de tirer des conclusions. Pourtant, une des déclarations du docteur Eleanor D. Schlenker, a ramené ce sujet dans le champ de *nos responsabilités:* ''Beaucoup de facteurs déterminent l'état de santé et l'espérance de vie des gens âgés. Les gens n'ont que peu ou pas d'influence sur certains de ces facteurs (par exemple, la pollution de l'air). Mais ils peuvent décider de leur nutrition. Une bonne alimentation,tout au long de la vie,est l'un des meilleurs moyens de réduire au minimum les dégénérescences et d'augmenter l'espérance de vie.''

Qu'est-ce qu'une bonne alimentation? Nous commençons à peine à apprendre ce que nos grands-parents savaient d'instinct il y a fort longtemps. Nous retournons à la source et avec l'aide de nos médecins, nous commençons à lire et à poser des questions. Hier matin, j'ai rencontré une voisine au magasin général du village. Eleanor tenait à bout de bras une boîte de conserve et elle lisait l'étiquette (ou du moins, elle essayait de la lire sans ses lunettes). J'ai éclaté de rire. J'avais oublié mes lunettes moi aussi, mais comme mes bras sont plus longs que les siens, j'ai pu lui lire ce qui était écrit. Il n'y a pas si longtemps, il n'y avait aucune information sur les boîtes de conserve. Même s'il y en avait eu, personne ne se serait donné la peine de lire la liste des ingrédients, des produits chimiques et des additifs. Nous ignorions tout de la quantité de sucre ou de sel contenue dans ces produits. Nous ignorions que ''la couleur et la fraîcheur étaient conservées grâce au sulfite de sodium et au BHA'' et que la saveur était rehaussée par l'inosinate disodique et le guanylate disodique.

Eleanor m'a raconté que,le jour précédent, un enfant d'environ sept ou huit ans était venu rapporter un paquet de bonbons parce qu'il avait lu l'étiquette et que selon lui ''il y avait trop de choses bizarres dedans''. C'est un très bon début pour quelqu'un de si jeune!

Même aujourd'hui, il nous est impossible de comprendre *tout* ce qu'on nous dit et les noms techniques et scientifiques peuvent nous sembler impressionnants et terrifiants. Cependant, les principales informations doivent figurer sur l'étiquette et si vous suivez un régime strict ou si vous partagez mon opinion sur le sel et le sucre, vous pourrez toujours trouver certaines indications relatives à la quantité de ces ingrédients contenue dans le produit. Le FDA préférerait que cette loi soit changée et qu'on donne sur l'étiquette les *pourcentages* des ingrédients utilisés.

Rappelez-vous que les deux additifs que l'on retrouve le plus fréquemment dans les aliments préparés (le sucre et le sel) peuvent être nommés différemment: le *sucre* peut être appelé sirop de maïs, dextrose, sucrose, maltose, lactose, fructose, glucose ou sucre inverti; le *sel* peut prendre le nom de sodium, de chlorure de sodium ou de diacétate de sodium.

Il est évident que les fabricants trouveront toujours des moyens de tout embrouiller. Le FDA souhaite que la loi concernant les appellations "à faible teneur en cholestérol" et "diététiques" soient plus strictes et plus précises. L'appellation "sans sel" peut signifier que le produit ne contient pas de chlorure de sodium, sans pourtant affirmer qu'il ne contient pas d'autres sels.

Le terme "naturel" est vraiment utilisé à toutes les sauces. Pour certains d'entre nous, ce mot a une signification particulière, alors qu'il signifie quelque chose d'entièrement différent aux yeux des fabricants qui ont découvert que c'est un mot magique qui fait vendre leurs produits. Pour parler franchement, ce mot ne signifie rien. Regardez les étiquettes de la plupart des produits "naturels". Vous remarquerez probablement que deux des ingrédients qui y sont en plus forte quantité sont le "sel" et le "sucre". Après tout, ce sont bien des ingrédients naturels, n'est-ce pas?

Pour les gens qui exercent le même métier que moi, ainsi que pour tous les hommes d'affaires du pays qui voyagent beaucoup, les hôtels, les motels et les restaurants où nous sommes obligés de manger constituent une autre source de frustration diététique. Dans la plupart des cas, ces établissements sont dirigés par de grosses entreprises et suivent des conseils provenant de certaines revues spécialisées ou découlant de techniques de marketing qui mettent l'accent sur le "contrôle des portions". Parmi les spécialités de tels restaurants, on compte surtout la nourriture congelée passée au four à micro-ondes au dernier moment. Dans ces établissements, on peut prendre des petits déjeuners, des déjeuners et dîners qui sont des vrais chefs-d'oeuvre de la chimie moderne, mais qui sont loin de pouvoir constituer un régime équilibré. (Si une description complète de tous ces détails ennuyeux vous intéresse, vous pouvez vous référer aux deux chapitres que j'ai consacrés à ce sujet dans mon livre *Easy Going*, Rodale Press, Emmaus, Pa, 1981.)

J'ai découvert, un peu tard, le monde de la bonne alimentation. Sans être un missionnaire, je crois sincèrement qu'au cours des dix dernières années, ma santé et ma forme se sont améliorées de façon spectaculaire et qu'il m'a été plus facile de surveiller ma ligne. Ainsi, je suis déçu par les repas qu'on me sert lors de mes fréquents voyages. J'ai beaucoup de ressentiment envers les chaînes d'hôtels et les chaînes de restaurants dont les menus ont tellement contribué à diminuer la qualité de notre alimentation. Quand je prends l'avion, en général j'apporte mon lunch! Quand je dors à l'hôtel, je m'achète des fruits frais et je les déguste dans ma chambre, en guise de petit déjeuner et je laisse voir mon mécontentement, lorsqu'on me sert une orgie de pâtée artificielle que l'on désigne sous le nom de "cuisine gastronomique". Il m'arrive parfois d'être difficile à vivre.

Nous ne sommes pas tenus de perpétuer ces mauvaises habitudes à la maison. De plus en plus de magazines tels que *Prevention*, *Family Circle*, *Modern Maturity* et *Prime Time* font paraître des articles destinés à aider le consommateur à s'y retrouver dans le labyrinthe compliqué qu'est l'industrie alimentaire.

Il s'est quand même produit des changements remarquables. Même si je n'arrête pas de me plaindre, je commence à voir briller une petite lueur d'espoir. Une brochure publiée par le U.S. Department of Agriculture en 1972 et revisée en 1974 (*Food Guide for Older Folks*) proclamait que des nutritionnistes (!) avaient conçu des guides alimentaires faciles d'accès, afin d'aider les gens à bien choisir ce qu'ils mangent, que ce soit à la maison ou au restaurant. Parmi les recettes suggérées, on retrouvait des plats congelés, des repas en conserve, des fromages fondus, du corned-beef en conserve, des viandes hachées, du boeuf séché, des saucisses de Francfort, du macaroni en boîte, du bacon, du porc salé, de la graisse de boeuf et au moins une demi-cuillerée à café de sel dans chaque recette!

Cette brochure a finalement été retirée de la circulation et remplacée par une autre, l'année dernière, (*Nutrition and Health*. Superintendent of Documents, U.S. Government Printing Office, Washington, DC 20402). Cette fois, ça y est. L'approche est entièrement différente et on retrouve même en première page une liste des sept principes de base de la nutrition. Le porc salé et la graisse de boeuf sont disparus et ont été remplacés par les grains entiers, les fruits et les légumes frais. On recommande maintenant d'éviter le sel, le sucre, le cholestérol et les excès d'alcool! On retrouve dans les sept principes de base, de vrais bons conseils.

Mangez de tout

En vieillissant, nous devrions (ou plutôt nous devons) réduire nos portions. Ainsi, la variété des aliments (et non leur quantité) qui constituent un régime bien équilibré nous permettent d'absorber des vitamines, des minéraux, des acides aminés (provenant des protéines), les acides gras essentiels (provenant des huiles végétales) et de l'énergie sous forme de calories.

Les fruits et les légumes frais sont d'excellentes sources de vitamines, en particulier, les vitamines C et A.

Les grains entiers contiennent des vitamines B, du fer et de l'énergie ainsi que des fibres alimentaires.

Aujourd'hui, on ne croit plus au vieux dicton qui disait: ''Le lait, c'est pour les bébés''. Les produits laitiers sont d'excellentes sources de protéines, de calcium et de vitamines, pour les gens de tout âge.

Nous sommes plusieurs à être convaincus que les viandes riches et grasses d'où nous retirons nos protéines, constituent la plus grande perte au niveau de la chaîne alimentaire. Il y a des moyens plus efficaces d'absorber les protéines nécessaires. Cependant, je crois que notre nation ''à steak frites'' n'écoutera jamais ce conseil. Une combinaison de céréales et de légumes, peut facilement constituer un repas très riche en protéines, tout comme le ferait un bon gros steak, mais sans contenir toutes les graisses saturées que l'on y retrouve. Une cuillerée à café de graines de tournesol contient la même quantité de protéines.

N'oubliez pas que les aliments préparés que vous achetez ont été modifiés par les traitements qu'on a dû leur faire subir pour pouvoir finalement les ranger sur les tablettes du supermarché, ce qui entraîne, en général, une diminution de leur valeur nutritive. Les portions quotidiennes recommandées[1] ne veulent rien dire: elles sont différentes pour les enfants, les adolescents et les adultes. Nous ne sommes pas tous pareils et nous ne formons pas un ensemble homogène, comme les boîtes de conserve ou comme les céréales instantanées. Certains d'entre nous ont des besoins spéciaux à cause d'une maladie, de leur stature. Chacun a aussi ses préférences de goût.

Conservez un poids idéal

Plus vous êtes lourd, plus vous risquez de contracter ces maladies chroniques dont souffrent les gens de notre âge. Aux États-Unis, l'hypertension, le diabète et les crises cardiaques abondent; ce sont les conséquences normales de l'embonpoint et d'une mauvaise alimentation. Cependant, certains changements ont eu lieu depuis l'époque où nous étions enfants. On ne détermine plus le poids idéal en se basant sur un rapport invariable et immuable entre la

[1]Recommended Daily Allowances (RDAs)

grandeur et le poids. On prend enfin en considération le fait qu'il est possible que mon métabolisme me garde plus mince que ne vous garde le vôtre, ainsi que le fait que ma stature et mon ossature diffèrent de celles des autres. En réalité, certains d'entre nous peuvent ingurgiter des quantités énormes de nourriture sans prendre de poids, alors que d'autres ne font que grignoter un petit peu de temps à autre, et engraissent facilement de plusieurs kilos.

	Poids recommandés	
Taille	Hommes	Femmes
mètre (m)	kilos (kg)	kilos (kg)
1,47		42-54
1,50		43-55
1,52		44-57
1,55		45-58
1,57	51-64	46-59
1,60	52-65	48-61
1,63	54-67	49-63
1,65	55-69	50-64
1,68	56-71	52-66
1,70	58-73	54-68
1,73	60-75	55-70
1,75	62-77	57-72
1,78	64-79	59-74
1,80	65-81	61-76
1,83	67-83	63-78
1,85	69-86	
1,88	71-88	
1,90	72-90	
1,93	74-93	

Source: HEW Conference on Obesity[1]

N'essayez pas de perdre du poids trop rapidement et évitez les régimes amaigrissants rapides et brutaux qui sont tellement à la mode de nos jours. Perdez du poids graduellement (c'est-à-dire un demi-kilo ou un kilo par semaine). N'exagérez pas dans l'autre sens. Des pertes de poids trop importantes peuvent causer toutes sortes de troubles tels que la perte des cheveux, une modification

[1] Conférence sur l'obésité organisée par le ministère de la Santé, de l'Éducation et du Bien-Être.

de la peau, une faible résistance au rhume et à la grippe, des troubles intestinaux et des troubles mentaux.

Évitez d'absorber trop de matières grasses, de graisses saturées et de cholestérol

Le fait d'absorber des aliments qui contiennent de grandes quantités de graisses saturées et de cholestérol peut entraîner une augmentation du taux de cholestérol dans le sang chez l'adulte. Même si ces conclusions sont encore controversées, il semble évident qu'un taux élevé de cholestérol puisse être la principale cause des crises cardiaques prématurées, en particulier chez les gens qui souffrent d'hypertension et qui fument.

> Choisissez des viandes maigres comme le poulet et le poisson ainsi que des légumineuses telles que les pois et les haricots séchés; ce sont d'excellentes sources de protéines.
> Réduisez votre consommation d'oeufs, de crème, de beurre, de margarine hydrogénée, de matières grasses et d'huile de noix de coco. Réduisez votre consommation d'abats tels que le foie. Je voudrais vous faire remarquer quelque chose au sujet de l'huile de noix de coco. Si vous lisez les étiquettes, vous avez sûrement remarqué qu'on la retrouve, habituellement, dans les substituts de produits laitiers qu'on nous sert si fréquemment dans les avions et les restaurants. Cette huile est bourrée de cholestérol!
> Enlevez les excès de gras avant de faire cuire les viandes.
> Au lieu de faire frire les viandes, faites-les rôtir, faites-les cuire sur le gril, au four ou à la vapeur.

Choisissez des aliments qui contiennent les fécules et les fibres alimentaires nécessaires

C'est un autre domaine où l'on doit affronter de nombreux mythes, comme dans tous les autres domaines qui nous influencent à mesure que nous vieillissons. Mon épouse et moi avons élaboré un livre de recettes (*Sheryl and Mel London's Creative Cooking with Grains and Pasta*, Rodale Press, Emmaus, PA, 1982). Nous avons dû essayer toute une variété de céréales: de l'avoine, de l'orge, du riz, de l'amarante, du froment, du maïs et du blé. Ces expériences ont duré plus de deux ans — tous les repas ainsi que toutes les collations que nous prenions étaient à base de céréales. Les premières réactions de nos amis furent toutes identiques: ''Vous allez engraisser!'' Non seulement nous n'avons *pas* engraissé, mais nous nous sommes sentis mieux et nous avons même *perdu* du poids au cours de nos essais culinaires!

Les sources d'énergie les plus importantes sont les hydrates de carbone et les matières grasses. Si l'on décide de diminuer notre consommation de matières grasses, comme le suggèrent tous les principes de base de la nutrition, nous devons augmenter notre ration calorique d'hydrates de carbone. Ils peuvent aider à conserver un poids idéal, puisqu'ils ne contiennent que la moitié des calories que l'on retrouve dans les matières grasses. Cependant, les hydrates de carbone *simples,* comme le sucre, fournissent de l'énergie calorifique très rapidement, sans toutefois contenir une grande quantité d'éléments nutritifs. Les hydrates de carbone *complexes* (les haricots, les pois, les noix, les fruits, les grains entiers et les céréales) fournissent des éléments nutritifs essentiels en plus des calories. J'ai lu récemment que les sportifs avaient maintenant tendance à remplacer le traditionnel steak d'''avant la compétition'', par des pâtes. Tout comme les coureurs de fond.

Il y a un autre élément qui met en valeur l'importance des hydrates de carbone dans un régime bien équilibré pour répondre à nos besoins. Des anthropologues et d'autres scientifiques ont étudié longtemps certaines tribus africaines, dans le but de découvrir pourquoi les cas de cancer de l'intestin étaient si rares chez eux. Leur régime alimentaire est surtout composé de grains entiers. Ces derniers fournissent à l'organisme les importantes fibres alimentaires qui sont si rares dans la diète de l'Américain moyen. Ces fibres peuvent réduire considérablement les symptômes de la constipation, de la diverticulose et de toutes les maladies modernes que l'on désigne sous le nom d'''irrégularités''.

Évitez d'absorber trop de sucre

Je dois avouer que même si j'ai changé radicalement de régime alimentaire, je rêve encore aux bonbons et au chocolat dont je me gavais enfant. J'ai payé le prix pour avoir mangé sans arrêt ces merveilleuses friandises et ces desserts si riches. Mes dents ont subi tellement de reconstructions et d'excavations que je pourrais recevoir une bourse d'une importante fondation archéologique. L'Américain moyen consomme environ *60 kg de sucre par année* dans le café, les confitures, les gelées, les desserts, les boissons gazeuses,

170

les gâteaux, les tartes, les céréales instantanées, les sauces et la crème glacée. Aucun de ces aliments n'est nécessaire pour notre nutrition.

Pour moi, réduire ma consommation de tels aliments signifie augmenter ma consommation de fruits, de carottes, de noix et de pain de blé entier entre les repas. Les gens d'âge mûr et les personnes âgées devraient éviter de toucher à cette nourriture grasse sans valeur nutritive, souvent appelée ''junk food''. Une pointe de jalousie m'étreint tout de même, lorsque je vois le gros bocal de bonbons qui trône sur le bureau du président américain.

Évitez d'absorber trop de sodium

C'est le domaine où il est le plus difficile de se conformer aux règles d'or de la nutrition et du maintien de la santé. Machinalement, nous ajoutons du sel aux aliments lorsque nous les faisons cuire et avant de les manger. Mon épouse et moi étions tous les deux convaincus que le fait d'écrire un livre sur les différentes façons d'apprêter les graminées, nous aurait obligés à utiliser du sel, même si nous avons l'habitude de ne jamais en ajouter à nos aliments. Nous avons craint la même chose en écrivant notre livre de recettes conçu pour les amateurs de poissons (*The Fish-Lovers' Cookbook*, Rodale Press, Emmaus, PA, 1980). Nous nous sommes trompés chaque fois. Un savant dosage de citron, d'épices, d'assaisonnements et de fines herbes, ainsi que la découverte de la saveur naturelle exquise des aliments, permettent de réduire de façon étonnante la consommation de sel. Par exemple, tout à l'heure, mon épouse a terminé les essais relatifs à sa nouvelle recette de maïs soufflé qui figurera bientôt dans son nouveau livre de recettes. Elle s'est précipitée dans mon bureau avec deux grands bols de maïs soufflé encore chaud et *sans sel*. Lorsque j'étais enfant, ce maïs soufflé aurait été un sacrilège; à cette époque, tout le monde savait bien qu'une telle friandise devait être mangée à grand renfort de sel. C'était une erreur flagrante et mes idées ont beaucoup évolué depuis. Ce maïs soufflé *au naturel*[1] avait un goût fantastique.

Il a été prouvé maintes et maintes fois que les peuples qui ne consommaient que peu de sodium souffraient moins d'hypertension. Les Japonais ajoutent beaucoup de sodium dans les assaisonnements tels que le soya, dans les marinades ainsi qu'à leur poisson salé. Le nombre de Japonais qui souffrent d'hypertension est

[1]En français dans le texte original.

astronomique. Aux États-Unis, le sel que nous consommons est très souvent caché dans les aliments préparés: les croustilles, les marinades, les condiments tels que les sauces, les fromages, les viandes fumées et, bien sûr, le maïs soufflé! Il est donc important de lire les étiquettes afin de connaître la quantité de sel contenue dans ces aliments et de pouvoir réduire notre consommation de sodium.

Évitez les excès d'alcool

Le septième principe de base que l'on retrouve dans la brochure de l'USDA[1] et du Department of Health and Human Services[2], conseille aux gens qui ont l'habitude de prendre de l'alcool, d'en boire modérément. Les boissons alcooliques contiennent beaucoup de calories et très peu d'éléments nutritifs.

On peut consulter d'autres sources d'information; n'importe quel lecteur des magazines d'aujourd'hui et d'autres publications modernes, peut prendre connaissance rapidement des règles de la nutrition et du maintien de la bonne santé. Elles sont si faciles à apprendre. La National Retired Teachers Association[3] et l'American Association of Retired Persons[4] ont publié une petite brochure très utile intitulée *A Guide for Food and Nutrition in Later Years*. On y donne des conseils au sujet des aliments à acheter et sur les éléments nutritifs, et l'on précise dans quels aliments on les retrouve. On y parle des régimes spéciaux. On y trouve même une petite section où l'on explique comment rendre plus agréable le fait de manger seul. (S'adresser à: Society for Nutrition Education, 2140 Shattuck Avenue, Suite 1110, Berkeley, CA 94704).

Le docteur Ruth Weg, une physiologiste du Ethel Percy Andrus Gerontology Center, croit que le régime alimentaire a une influence sur le bien-être des personnes âgées plus qu'à n'importe quelle époque de la vie. Le régime idéal ou ''optimal'' qui convient parfaitement aux personnes âgées, diffère beaucoup de celui qui convient aux jeunes adultes. Le docteur Weg a écrit un livre intitulé *Nutrition and the Later Years* que l'on peut commander en s'adressant à: Publications Office, Andrus Gerontology Center, USC, University Park, Los Angeles, CA 90007. Au moment de la publication de mon livre, *Nutrition and the Later Years* se vendait 5,50 $.

---

[1]Ministère de l'Agriculture des États-Unis.
[2]Ministère de la Santé.
[3]Association nationale des professeurs retraités.
[4]Association américaine des personnes retraitées.

La nutrition est encore une science nouvelle et en pleine évolution. Beaucoup de théories n'ont pas encore été prouvées et de nouvelles sont énoncées chaque jour. C'est une des raisons pour lesquelles la nutrition est un sujet si fascinant. La directrice de la division de Santa Barbara (en Californie) de l'Institute of Family Relations[1] a déclaré que les aliments que nous mangeons sont peut-être responsables des problèmes émotifs qui surviennent dans trois mariages sur quatre. Dans un article intitulé ''I'm a Natural'' (mars 1981), elle décrit un cas typique. L'épouse était gravement déprimée et le mari, extrêmement irritable. Elle leur a recommandé de réduire leur consommation de sucre, de café et de farine enrichie, préparée et pré-tamisée. ''Leur relation a changé du tout au tout, écrit-elle. La dépression de l'épouse est disparue. Le mari est redevenu aimable. Ils revivent leur lune de miel.''

Ce n'est pas étonnant. Étant donné l'intérêt croissant que suscite l'alimentation, nous nous intéressons non seulement aux quantités d'aliments que nous mangeons, mais aussi à ce que nous mangeons.

Entre l'agonie et l'exercice

L'été, ils commencent très tôt le matin, dès que le soleil pointe timidement au-dessus de l'océan, avant même que j'aie écrit mon premier mot de la journée et que j'aie bu le café fumant qui attend, sur le coin de mon bureau. Le tambourinement provoqué par deux pieds chaussés d'Adidas, ou le martèlement rythmé d'un couple qui se déplace en duo, au son d'un métronome que lui seul entend résonne jusque dans les poutres de la maison. Les adeptes du jogging ont commencé leurs dévotions et rien ne peut les arrêter, pas même la canicule, même si l'on peut lire sur leur visage et sur leur corps en sueur, qu'ils souffrent le martyre et ce, de plus en plus clairement, à mesure que la température et le degré d'humidité augmentent.

Ils sont de tous les âges, de toutes les carrures, de toutes les tailles; ces hommes, ces femmes et même ces enfants qu'on initie déjà au culte du masochisme. Je sors pour regarder de plus près cette auto-flagellation, cette punition et toute cette misère humaine. Je suis de ceux qui ne comprennent pas et je suppose que je ne comprendrai jamais. Il n'est pas dans ma nature de faire des exercices physiques intentionnellement. Peu importe le nombre de fois

---

[1]Institut de relations familiales.

où les coureurs ont essayé de m'expliquer que ce que je vois est l'expression de ce ravissement, de cette extase et de cette béatitude que l'on ne peut atteindre que par l'effort et la fatigue, je reste sceptique. Je demeure un non-initié, un athée, un infidèle. Le kilomètre aller-retour entre ma maison et le magasin général, me suffit largement.

J'ai longtemps taquiné beaucoup de gens en disant: "L'exercice physique a une influence très néfaste sur le tonus musculaire." J'ai été bien taquiné aussi. Je sais qu'au plus profond de moi, je suis convaincu du contraire et qu'à notre âge, en particulier, les exercices physiques peuvent nous garder en forme et aider notre corps à résister à toutes sortes de maladies, en retardant l'apparition de troubles circulatoires et en conservant notre force musculaire. Il faut dire que j'ai vraiment été chanceux, puisque la carrière que j'ai choisie nécessite fréquemment une fantastique quantité de travail physique. Bref, comme le disait Alex Comfort: "Le travail est le meilleur de tous les exercices." Je fais encore ma part: je transporte encore de l'équipement cinématographique en haut de montagnes d'une altitude de 350 m, ou au plus profond d'une mine de charbon enfouie à 70 m sous terre. Quand on tourne en extérieur, je marche constamment et je travaille de 12 à 14 heures par jour. Je suis incapable de tolérer très longtemps qu'un peu de graisse alourdisse ma silhouette. Pourtant, il m'est impossible de concevoir, qu'un jour, je me punirai en faisant du jogging ou en jouant au tennis. D'innombrables choix s'offrent à chacun de nous.

Nous faisons partie d'une société sédentaire dont les membres n'ont pas l'habitude de s'éloigner de leur téléviseur. Nous sommes esclaves de nos automobiles; elles sont nos bottes de sept lieues; elles nous emportent au supermarché, à l'école, à nos rencontres sociales et aux restaurants de "fast food". En arrivant au restaurant, nous pouvons nous asseoir une fois de plus et nous offrir encore un peu plus de graisses saturées et de repas éclair à base de cholestérol. Pour couronner le tout, il est fort probable que nous ayons été assis à un bureau pendant 30 ans ou plus.

Après avoir atteint l'âge mûr (peu importe à quel âge chronologique cette notion correspond pour vous), nous nous regardons d'un oeil critique et nous découvrons que nous avons trop de bourrelets et de renflements aux mauvais endroits et que notre cellulite déborde les limites normales. Immédiatement, nous prenons la décision de faire de l'exercice! Violemment! Sur-le-champ! Pour

174

rattraper le temps perdu. Ou alors nous décidons que le jeu n'en vaut pas la chandelle et nous laissons la nature suivre son cours et la graisse nous envahir. La première alternative est dangereuse et peut mener droit à une crise cardiaque. La seconde laisse présager la destruction inévitable du tonus musculaire et l'apparition de la fatigue chronique. Une des études menées par la NASA (National Aeronautics and Space Administration) dans le cadre d'un de ses programmes spatiaux, a démontré que chaque bloc de trois jours d'inactivité complète, correspondait à une perte d'*un cinquième* de la force musculaire maximale d'un individu.

Un groupe de médecins britanniques a pris parti en faveur de la pratique d'exercices physiques *vigoureux* après avoir étudié 18,000 hommes d'âge mûr. Ils ont découvert que chez ceux qui pratiquaient des sports énergiques ou qui faisaient du conditionnement physique, les cas de maladies cardio-vasculaires étaient deux fois moins fréquents que chez ceux qui ne faisaient pas d'exercices du tout. Les troubles qu'occasionnent les maladies cardiaques étaient moins graves chez ceux qui pratiquaient des sports et un moins grand nombre d'entre eux mouraient des suites de ces maladies. Dans un article de la revue médicale britannique *Lancet*, ils ont conclu que "les exercices physiques vigoureux constituent une défense naturelle pour le corps humain et qu'ils aidaient à protéger un coeur vieillissant contre l'ischémie (insuffisance de la circulation du sang dans un organe)".

Il y a de fortes chances pour que les gens d'âge mûr qui ont fait des exercices physiques vigoureux pendant plusieurs années, continuent de se consacrer au racquetball ou au squash, au tennis ou au jogging, ou même qu'ils continuent leurs deux traditionnelles parties de golf du samedi. Pour ceux d'entre nous qui ne se sont adonnés à des exercices que de façon sporadique, toute une variété d'autres choix s'offrent à nous pour nous permettre de nous garder agiles et en forme, à 50 ans, 70 ans, ou plus.

À mon tout premier voyage à Hong Kong, au début des années 60, en jetant un coup d'oeil par la fenêtre par un matin brumeux, j'ai été presque émerveillé de voir une multitude de gens, la plupart assez âgés, exécuter gracieusement toute une série d'exercices. Chaque personne exécutait, selon un rythme qui lui était propre, une série de mouvements élégants. Ce fut mon premier contact avec le *t'ai chi ch'uan*, les remarquables exercices qui remontent à la Chine ancienne. Depuis ce temps, j'ai assisté à de nombreuses démonstrations et j'en ai d'ailleurs filmées quelques-unes. Tout récemment, j'ai étudié le t'ai chi ch'uan d'une façon encore plus approfondie; j'ai assisté au cours de débutants qu'on donnait à l'école du quartier. C'est un des innombrables programmes d'exercices que beaucoup de gens d'âge mûr peuvent suivre. Pourquoi ne pas jouer avec la grâce, l'équilibre et le rythme, et combiner l'art et la tradition, dans le but de stimuler la circulation sanguine et se garder actif et en forme? Il n'est pas nécessaire de s'initier au tennis à l'âge de 50 ans! Loin de là!

Les mouvements du *t'ai chi ch'uan* sont simples et élégants; on a l'impression que les participants exécutent un ballet au ralenti. On qualifie souvent le *t'ai chi* de "nage aérienne". Il n'y a pas de compétition; chaque participant contribue à la fluidité de l'ensemble au rythme qui lui convient. Les gens qui assistaient au cours avaient entre 20 et 60 ans. Nous portions les mêmes vêtements que nous avions portés toute la journée pour aller travailler. Pas de souliers spéciaux, pas de survêtement, pas de réchauffement, pas de transpiration, pas de refroidissement, pas de douche! On peut pratiquer le t'ai chi ch'uan à la maison. Comme l'a mentionné l'un des moniteurs: "C'est une façon si agréable de réveiller toutes les parties du corps et de mettre en marche tout le système."

Il y a de nombreuses façons de mettre en marche le système et de le maintenir en bon état, même à notre âge. Le docteur Gae Gaer Luce et ceux qui participent à son programme SAGE (Senior Actualization and Growth Exploration)[1] en Californie ont une approche holistique de la bonne santé pour les gens qui vieillissent. Ils sont convaincus que les santés physique et émotive sont très liées et leur programme comprend donc des exercices semblables à ceux du *t'ai chi ch'uan*, du yoga, de la danse Sufi, ainsi que des exercices respiratoires et des massages. On s'intéresse également à la nutrition, au chant et à la méditation. Ce programme a remporté un tel succès que beaucoup de jeunes gens s'y sont joints même s'il avait surtout été conçu pour les gens d'âge mûr et les personnes âgées.

Lawrence Frankel, un remarquable homme de 75 ans qui vit à Charleston en Virginie occidentale, a conçu et mis au point un programme visant à améliorer la forme physique. Ce programme s'est répandu dans tous les complexes d'habitation pour retraités,

---

[1] Exploration de l'actualisation et de la croissance chez les personnes âgées.

dans tous les gymnases, les maisons de repos, les hôpitaux et les centres communautaires de l'état. On le désigne sous le nom de Preventicare et il est conçu pour empêcher les personnes âgées de ''se laisser reléguer aux oubliettes''. La devise de M. Frankel est: ''L'inactivité forcée des gens âgés signifie la mort au bout du compte.'' On compte plus de 3,000 personnes au rang de ses adeptes, qu'ils aient à peine 60 ans ou plus de 90 ans. Même si les exercices sont simples (des redressements, des élévations des jambes et des flexions des genoux), les résultats sont remarquables et le programme est de plus en plus populaire. M. Frankel a déclaré lors d'une entrevue, que rien ne le déprime plus que de voir des personnes âgées ''entreposées'' dans des maisons de repos ou dans des hôpitaux, sans rien d'autre à faire que d'attendre la mort en regardant la télévision!

On peut choisir des exercices tels que la danse; tous les YMCA et les YWCA offrent ces programmes. On peut également faire de la *marche*. Lors d'une conférence qui s'est tenue au National Institutes of Health a Bethesda, au Maryland, en 1977, des chercheurs des États-Unis, du Canada et de l'Europe de l'Ouest étaient tous d'accord pour affirmer que la marche était l'exercice le plus efficace et que c'était de plus un exercice qui convenait à tous, peu importe l'âge.

Voilà pourquoi je renonce à la maxime en laquelle j'ai cru si longtemps et qui disait que l'exercice avait des effets destructeurs sur le tonus musculaire. Lorsqu'on a atteint l'âge mûr, il est très important pour chacun de nous de s'étirer plus, de se pencher plus, de s'asseoir moins, peu importe la façon dont nous choisissons de le faire.

Par une aussi belle matinée, alors que le soleil commence à peine à se lever, je devrais prendre ma tasse de café, sortir et *sourire* à tous ces adeptes du jogging qui s'exténuent près de chez moi.

Partie III
Le visage changeant de la vieillesse

Quand nous traversons l'âge mûr, nous souffrons, nous avons des problèmes, nous connaissons certaines déceptions émotives et nous nous posons des questions profondes et angoissantes. Ma grand-mère avait l'habitude de demander: ''Est-ce que quelqu'un t'a dit que la vie était facile?'' Aujourd'hui, mon ami Jonathan (qui vient d'avoir 50 ans) est rendu à l'étape de sa vie où il doit souffrir en se demandant: ''Où est-ce que je m'en vais?'' Il accepte mal que le temps ait passé si vite et que plus d'une centaine d'amis invités à célébrer son anniversaire de naissance, l'aideront à se rappeler que ses enfants ont grandi et qu'il s'en est tiré honorablement au cours du demi-siècle qui va bientôt s'achever. Il traversera sans doute admirablement les prochaines décennies quand il aura surmonté le choc qu'il éprouve encore à l'idée d'avoir vécu pendant 50 ans.

Il est évident que les jeunes d'à peine 20 ans ne peuvent pas du tout s'imaginer comment on se sent à 50 ans. Ce que j'essaie de vous dire n'est pas entièrement négatif; je pense beaucoup plus aux joies qu'apporte la maturité, qu'aux problèmes qui accompagnent le processus de vieillissement. La réaction de mon ami Jonathan est peut-être universelle, en ce sens que chacun d'entre nous a déjà eu l'impression que l'approche de l'âge mûr correspondait à un moment critique. Pour certains, ces symptômes apparaissent dès l'âge de 25 ans. Pour d'autres, ils ne se font sentir qu'autour de 40 ans. Comme on l'a vu, la société ne fait rien pour atténuer nos angoisses, au contraire!

En plus de cette nouvelle conscience de soi qui apparaît lorsqu'on atteint l'âge où nous considérons que la moitié de notre vie s'est écoulée, nous devons faire face à certains dilemmes dûs à l'époque particulière à laquelle nous vivons. Elle fait de nous une race tout à fait ''unique''. Personne avant nous n'a dû affronter les problèmes que nous traversons à l'heure actuelle. Notre génération vit ce que j'appellerais une grande ''première'' mondiale.

Nous sommes les premiers à connaître une espérance de vie si prolongée. Pourtant, nous semblons prendre notre retraite bien plus tôt que ne l'ont prise nos parents et nos grands-parents. Cette plus longue période que nous allons passer sans travailler entraîne nécessairement la mise sur pied de programmes financiers plus détaillés et plus méthodiques, mais les ravages causés par l'inflation menacent à tout instant d'ébranler sérieusement la sécurité financière que nous croyons avoir réussi à établir.

Pour rendre les choses encore plus alarmantes, notre système actuel de sécurité sociale est en butte aux attaques de divers groupes. Les plus optimistes d'entre nous observent en priant le ciel, se disant qu'encore une fois nous survivrons à ce problème tout comme nous avons réussi à passer au travers des autres. On peut toujours essayer de se consoler à la pensée que nos aïeux n'ont jamais bénéficié d'un régime de pension de retraite, ou gouvernemental ou privé.

Il y a un autre domaine où cette nouvelle espérance de vie a entraîné, pour les gens d'âge mûr comme nous, toute une batterie de dilemmes et de cas de conscience. Je parle de ceux d'entre nous dont les parents vivent encore.

Il existe de nombreuses familles composées de trois ou même quatre générations différentes vivant toutes sous le même toit. Il en ressort un nouveau phénomène: on retrouve parfois deux générations de *retraités* dans la même famille. Voilà ce qui se passe habituellement: dès que nos enfants élevés quittent le foyer et que nous commençons à profiter de notre liberté retrouvée, un nouvel appel à l'aide nous arrive, d'une autre direction cette fois. Le fossé des générations change de niveau et, tout d'un coup, nous nous apercevons que nos parents ont besoin d'aide et qu'ils s'en remettent inévitablement à leurs fils ou à leurs filles d'âge mûr. Nous! C'est un domaine où *nous* sommes des pionniers; personne n'a découvert (ou n'aurait pu découvrir) les règles ou les principes qui nous permettraient de nous orienter. Ce sont de nouvelles responsabilités qui nous incombent, après une vie où se sont succédées tant de vicissitudes.

Chapitre 14
On peut toujours les installer sur une banquise!

Lorsque je serai vieux ne me rejetez pas,
Quand mes forces déclineront, ne m'abandonnez pas.
Les Psaumes *70:9*

Les livres et les conseils sont apparus beaucoup trop tard pour qu'ils puissent nous être utiles. Nous avions à peine commencé à prendre conscience du problème quand nous avons appris par quelques articles de journaux ici et là que nous n'étions pas les seuls. Aujourd'hui encore, après toutes ces années, je ne vois pas encore comment nous aurions pu agir différemment. J'ai appris, cependant, que ma solution était loin d'être la meilleure et que mon épouse, Sheryl (dans son entêtement), était bien en avance sur son temps.

   Il m'a fallu attendre jusqu'à l'année dernière, presque dix ans après l'apparition de notre problème et cinq ans après la mort de Kitty, ma belle-mère, pour voir enfin une émission de télévision où l'on abordait ce problème. Le docteur Stephen Z. Cohen, auteur de *The Other Generation Gap* (Paperback, Warner Books, New York, 1978), y était interviewé. J'ai approuvé tout ce qu'il disait:

> *Les gens ont toujours eu des parents qui ont vieilli et qui ont eu besoin de leur aide. Ce qui est spécial dans notre pays, à l'heure actuelle, est le fait que beaucoup de gens vivent aujourd'hui jusqu'à un âge beaucoup plus avancé. Il y a environ 23 millions d'Américains de plus de 65 ans et l'on prévoit qu'un nombre encore plus élevé de gens vivront jusqu'à l'âge de 70, 80 ou 90 ans. Une si longue vie présuppose que ces personnes âgées et leurs enfants devront faire face à de nombreux problèmes. Les premières devront vivre avec toutes sortes de maladies chroniques, ce qui signifie qu'elles demanderont l'aide de leurs enfants de plus en plus fréquemment. Malheureusement, très peu de gens se sont intéressés à ces problèmes.*

Le lent et atroce déclin de Kitty a commencé quand elle avait 80 ans et il a duré cinq ans. Durant les trois premières années, les maladies chroniques rivalisaient entre elles. En plus du glaucome qui faisait diminuer de plus en plus rapidement l'acuité visuelle de Kitty, les symptômes de la maladie d'Alzheimer (la démence sénile) se faisaient sentir eux aussi. Ils allaient de l'incapacité de s'habiller (elle portait un sweater comme s'il s'était agi d'un chapeau) jusqu'aux erreurs d'assortiment de l'argenterie lorsqu'elle mettait la table (elle posait deux couteaux d'un côté de l'assiette et une fourchette, un couteau et une cuillère de l'autre côté). Ses conversations fourmillaient de souvenirs très précis et de détails minutieux concernant des faits et des événements de 1934, mais elle pouvait à peine se rappeler ce qu'elle venait juste de manger. Son cerveau, cet ordinateur remarquable, refusait d'assimiler de nouvelles données tout en continuant à fonctionner comme s'il était retourné dans le passé.

Je me demande encore si les symptômes de la sénilité et de la maladie de Parkinson qui l'ont terrassée, n'avaient pas été causés par la thorazine et par tous les autres médicaments qu'on lui a prescrits. Peu importe leur cause, les symptômes étaient bel et bien là et la dégénérescence se poursuivait inévitablement. Les deux générations avaient changé de rôle. Tant d'années après, le docteur Cohen décrit avec précision tout ce qui s'est produit et tout ce que nous avons ressenti à l'époque:

> Dans notre culture, il y a une tradition de longue date,
> une sorte d'attente: d'une façon ou d'une autre, nous
> avons l'intime conviction que nous aurons à prendre
> soin de nos parents lorsqu'ils seront vieux. Elle remonte
> à l'un des dix commandements: ''Tu honoreras ton père
> et ta mère''. Toutefois, pour beaucoup de gens, il est
> très difficile de s'acquitter de cette obligation. Pour beau-
> coup de personnes d'âge mûr, le fait d'apporter des soins
> à une personne âgée pendant une très longue période
> de temps, implique des problèmes très difficiles à résou-
> dre. Pour d'autres, les relations qui s'établissent devien-
> nent, après un certain temps, de plus en plus tendues
> et de plus en plus douloureuses pour tout le monde.

Le docteur Cohen aurait très bien pu ajouter: ''et peuvent avoir des effets douloureux et destructeurs sur le mariage des enfants d'âge mûr''. Il faut prendre de nouvelles décisions. On vit dans l'espoir normal que les choses vont se tasser avec le temps, tout en sachant fort bien qu'il n'en sera rien. Il faut surmonter les divergences d'opinions, les sentiments de culpabilité et les anxiétés dûs à l'engagement, aux pressions et à l'idée de ce que seront les mois ou les années à venir.

Kitty était de sa génération, comme nous sommes de la nôtre et comme nos enfants reflètent les vertus et les imperfections qui sont particulières à leur génération. D'apparence frêle et d'une beauté de camée qu'elle a conservé jusqu'à sa mort, elle dégageait une aura de délicatesse et de vulnérabilité qui cachait une détermination farouche. Quand nous étions encore jeunes mariés et que nous lui avions annoncé que nous avions décidé de ne pas avoir d'enfants, elle nous a exposé son credo: ''Qui va prendre soin de vous quand vous serez vieux?''

À la fin de la troisième année, elle avait alors 82 ans, notre surveillance occasionnelle, c'est-à-dire nos nombreux coups de téléphone pour vérifier si elle n'avait pas oublié d'éteindre la cuisinière à gaz, étaient devenues une routine stricte de surveillance. À l'époque, elle vivait dans un appartement près de chez nous, mais les visites que Sheryl devait constamment y faire devenaient de plus en plus fréquentes et les promenades quotidiennes dans le parc la frustraient et lui prenaient de plus en plus de temps. Les maladies qui progressaient inexorablement et les médicaments que Kitty prenait constamment la rendaient de plus en plus dépendante, de plus en plus désorientée et son besoin de surveillance devenait constant.

Pour comble de malheur, la soeur aînée de Sheryl (qui est aujourd'hui à la retraite et qui vit en Floride) n'était pas en mesure d'alléger le fardeau de Sheryl. Elle souffrait du cancer et devait subir une mammectomie. Les responsabilités sont toutes retombées sur une seule personne: ma femme. Depuis, j'ai appris que cela arrive couramment. Un seul des enfants porte la croix et la plupart du temps, c'est une fille.

À la fin de la troisième année, j'ai eu une réaction simple, américaine, qui était en fait presque un réflexe (peut-être même que cette réaction est venue à l'esprit de beaucoup de lecteurs alors qu'ils lisaient ce chapitre). C'est la première solution qu'apportent les gens de notre pays aux problèmes de la vieillesse et des maladies chroniques: ''Mettons-la dans une maison de santé!''

Sheryl fut inflexible. ''Je ne mettrais même pas mon chien en pension. Tu peux être certain que je ne placerai jamais ma mère dans une maison de santé.'' Elle soutenait qu'il devait bien y avoir une façon de résoudre ce problème sans pour autant isoler Kitty et l'arracher à son milieu; il devait bien être possible de lui permettre de conserver sa dignité et lui apporter les soins et surtout l'attention qu'on ne donne pas dans les départements gériatriques des hôpitaux américains.

J'avais tourné des films dans des maisons de santé et dans des hôpitaux gériatriques. J'ai vu les regards fixes, vides, sans émotions et froids comme la mort; des patients qui restent assis sans jamais rien faire. J'ai vu leurs efforts sans enthousiasme pour s'intéresser ''aux arts et à l'artisanat'' et les conditions choquantes dans lesquelles ils vivent, même dans les meilleurs de ces établissements. Je revenais de ces expéditions cinématographiques émotivement épuisé et incapable d'oublier les images que j'avais vues. Elles avaient imprimé mon cerveau en même temps que la pellicule de mes films et de façon permanente. Et pourtant, devant la dégénérescence rapide de ma propre belle-mère, j'ai immédiatement pensé qu'il valait mieux la mettre en ''quarantaine'' et ainsi ''extraire'' ce membre malade de la société.

C'était une époque où l'on rencontrait de l'humour noir partout, à mesure que nos difficultés augmentaient. Je me suis rappelé un livre fantastique que j'avais lu alors que j'étais encore un adolescent. Ce livre traitait des moeurs et des coutumes des Esquimaux. Ceux qui ne pouvaient plus survivre dans un environnement qui leur était devenu trop hostile et trop menaçant, ceux qui n'arrivaient plus à mâcher et à assouplir les peaux de morses parce que leurs vieilles dents étaient usées jusqu'aux gencives, en un mot, les aînés, étaient abandonnés sur des banquises qui dérivaient vers l'océan Arctique. Ils acceptaient gracieusement leur sort et les plus jeunes savaient fort bien qu'eux aussi un jour finiraient sur une banquise qui les entraîneraient dans un dernier voyage jusqu'au bout de leur vie. Je me rappelle avoir lu qu'une fille un peu pressée criait à son père qui était là-bas sur sa banquise: ''Papa! Plonge et garde la tête sous l'eau. Ce sera plus facile. Tu verras!''

Au cours des deux années qui ont suivi, l'état de Kitty s'est détérioré encore plus rapidement. J'ai beaucoup appris sur l'affection, le dévouement et le sens des responsabilités en regardant Sheryl s'occuper de tout. Elle avait de toute évidence hérité de la détermination dont sa mère avait fait preuve si souvent au cours de sa vie. Ma femme était décidée à tenir jusqu'au bout et à trouver de l'aide d'une façon ou d'une autre. Ce fut loin d'être facile. L'absorption de différents médicaments et la rapide détérioration physique eurent bientôt raison de Kitty: incontinente, elle était condamnée à garder le lit. Elle était complètement aveugle. Elle n'absorbait qu'une très petite quantité de nourriture. La mère était redevenue enfant, impuissante et emmaillotée dans une couche. Cependant, Sheryl n'aurait changé d'idée pour rien au monde.

Obstinément, elle a poursuivi le but qu'elle s'était fixé au tout début: faire tout ce qui était en son pouvoir pour éviter que sa mère ne meure en quelque endroit qui lui serait totalement étranger. Elle a sondé les services sociaux offerts à la communauté; à grand renfort de coups de téléphone elle a exploré les labyrinthes de la bureaucratie qui ne lui servait que des non-réponses, des non-informations, des informations erronées et des propos ambigüs. Mais elle a fini par obtenir de l'aide. La piste qui fut la plus importante et la plus valable lui a été fournie par un homme remarquable, l'ophtalmologiste Ralph Salatino, qui est devenu un de nos amis et que nous admirons beaucoup. Il lui a indiqué les noms des différentes organisations d'aide aux aveugles. Ces groupes ont pu lui fournir quelques bribes d'information. Ma femme a découvert qu'il *existait* des gens et des organismes qui étaient à l'écoute et qui arrivaient à déplacer des montagnes s'il le fallait. De plus en plus de ressources sont mises à la portée des enfants d'âge mûr qui ont choisi d'aider leurs parents âgés.

La cécité de Kitty était cliniquement reconnue; elle pouvait légalement bénéficier d'un revenu supplémentaire. Il existait des programmes sociaux et médicaux qui pouvaient aider à payer les médicaments si coûteux, les vitamines et tous les accessoires médicaux qui remplissaient sa chambre. Les coûts des soins et de tout ce qui s'ensuit peuvent devenir exorbitants pour les enfants qui sont obligés de payer. Avec l'augmentation incessante des frais médicaux, une famille moyenne peut se ruiner en un rien de temps. L'aspect financier est un aspect primordial dont on doit absolument tenir compte. Sans les programmes que Sheryl a eu la chance de découvrir, nous nous serions retrouvés sans le sou. Je fais des cauchemars quand je songe que Washington envisage de mettre fin à ces programmes. Notre gouvernement semble incapable de comprendre qu'ils représentent le salut, autant pour la classe moyenne que pour les classes défavorisées.

L'aide la plus importante nous a été fournie par le programme d'aide familiale de notre ville. Grâce à lui, nous avons pu bénéficier des services d'une femme remarquable, Ivy Thomas, qui s'est occupée de sa patiente clouée au lit, durant plus d'un an. C'est elle qui veillait Kitty quand elle est morte un après-midi d'automne, à quatre heures.

Cinq années se sont écoulées depuis ces épreuves et Sheryl n'a pas changé d'avis. Elle ne regrette rien, elle referait la même chose. *Ma* solution n'aurait donné rien de bon. Aujourd'hui, Sheryl est en paix; elle ne ressent aucune culpabilité puisqu'elle sait qu'elle a fait du mieux qu'elle pouvait. La situation que nous avons vécue était un cas extrême; je ne l'ai décrite que pour donner un exemple de ce qui peut arriver lorsque nos parents vieillissent. Heureusement, ce n'était pas un cas typique. Pourtant, cette expérience m'a forcé à m'interroger sur les raisons qui se cachaient derrière mes réactions.

Comme beaucoup de mes pairs, je suis victime d'un autre groupe de mythes concernant les personnes âgées, victime d'une autre série de mensonges sociaux qui déforment notre opinion sur le problème des parents âgés qui deviennent finalement un poids sur notre conscience. J'ai été soulagé d'apprendre que je n'étais pas le seul; 75% de tous les étudiants et étudiantes en techniques

188

de nursing qui ont participé à une enquête récente,croyaient que presque tout le monde de 65 ans et plus était placé dans des maisons de santé! Trente-cinq pour cent des jeunes psychologues étaient de cet avis. Pourtant, il est étonnant de constater que le pourcentage réel est très bas: seulement *4 à 5%* des personnes âgées sont dans de tels établissements! Très souvent, c'est le seul refuge qu'ils aient pu trouver. On y rencontre des personnes âgées sans famille, des immigrants qui sont venus seuls en Amérique et qui ne se sont jamais mariés, des veufs et des veuves qui n'ont aucun autre endroit où aller.

En dépit de tout ce que nous pensons, nous découvrons que nos frères et nos soeurs d'âge mûr *ne laissent pas tomber* froidement leurs parents, qu'ils ne les abandonnent pas et qu'ils ne les laissent pas mourir dans des environnements étrangers et impersonnels non plus. Près de *80%* des gens de plus de 65 ans qui vivent aux États-Unis habitent avec quelqu'un, sans que ce soit nécessairement leurs enfants, et généralement ils vivent dans la communauté où ils ont *toujours* vécu! Les gens qui prennent leur retraite dans des communautés réservées aux gens de leur âge ne le font que parce qu'ils le veulent bien. Les Américains âgés sont moins portés à vivre avec leurs enfants ou à accepter leur aide financière qu'ils l'étaient auparavant. Le monde de la vieillesse est secoué par des changements énormes.

Dans un rapport publié par le Department of Health and Human Services , le professeur Alvin Schorr de l'Université Case Western Reserve a conclu qu'à notre époque, seulement un sixième des parents âgés vivent avec leurs enfants alors qu'en 1952 le tiers d'entre eux le faisait. De plus, de 5 à 10% des personnes âgées recevaient une aide financière de la part de leurs enfants en 1961,alors qu'à l'heure actuelle, *seulement de 2 à 3%* des parents âgés en reçoivent. D'autres études ont démontré qu'il arrivait plus fréquemment que les parents âgés fournissaient une aide financière *à leurs enfants et à leurs petits-enfants*, plutôt que l'inverse.

Malgré tout, les nouveaux rapports qui s'établissent entre les générations entraînent des problèmes complexes. Comme l'a précisé le docteur Cohen: ''Si les parents et les enfants ont été près les uns des autres pendant longtemps et s'ils ont entretenu des relations étroites, les enfants sont naturellement sensibles et attentifs aux besoins de leurs parents. C'est un problème grave s'il a tou-

jours existé une certaine distance émotive entre les deux générations ou si les enfants sont séparés de leurs parents par des milliers de kilomètres.''

Les besoins des parents âgés peuvent être minimes (ils peuvent tout simplement vous demander d'être un peu plus disponible ou de leur accorder un peu plus d'aide et de soutien); ils peuvent être aussi accaparants que ceux de Kitty et la complète dépendance de certaines personnes âgées peut devenir tyrannique pour
leurs enfants. D'une façon ou d'une autre, les demandes que font
les personnes âgées arrivent toujours au moment où on ne s'y
attend pas et créent des situations qui sont loin d'être faciles à accepter. Des deux côtés du fossé des générations, on ressent un fort
sentiment de culpabilité. Les enfants qui croyaient qu'ils pourraient
se consacrer à leur carrière et enfin réaliser leurs rêves de loisirs
et de détente longuement mérités, se trouvent brusquement confrontés aux nouveaux besoins de leurs parents.

Sauf le petit pourcentage de problèmes physiques réels et de
maladies chroniques, il est possible dans beaucoup de cas et dans
le processus normal de vieillissement, *que ce soit nous, les enfants,
qui ayons créé cette situation de dépendance de nos parents à notre égard.*

On peut presque prédire les changements physiques qui se produiront. L'ouïe se modifie: il a fallu dix ans pour que mon père
admette qu'une prothèse auditive lui serait peut-être utile. Il est
certain que notre vue ne s'améliore pas: combien d'entre nous
devons porter des lunettes pour lire ce livre? Beaucoup de processus vitaux se déroulent de plus en plus lentement à mesure que
le corps vieillit: nous ne bougeons plus aussi vivement qu'avant;
nous devons respirer plus rapidement quand nous faisons des
efforts physiques et nous calculons nos mouvements de plus en
plus. Les enfants nous surveillent avec inquiétude et décident beaucoup trop précipitamment qu'ils doivent intervenir.

Le moindre oubli, la plus infime perte de mémoire (dont on
n'aurait même pas tenu compte chez une jeune personne) mène
à une quantité incroyable de soucis et de discussions sur la sénilité progressive qui menace les parents. ''Sénilité'', nous utilisons
ce mot si facilement, moi le premier. Sénilité ou, pour être plus
précis, démence sénile ou maladie d'Alzheimer (nommée ainsi
d'après le médecin qui en a décrit et isolé les symptômes). Un ver-
dict irrévocable, partie d'un mythe particulièrement destructeur,
source d'angoisse et d'inquiétudes injustifiées. Le docteur Robert

Butler, directeur du National Institute on Aging, affirme: ''Je suis convaincu qu'il y a plus de gens qui ont peur de devenir séniles, de ne plus avoir toute leur tête et d'être finalement relégués aux oubliettes, qu'il y a de gens qui ont peur du cancer.'' C'est justement cette peur dont nous souffrons qui nous fait sauter aux conclusions les plus démoralisantes lorsque nous nous rendons compte que nos parents âgés oublient de plus en plus de choses. Nous envahissons alors leur vie dans le but de les ''aider'', mais parfois de façon beaucoup trop brusque. Nos médecins font la même chose: ils n'hésitent pas à diagnostiquer irrévocablement la sénilité, alors que l'état du malade et les symptômes dont il souffre, peuvent être causés par une toute autre variété de facteurs.

Seul un très petit pourcentage de personnes vraiment âgées souffre de confusion et de pertes de mémoire qui sont souvent des effets normaux et sans dangers, causés par le ralentissement des fonctions du corps humain. Chez plusieurs, les troubles de la mémoire peuvent très bien être causés par le stress dû à la retraite, à une perte de revenu, à un deuil, à une dépression, à des maladies de coeur, des poumons ou de la glande thyroïde, à des infections du foie, à des maladies carentielles ou par le mélange des nombreux médicaments que les médecins prescrivent volontiers pour contrôler un cerveau qui vieillit.

Même si l'on ne tient pas compte des maladies et des troubles imaginaires, nous nous immisçons beaucoup trop vite dans la vie de nos parents et nous écrasons leur indépendance. Songez à votre réaction si votre père ou votre mère, veuf ou veuve depuis dix ans ou plus, décidait de se remarier à l'âge de 75 ou de 80 ans! Un millier de réactions ou d'émotions vous envahissent, même si vous êtes une personne d'âge mûr. J'ai vu des gens qui éprouvaient de la rancoeur et de la jalousie, qui avaient le sentiment d'être abandonnés; d'autres étaient en colère à cause des nouveaux arrangements financiers; certains autres étaient gênés de voir réapparaître le romantisme et le sexe dans la vie de leurs parents. Une femme a même décrit cette situation comme étant un ''cauchemar traumatique''!

Pourtant, les parents âgés ont besoin désespérément de cette sorte d'*indépendance*. Ce n'est qu'en fonctionnant seuls qu'ils pourront conserver leurs forces et leurs habiletés et être moins dépendants de leurs enfants. D'après le docteur Cohen: ''La plupart des personnes âgées ont besoin que quelqu'un intervienne dans leur vie, mais seulement à l'occasion. Petit à petit, les gérontologues se rendent compte qu'il est de beaucoup préférable de laisser aux parents leur indépendance et de les laisser se débrouiller seuls le plus possible, que de les mettre dans une maison de santé ou les installer chez leurs enfants. En les aidant à l'occasion, il est possible qu'ils puissent fonctionner seuls, d'une façon indépendante, pour longtemps.

Nous décidons tous trop rapidement (moi y compris) que nos parents souffrent d'infantilisme, dès qu'ils montrent des signes de vieillesse ou qu'ils ont besoin d'un peu d'aide pour conserver leur indépendance et leur dignité. Parallèlement, *nous* éprouvons du ressentiment quand *nous* sommes à notre tour jugés en fonction de *notre* âge chronologique. Pourtant nous les jugeons, nous les traitons comme les autres nous traitent, tout en sachant fort bien qu'il y a des personnes de 80 ans et même de 90 ans qui ont un corps et un esprit alertes et qui continuent d'être des citoyens actifs jusqu'à leur mort.

Les parents qui commencent à éprouver des troubles physiques n'ont souvent besoin que d'une aide minime ou très restreinte. Il serait préférable de prendre un peu de recul et d'analyser tout ce qu'il est possible de faire, avant de se précipiter à droite et à gauche et de déménager les parents âgés chez l'un de leurs enfants, ou de les isoler dans certains établissements. Rester en contact avec la vie apporte souvent de meilleurs résultats que la terrible isolation que nous imposons aux personnes âgées. Il vaut la peine de mentionner que plus de cinq millions de personnes de plus de 65 ans (c'est-à-dire plus de 20% de cette partie de la population) n'ont pas d'enfants et que la plupart d'entre elles *ne vivent pas dans des maisons de santé* ou dans des établissements semblables.

Malgré toutes les craintes que m'inspire le gouvernement de Washington qui ne semble pas être conscient des problèmes qui se posent pour les gens de classe moyenne, je constate que certains législateurs éclairés commencent à se rendre compte que même une quantité infime de soins dispensés à domicile, chez les personnes âgées, au lieu de soins complets dispensés dans un établissement, pourrait diminuer considérablement la note médicale de l'état. Je remarque aussi que huit sénateurs indépendants n'ont pas oublié les aspects humains, lors de l'adoption d'une nouvelle loi conçue, au départ, pour stopper les pertes de capitaux.

Le sénateur Bill Bradley a déclaré: ''Les individus qui vivent dans une maison de santé perdent beaucoup. Ils ont été arrachés de chez eux. Tous les contacts normaux qu'ils entretenaient avec leur famille, leurs amis et la collectivité ont été coupés. Ils subissent en plus une grave perte de leur dignité et de leur indépendance.'' Les statistiques varient. Le Sénat a découvert que de 10 à 20% des 1,5 million d'Américains qui vivent dans des maisons de santé, vivraient chez eux, s'ils recevaient le support nécessaire. Les Panthères Grises en sont aussi convaincues. Leurs statistiques disent que 40% de la population des maisons de santé continuerait à vivre à domicile.

Si vos parents vivent encore et si leurs besoins sont de plus en plus pressants et qu'ils semblent augmenter de plus en plus rapidement, il serait sage de vous renseigner au sujet de l'aide que peut vous fournir la collectivité, avant de prendre une décision énergique ou de désespoir, parce que la fin du monde vous semble imminente. J'ai vécu une situation semblable et j'ai éprouvé des sentiments de panique mêlés de cette sensation de malaise qui habitent tous ceux qui se tournent vers le labyrinthe complexe des solutions tant attendues. Il est tout à fait possible que vos parents n'aient jamais à venir habiter chez vous. Il est plus que probable que vous n'aurez même jamais à prendre la décision de commencer à chercher une bonne maison de santé.

Depuis 1975, on a publié beaucoup de livres sur le sujet. Chacun peut être utile à sa façon et il est recommandable d'en consulter autant que possible avant de se lancer dans les discussions de famille, les coups de téléphone interminables et les innombrables démarches qui vous aideront à trouver la meilleure solution à votre problème.

You and Your Aging Parent, de Barbara Silverstone et Helen Kandel Hyman (Pantheon Books, New York, 1976), traite principalement des mêmes aspects psychologiques et émotifs que les autres livres, y compris la culpabilité, la rupture et les façons d'affronter les dures réalités d'une telle situation. On y explore ce que les auteurs nomment ''les innombrables possibilités'' qui s'offrent aux gens âgés de 65 ans et plus. Les auteurs font remarquer que le fait de connaître les différentes possibilités qui existent, peut réduire considérablement la crainte que nos parents éprouvent face au futur (tout comme nous, il va sans dire). On retrouve en annexe, la liste des ministères qui s'occupent des personnes âgées dans chaque

193

état, ainsi que celle des services d'information et de référence de tout le pays. Dans une deuxième section se trouvent les adresses des Homemaker-Home Health Aid Services (Services d'aide ménagère et de soins médicaux à domicile), des Family Service Agencies (Agences de service familial) des États-Unis et du Canada, des Volunteer Service Organizations (organismes bénévoles) et des Opportunities for Paid Employment (possibilités d'emplois rémunérés).

Si vos parents souffrent depuis peu d'une des maladies chroniques qui accompagnent fréquemment le processus de vieillissement, l'ouvrage de Lawrence Galton (*Don't Give Up on an Aging Parent*, Crown, New York, 1975) peut vous aider à mieux comprendre ce que le monde médical a appris sur toutes sortes de maladies, allant de l'arthrite à la perte de mémoire. Galton les qualifie de ''prétendues maladies de la vieillesse''. Tout comme l'auteur de ce livre (moi), Galton est fermement convaincu que les médecins pratiquent ce qu'il nomme une ''médecine condescendante'' — à quoi peut-on s'attendre, que peut-on espérer quand le patient vieillit?

Au cours de mes recherches, j'ai découvert un autre livre qui peut vous donner quelques idées, quant aux endroits où vous adresser pour trouver de l'aide. *Handbook of Human Services for Older Persons*, de Monica Bychowski Holmes et Douglas Holmes (Human Sciences Press, New York, 1979), comprend une liste des services d'information et de référence; des centres polyvalents destinés aux personnes du troisième âge, des agences d'aide ménagère et de soins médicaux à domicile; des services juridiques, des services de réparation et des centres d'emploi ainsi que des maisons de santé. Cet ouvrage est plus technique que les autres: chaque chapitre a été écrit par un auteur différent, intéressé par un aspect particulier du bien-être social et du travail de la collectivité. Malgré tous ses aspects techniques, ce livre peut vous être d'une grande utilité.

De plus, les magazines qui existent à l'heure actuelle ainsi que les documentaires présentés à la télévision, commencent à s'intéresser aux problèmes qui se posent aux enfants d'âge mûr qui doivent prendre soin de leurs parents âgés. Mes dossiers débordent de nouvelles idées, de nouvelles approches et de nouvelles philosophies. Elles visent toutes le même but; permettre aux personnes âgées de rester indépendantes et actives, au lieu de les emprisonner dans des établissements spécialisés.

Les Panthères Grises ont encouragé et sont des pionnières du concept de cohabitation des générations (les jeunes et les moins jeunes partagent leur espace vital). À Philadelphie, Maggie Kuhn partage une maison avec des jeunes de 30 ans. Les occupants apprennent les uns des autres et s'aident mutuellement. C'est une idée qui gagne en popularité.

En Californie, un organisme modeste, le Housing Alternatives for Seniors (Nouvelles possibilités pour le logement des personnes du troisième âge) fournit un service qui fait certains ''arrangements'' pour des gens comme nos parents, pour des gens qui ne devraient pas vivre seuls ou qui ne veulent plus vivre seuls après un deuil. Les fondateurs préfèrent dire qu'ils fournissent des ''compagnons de chambre'' ou des partenaires compatibles aux gens âgés solides, qui veulent un peu de compagnie et qui désirent préserver leur mode de vie indépendant.

Des programmes spécialement conçus pour les gens comme nous ont été établis à travers le pays. Dans presque tous les états, on a formé des groupes qui aident les gens à faire la différence entre les réalités de la maladie d'Alzheimer et les mythes relatifs à la démence sénile. Il y a de tels programmes au Andrus Gerontology Center de Californie, à l'Université Duke, à Seattle, à Denver et à New York. Je crois que la contribution la plus importante est celle de l'organisme nommé Alzheimer's Disease and Related Disorders Association (Association pour la maladie d'Alzheimer et pour les maladies connexes) qui traite de la *vraie maladie,* plutôt que de tout le folklore qui nous a presque convaincus que cette maladie et ses symptômes étaient une conséquence naturelle du vieillissement. Vingt-cinq groupes sont rattachés à cette association et sont répartis dans tout le pays. Pour plus d'informations, adressez-vous à: ADRDA, 292 Madison Avenue, New York, NY 10017. Envoyez une enveloppe-réponse affranchie et pré-adressée.

Dans un récent numéro de la revue *Prime Time,* j'ai lu qu'on venait de mettre sur pied une autre organisation qui a pour but d'apporter un soutien moral aux enfants d'âge mûr qui doivent prendre soin de leurs parents: le Children with Aging Parents (CAPS) (enfants dont les parents vieillissent). Elle a été fondée à Los Angeles par le National Council of Jewish Women (Conseil national des femmes juives). Ce n'est que l'un des nombreux groupes qui ''aident les gens à s'aider eux-mêmes''. Les fondateurs ont remarqué que notre première réaction devant le moindre signe de vieillissement chez nos parents,est de croire qu'ils sont déjà sur le chemin de la désintégration complète et inévitable. D'après eux, "il en résulte que les enfants font tomber leurs parents en enfance." "Papa, tu ne peux plus conduire l'automobile!" "Maman, tu sais bien que tu ne peux plus faire la cuisine; tu as déjà oublié d'éteindre la cuisinière une fois!" Même si les enfants agissent avec les meilleures intentions du monde, les effets sont tout de même des plus pernicieux. Les fondateurs de CAPS croient, tout comme moi, que même si les parents ont perdu certaines de leurs capacités physiques, ils ne sont pas complètement handicapés et inaptes.

Des programmes ont été mis sur pied pour aider les enfants qui vivent avec leurs parents. Ces programmes leur permettent de quitter,pour une journée ou pour un week-end,leurs fardeaux émotifs et physiques. D'autres mettent des moyens de transport à la disposition des personnes âgées qui doivent se rendre chez le médecin ou à l'hôpital. D'autres encore aident les gens à s'échanger des services. Il existe des organisations de loisirs. Un programme national géré par ACTION met à la disposition du public 700 bureaux régionaux où 275,000 bénévoles se dévouent pour des agences ou pour des organismes communautaires. Ce programme a pour nom Retired Senior Volunteer Program, RSVP (Programme de bénévolat pour personnes âgées retraitées). Il a un double but: enrichir la vie des personnes âgées en leur donnant la satisfaction d'aider les autres,et aider les agences locales à satisfaire les besoins de la collectivité.

Il y en a d'autres et d'autres encore qui peuvent aider et qui le font bien. J'ai découvert un programme new-yorkais très intéressant, dirigé par la Community Service Society (Société des services communautaires): le Natural Supports Program (Programme de soutien familial). Ce programme a été mis sur pied pour aider les familles et les particuliers qui s'occupent d'une personne âgée. En plus d'organiser des rencontres où les gens peuvent se remonter le moral et échanger des informations, il permet aux amis et aux proches parents des personnes âgées,de prendre connaissance des informations les plus récentes concernant les services qu'offrent certaines agences aux personnes âgées,ainsi que les avantages dont elles peuvent profiter. Il faut bien comprendre que c'est une aide qui complète nos efforts et non pas un substitut à nos responsabilités, au moment où nous prenons de plus en plus conscience de ce problème dont l'ampleur ne cessera d'augmenter au cours des prochaines années.

J'imagine que je devrais dire: ''Si j'avais su!'' Mais ce ne serait que de la sagesse d'après-coup. Ce matin, en déjeunant rapidement avec Sheryl, pressé de retourner à mon livre afin d'en écrire le plus possible dans cet espace qui est malheureusement assez limité, j'ai parlé à mon épouse de toutes les recherches que j'avais faites, des gens avec lesquels j'avais parlé, de cette impression que j'avais qu'il était maintenant possible de trouver de l'aide. C'est alors qu'elle m'a demandé: ''Si tu avais su tout ça il y a dix ans, aurais-tu insisté autant pour qu'on mette Kitty dans un établissement spécialisé?''

J'aurais bien pu lui répondre: ''Non, bien sûr que non!'', mais honnêtement je dois avouer que je n'en sais rien. Même si je *crois* que je suis éclairé à l'heure actuelle, il m'est pénible de repenser à ces journées de dépression et d'anxiété ainsi qu'aux tensions et aux frictions qui ont ébranlé notre mariage, causées par une malade incontinente qui dégénérait de jour en jour, en dépit du fait que mon épouse ait assumé toutes les responsabilités. La plupart des gens que j'ai connus qui se sont finalement décidés à placer leurs parents dans une maison de santé se sont sentis coupables pour le restant de leurs jours. Toute leur vie, ils auront l'impression d'avoir abandonné leurs parents au moment où ces derniers avaient le plus besoin d'eux. J'aurais probablement le même sentiment de culpabilité. Il m'est encore aujourd'hui difficile de trancher la question.

Mon épouse sait qu'elle a fait tout ce qu'elle pouvait et elle a la conscience tranquille. Je ne peux donc pas conseiller à quelqu'un de prendre parti en faveur des maisons de santé ou contre elles. Tant de choses entrent en jeu et il y a tant de circonstances atténuantes d'ordre financier, social, géographique et physique. Tous jouent un rôle important. Il ne faut pas oublier l'importance des relations familiales. Et moi, moi qui aurais pris une si grave décision il y a quelques années, je n'oserais jamais pontifier ou essayer de convertir les gens aujourd'hui.

Si vous ou votre famille choisissez une maison de santé en dernier ressort, procurez-vous toutes les informations que vous pouvez à ce sujet. Le docteur Cohen a écrit un dépliant très utile publié par la National Retired Teachers Association (Association nationale des enseignants retraités), il y a aussi un guide d'action complet pour le citoyen publié par les Panthères Grises, ainsi que de nombreuses autres publications qui traitent de l'évaluation des maisons de santé et du choix du meilleur établissement. Tous ces livres expliquent les choses à ne pas faire, parlent d'isolement et de solitude.

Ce problème n'est pas désespéré, loin de là. Nous avons tendance à oublier que beaucoup de personnes âgées sont très actives à 70, à 80 ans, et même après. J'en vois beaucoup dans mon quartier. Le grand-père du voisin s'est fait opérer la vésicule biliaire et il se promenait à bicyclette moins de vingt-quatre heures après être sorti de l'hôpital. Il a 80 ans! Le parachutiste de 70 ans! Les pêcheurs sur leur aquaplane qui s'amusaient dans l'océan cet automne, certains d'entre eux avaient plus de 80 ans. Ils ont tous pris plus de poissons qu'un p'tit jeune homme comme moi! Ils sont aussi irrités que nous, lorsque les gens les traitent comme des ''vieux'' avant le temps. Comme la force physique disparaît graduellement, les personnes âgées ont besoin de notre soutien bien *avant* que nous puissions décréter qu'ils sont atteints de ''sénilité'' et ''qu'il est grand temps de les placer dans une maison de santé''. Mes remarques s'adressent autant à moi qu'à vous. Je n'ai toujours pas prouvé que j'étais un modèle de perspicacité et de logique.

C'est toute une entreprise que d'essayer de faire un résumé concis, étant donné que les personnalités et les situations de chaque famille diffèrent beaucoup de la mienne ou de celles de mes amis et de mes voisins (ou des vôtres). Les gens du Colonial Penn Group ont demandé au docteur Cohen de résumer son opinion et ses conseils. Dans une brochure intitulée *Bridging the Other Generation Gap* que l'on peut obtenir gratuitement en s'adressant à: Colonial Penn Group Inc., 5 Penn Center Plaza, Philadelphia, PA 19181, il conclut par certains points dont il faut se rappeler et que je cite ici avec sa permission:

Si vous êtes un père ou une mère âgée:
- Restez aussi indépendant que vous le pouvez.
- Soyez toujours aussi actif qu'avant et intéressez-vous à tout ce que les autres font. Rappelez-vous: ce qu'on n'utilise pas s'atrophie.
- Vos enfants sont adultes — n'essayez pas de prendre leur vie en mains.
- Les soucis ne vous rapportent rien — discutez-en avec vos enfants ou avec un ami intime.
- Vos enfants ne sont pas les seuls à pouvoir vous aider à vous débrouiller.

- Demander l'aide d'un travailleur social ou d'un conseiller n'est pas un signe de faiblesse, mais bien un signe de force.

Si vous êtes un enfant d'âge mûr:
- Aidez vos parents, encouragez-les à rester le plus indépendants possible.
- Aider vos parents en faisant les choses à leur place, risque de les rendre dépendants. Aidez-les plutôt à s'aider.
- Vos parents sont adultes — n'espérez pas être capable de les changer ou de modifier leur caractère et leurs habitudes pour vous faciliter la tâche.
- Discuter ouvertement des problèmes avec vos parents peut réduire les tensions que l'on peut créer quand on ne sait pas où le problème se situe.
- D'autres parents ou d'autres amis pourraient être tout à fait enchantés de vous aider à prendre soin de vos parents.
- Il y a de plus en plus de professionnels à votre disposition et à celle de vos parents. N'hésitez pas à profiter de leurs services.

Si vous le voulez bien, j'aimerais vous parler d'une autre chose très importante dont il faut se rappeler. Le point de vue des gens qui sont de l'autre côté du fossé des générations, leur façon de voir les choses, peuvent être très différents des vôtres. Qu'est-ce que *nos parents* peuvent bien ressentir quand ils nous regardent selon leur point de vue? Selon leurs normes? Quelle est leur réaction quand nous nous précipitons trop rapidement pour les aider, avant même qu'ils nous le demandent? Ou quand nous ne réagissons pas assez vite quand ils ont besoin de nous? Leurs réponses sont parfois surprenantes; elles nous feraient rire, si nous prenions la peine de les écouter. Dans une annonce publicitaire du Colonial Penn Group, on peut lire quelques extraits d'une lettre écrite par une femme de Californie. Elle semble répondre pour tous ceux qui n'ont pas osé blesser leurs enfants. ''Ce qui est vraiment affreux lorsqu'on vieillit, écrit-elle, c'est de voir ses enfants chéris trottiner autour de nous, comme des vieux bonhommes aux cheveux tout blancs. J'ai 88 ans et je me sens comme quand j'en avais 18. *Ce sont mes fichus enfants qui me dépriment!''*

Chapitre 15
"Au secours! Je suis prisonnier au paradis!"

La retraite ne devrait pas durer plus de deux semaines.
Docteur Alex Comfort

Mon père a commencé à travailler à 11 ans — et plus tard, il travaillait toujours aussi fort. À 17 ans, enfant d'une famille d'immigrants de New York, il subvenait aux besoins de sa mère, de son beau-père et des autres enfants, grâce à un emploi de boxeur professionnel qui lui permettait de gagner cinq dollars par combat (quinze, pour le combat principal). Il dormait au cinquième étage d'une maison de rapport sans ascenseur, située sur Rivington Street, sur trois chaises de cuisine qu'il rapprochait pour la nuit.

C'était une étape tout à fait naturelle du processus de croissance et il n'en a jamais parlé plus tard. J'ai entendu parler de sa carrière de boxeur quand je suis tombé sur une chronique sportive écrite par Jimmy Cannon dans laquelle il rappelait avec nostalgie les débuts de superbes boxeurs. Dans la liste de noms qui suivait, j'ai découvert celui de mon père. On l'appelait "Kid" London, à l'époque!

Pendant sept décennies, il n'a rien fait d'autre que travailler et subvenir aux besoins de la famille. Je me rappelle que, pendant la Crise, nous ne le voyons que très rarement. Il se démenait de 18 à 20 heures par jour pour que sa petite manufacture de vêtements survive. Il trouvait, malgré tout, l'argent qu'il fallait pour nous envoyer à la montagne durant l'été pour nous éviter la chaleur écrasante de la ville. Lui, restait là malgré la canicule, pour faire marcher son entreprise.

Même après que la situation économique se fût rétablie et qu'il fût devenu un directeur de production respecté et bien rémunéré, il n'a jamais diminué son rythme de travail. Pendant un certain temps, il a été propriétaire d'un ranch-hôtel et quand il s'y rendait pour le week-end, il montait à cheval et s'amusait d'une façon aussi intense que s'il avait travaillé. À 75 ans, il participait encore aux concours hippiques organisés par les 4-H, tout en déclarant qu'il trouvait outrageant que des gens soient obligés de l'aider à monter en selle!

Il y a deux ans (il avait alors 83 ans), il a finalement pris sa retraite, les affres de la vieillesse le forçant à ralentir. Cette décision, quoique nécessaire, a dû être terriblement difficile à prendre. Jusque-là, il avait toujours été si actif. Il avait toujours fait à pied les vingt rues qui séparaient sa maison de son travail; il rencontrait fréquemment les directeurs et les cadres à la retraite ainsi que les pique-assiettes qui traînent à Washington Square et fréquentait tous les petits restaurants du quartier. Du jour au lendemain, il a décidé que les températures froides et humides, son ouïe faiblissante et ses muscles qui n'obéissaient plus comme jadis le forçaient à prendre cette décision ultime. Ma belle-mère et lui sont partis vivre dans une région plus chaude où les palmiers s'agitent doucement sous un soleil tropical et où les oranges, les avocats, les mangues et les citrons du jardin attendent d'être cueillis et où l'eau bleue des piscines ondoie d'une manière invitante à quelques pas de la salle de séjour.

Mon père est malheureux comme les pierres. En Floride, l'air est chargé d'humidité. La maison qu'ils ont achetée est située dans un coin perdu et ni l'un ni l'autre ne sait conduire une voiture. Les feuilles tombent dans la piscine; il faut toujours que quelqu'un s'en occupe. Un homme qui s'est toujours consacré à son travail ne peut pas facilement se trouver de nouveaux passe-temps. Son moteur tourne au ralenti; il ronge son frein. Pourtant, son sens de l'humour et son esprit vif ne l'ont pas quitté et quand je lui ai téléphoné pour lui demander comment il allait, il a gémi doucement: *"Au secours! Je suis prisonnier au paradis!"*

Je ne prendrai jamais ma retraite. C'est ce que mon père disait lui aussi. Je ne prendrai *jamais* ma retraite. Pourtant, ce mot me séduit comme mon père l'était par les marais tropicaux qui sont aujourd'hui pour lui un lieu d'exil, une retraite fermée. Je ne prendrai jamais ma *retraite.* Une réclame publicitaire pour une importante maison de courtage passe à la radio: "Merci, Paine Webber, je n'avais jamais été économe. Merci, Paine Webber, j'ai pu prendre ma retraite à 50 ans." Je murmure: "Le pauvre!" et je reprends mon travail.

Le journal me transmet des incitations et des promesses au moyen d'une publicité qui s'étale sur toute une page et qui vante les mérites d'un village de retraités: "Nous sommes Leisure Knoll." "Oui, c'est nous." Et ça continue: "C'est peut-être vous aussi. De quoi se féliciter d'avoir atteint 55 ans!" Eh bien! Je dois avouer que ce n'est pas *moi,* Leisure Knoll. Peut-être même que ce n'est pas *vous* non plus. Pourtant, dès qu'on atteint l'âge mûr, le mot "retraite" semble prendre vie: les média, les entreprises et même nos propres pensées nous le servent à toutes les sauces. La Retraite! L'âge d'or! Les Années de Loisirs! Assis sur nos derrières, nous récoltons les récompenses auxquelles nous avons droit. Isolés dans ces sociétés où règnent les discriminations fondées sur l'âge, "où des patrouilles circulent de l'aube au crépuscule afin de préserver notre tranquilité d'esprit" et s'assurent que rien ne pénètre nos maisons et si possible, que nous n'en sortons pas non plus. C'est l'opinion que j'en ai. Elle est un peu hostile, soit!

Je dois vous présenter l'autre côté de la médaille. Il y a des gens qui veulent réellement prendre leur retraite et beaucoup d'entre eux veulent le faire dès 50 ou 55 ans. Pour certains, c'est un événement normal qu'ils attendent avec impatience. Des études ont prouvé que jusqu'à 70% d'entre eux étaient entièrement satisfaits de leur retraite *quand ils l'avaient bien préparée,*avant! Il est temps d'examiner sérieusement le sens que chacun de nous prête à ce mot. Ce qui serait pour moi la damnation,peut très bien signifier le paradis pour vous. Votre rêve peut facilement être pour moi un cauchemar horrible.

Nous devons tous remercier en silence le chancelier allemand Otto von Bismarck d'avoir tiré on ne sait d'où le nombre magique: 65. À cette époque, en 1881, peu de gens vivaient plus de 65 ans. Bismarck (qui était loin d'être fou) devait choisir un âge assez avancé à partir duquel les travailleurs pouvaient bénéficier du premier plan de sécurité sociale. Si seul un petit nombre d'allemands atteignait 65 ans, l'état n'aurait pas à verser trop d'argent aux retraités. C'est un nombre aussi bon qu'un autre et la société occidentale l'a toujours conservé. Dans les années 1930, nos législateurs l'ont adopté officiellement quand notre système de sécurité sociale a été mis au point.

Ce merveilleux programme social éclairé (attaqué aujourd'hui sur tous les fronts) est tombé dans une désuétude aussi prévisible que celle des premiers appareils électriques (qui seront un jour hors d'usage). Que nous soyons prêts ou non, la société au complet s'attend à ce que nous prenions une retraite. On prend pour acquis que, soudainement, nous serons incapables de prendre nos responsabilités, de fonctionner aussi efficacement qu'auparavant à notre travail ou dans notre famille ou de conserver la place qui nous revient dans le monde ''réel'' où vivent des êtres humains importants et actifs, comme nous l'avons été pendant tant d'années. Même les synonymes que l'on donne à cette ''après-vie'' si célèbre et prétendûment idyllique, démentent les promesses que la société nous fait, sans jamais les tenir. Mon livre de référence préféré: *The Synonym Finder* (J.I. Rodale, Rodale Press, Emmaus, PA, 1979) est un trésor dans lequel on peut puiser de nombreux mots déprimants qui décrivent bien la retraite: ''isolement, enlèvement, éloignement, départ; mis au rancart, mis sur une voie de garage, rejeté, retiré, abandonné''. Ensuite, mon regard a été attiré par les mots utilisés pour les machines: ''écarté, mis hors service, mis au rebut, délaissé''.

Comme toujours, Maggie Kuhn exprime cette idée d'une façon saisissante. ''Notre cerveau a été endommagé par une société qui est convaincue que la vieillesse est une maladie. Quand nous atteignons 65 ans, nous sommes jetés aux ordures. . . Pour me rendre chez moi de l'aéroport de Philadelphie, je dois passer devant un dépotoir où l'on abandonne de vieilles voitures qui rouillent empilées en tas. Elles seront finalement toutes démolies par notre société qui veut que tout soit brillant comme un sou neuf. C'est exactement ce que l'Amérique fait aux gens.''

Pendant des siècles, les entreprises américaines ont été au service de l'idée de la retraite forcée, faisant miroiter l'image invitante d'une vie remplie de loisirs dans un paysage inondé de soleil. Elles demandaient en retour que les salariés respectent la conformité, la productivité et le rendement (ou plutôt la limite minimale de production) et qu'ils subordonnent leur vie personnelle aux besoins de l'entreprise, tout ça pendant 30 ans ou plus. En dépit du fait que les travailleurs les plus âgés se retrouvent invariablement parmi les plus productifs, parmi ceux qui ont le plus de talent, qui sont les plus fiables, qui s'adaptent le plus rapidement, sans mentionner qu'ils sont souvent les plus loyaux, des millions d'entre nous ont été obligés de subir une autre forme de chômage qui est, celle-là, décrétée par le calendrier. Il ne faut pas se méprendre à ce sujet! Comme le docteur Alex Comfort l'a dit avec tant de justesse, la retraite n'est qu'une autre forme de chômage et ceux qui ne s'y sont pas préparés risquent d'en souffrir les conséquences aussi sûrement que les adolescents *qui* veulent travailler, mais qui ne rencontrent que des portes fermées.

J'ai vu, bien sûr, des situations dans lesquelles je serais plus qu'impatient de prendre ma retraite, si j'avais été assez malchanceux pour travailler durant 30 ans dans les conditions impossibles qui règnent dans certaines usines américaines. Les industries de l'aluminium et de l'acier se glorifient de posséder des chaînes de montage où la chaleur s'élève à plus de 66°C (la température qui règne à l'extérieur au cours d'une belle journée d'été à Chicago semble fraîche malgré ses 35°C!). Les employés doivent se relayer près des machines à toutes les vingt minutes. Dans une usine d'aluminium où l'on recyclait les déchets, le couvercle de l'objectif de notre caméra a fondu, alors que nous filmions le métal en fusion, qui était coulé en barre sous nos yeux.

Les filatures de coton du sud, fermées, bruyantes et poussiéreuses, les conditions de travail si dangereuses qui règnent dans tant de chaînes de montage, et les dangers mortels des industries d'amiante et de produits chimiques, me feraient *courir* vers ma retraite afin d'échapper à un monde où j'étais bien rémunéré, mais qui a fini par me faire détester mon travail. N'importe quelle solution de rechange serait préférable aux conditions de travail que j'ai décrites, même m'asseoir devant un téléviseur, la bière à la main, et laisser mon corps et mon esprit se désintégrer doucement.

Pour les autres, qui sont relativement peu nombreux, la notion de loisir n'a pas beaucoup de sens, surtout si l'on traduit "loisir" par "ne rien faire". Des millions de gens ne veulent pas prendre leur retraite, de gré ou de force. Beaucoup d'entre nous ne se retirent que pour commencer une nouvelle carrière et j'ai d'ailleurs consacré un chapitre complet à ce phénomène. Dans l'étude Harris sur la vieillesse, on a découvert que la notion de loisir avait moins de signification pour les gens âgés qu'elle n'en avait pour les jeunes de notre pays, et que la retraite représentait plus d'attraits pour eux que pour les gens d'âge mûr ou pour les gens âgés! Il n'est pas étonnant de découvrir que la plupart d'entre nous *veulent* rester actifs, en dépit du mythe social qui veut que la retraite soit un isolement complet, loin de la vie.

À une époque où certaines tendances semblent indiquer qu'un nombre croissant de gens optent pour la préretraite, des tendances opposées nous poussent à prendre notre retraite plus tard que jamais; ces deux tendances se côtoient, même si elles semblent entrer en conflit au niveau philosophique.

En premier lieu, certains de ceux qui avaient prévu prendre leur retraite alors qu'ils seraient encore jeunes, ont découvert que le taux d'inflation toujours croissant ne leur laisserait pas le choix. La plupart des plans de retraite des entreprises n'ont tout simplement pas pu suivre l'augmentation du coût de la vie, même si la sécurité sociale et les plans de retraite gouvernementaux s'ajustent automatiquement au taux d'inflation. Même ceux qui ont l'impression que leur pécule peut leur permettre d'arrêter de travailler ou de changer de carrière, sont très conscients des dangers inhérents à la hausse des coûts des soins médicaux et hospitaliers; l'avenir menace de rendre ces coûts impossibles à supporter pour ceux qui auront un revenu fixe. Ces dures réalités influencent même les façons de penser des générations plus jeunes, et il semblerait que beaucoup de travailleurs du groupe d'âge qui comprend les gens entre 35 et 40 ans, ne puissent envisager de prendre leur retraite avant l'âge de 70 ou 75 ans, s'ils veulent mener une vie confortable!

Cette tendance à retarder la retraite a des côtés positifs et je songe à ceux d'entre nous qui ne veulent pas demeurer inactifs. Le 1er janvier 1979, une nouvelle loi discriminatoire envers les personnes âgées est entrée en vigueur: elle stipule qu'un travailleur ne peut être mis en retraite forcée avant l'âge de 70 ans. Auparavant, l'âge limite était de 65 ans.

En même temps, les entreprises américaines découvrent lentement que les travailleurs âgés sont une vaste mine de savoir-faire et d'expérience tout à fait inexploitée. Notre santé est meilleure qu'elle ne l'a jamais été; notre taux d'absentéisme est plus bas que celui de nos jeunes collègues, et nos dossiers font meilleure figure que les leurs. Un autre facteur a ouvert les yeux des entreprises sur notre vraie valeur et les a rendues plus réceptives à l'idée de retarder la retraite des travailleurs âgés. Le taux de natalité décroissant a résulté en une diminution des jeunes travailleurs disponibles et prêts à accepter des postes importants de superviseurs ou de directeurs. Le monde des affaires est, avant tout, un monde pragmatique et même s'il est orienté vers la jeunesse, les places libres dans la hiérarchie de l'entreprise entraînent une baisse de productivité. Alors, on nous découvre tout doucement. Quand je repense à l'histoire de la discrimination envers les personnes âgées, je jette un oeil prudent sur un gouvernement qui veut réduire la surveillance qu'il exerçait sur les préjugés relatifs à l'âge et au sexe dans l'industrie. Ce dossier n'est pas toujours très réjouissant.

La compagnie Standard Oil de Californie, par exemple, a décidé de réduire son personnel et a mis à pied 160 employés, parmi les plus âgés. Un tribunal fédéral a forcé la compagnie à réembaucher 120 travailleurs, à verser presque deux millions de dollars en rappel de traitement et à réintégrer les travailleurs dans les plans de pension de retraite, d'achat de valeurs et d'assurance. Sans les lois fédérales, ces employés n'auraient eu aucun recours.

Il y a quelques années, la compagnie de transport Greyhound a affirmé que le corps humain commençait à dégénérer après l'âge de 35 ans. Ils ont forcé les chauffeurs qui étaient dans le milieu de la cinquantaine à prendre leur retraite. Cependant, la compagnie perdit sa cause puisqu'elle enfreignait certaines lois sur la discrimination envers les personnes âgées. On réussit même à prouver qu'ils avaient des chauffeurs sensationnels qui étaient dans la soixantaine.

Pourtant, dans certains cas, le gouvernement a soutenu que 60 ans était un âge magique qui correspondait à la dissolution physique. La Federal Aviation Association (FAA)[1] a établi que les pilotes commerciaux de cet âge devaient obligatoirement prendre leur retraite. Un pilote protesta: ''Un jour, vous avez 59 ans et vous

---

[1]Association fédérale de l'aviation.

volez; le lendemain, vous êtes à la porte!''

Pendant dix mois, des médecins se sont penchés sur ce problème. Ils ont conclu qu'il n'y avait ''aucune raison'' pour que 60 ans soit l'âge standard pour la retraite obligatoire. Ils ont fortement recommandé que l'on insiste plus sur les vérifications de routine destinées à vérifier si l'habileté de chaque pilote satisfaisait les critères commerciaux relatifs aux avions à réaction commerciaux, plutôt que de s'attarder à déterminer un âge arbitraire. Plus tard, en lisant le journal, je suis tombé sur un article qui m'a fait sourire. On y parlait d'un homme, Russell Green, qui s'était toujours intéressé au pilotage, mais qui n'avait jamais pu s'y mettre quand il était jeune. Il a finalement subi les examens oraux et pratiques de la FAA et il les a réussis. Il a maintenant fait plus de 200 heures de vol en solo dans un planeur, et il a 83 ans!

Quand on réfléchit à la retraite et à tout ce qu'elle implique, on voit combien il est absurde de vouloir classer une génération entière dans un ensemble de prédictions bien structurées. Certains veulent prendre leur retraite, d'autres l'ont déjà prise. Beaucoup seront entraînés de force, en hurlant leur désarroi, dans ce mélange imprécis de stéréotypes, de mythes, de rêves, d'idées, de peurs et de prédictions. Ils découvriront soudainement de nouvelles réalités, quand ils finiront par abdiquer.

Peu importe nos choix, il y aura toujours un besoin réel de définir la retraite en termes sobres et réalistes, ne comportant aucune touche de romantisme, si nous voulons créer avec succès un changement dans notre mode de vie. Il n'est pas nécessaire que tous ces événements forment une crise, même s'ils en prennent souvent l'apparence. Nous avons été élevés dans le système de valeurs américain qui gravite autour du travail, puis tout d'un coup, on nous en dépossède et du même coup, on nous dépossède de notre dignité et de nos ambitions. Nous devons le remplacer par quelque chose de différent, de nouveau et qui peut apporter au moins autant de satisfactions, sinon plus. ''Vous pouvez vous retirer du monde du travail'', dit Maggie Kuhn, ''mais vous ne pouvez vous retirer de la vie.''

Je me suis promené dans les centres commerciaux et les mails de Floride, d'Arizona et de Californie et j'y ai rencontré des hommes et des femmes qui s'étaient installés dans ces régions avec tous leurs rêves, avec résignation ou dans l'espoir de faire enfin ce qu'ils avaient toujours voulu faire et après avoir travaillé dur pour y parvenir. Selon ce qu'étaient leurs attentes et leurs façons d'accepter la réalité, ces lieux de retraite représentent maintenant pour eux l'antichambre de leur tombe, ou des portes qui s'ouvrent sur l'euphorie ou sur des châteaux en Espagne.

Je discutais avec un homme en faisant la queue à la caisse d'un grand magasin de Miami. Les premiers mots qu'il m'a dits furent: ''Êtes-vous à la retraite?'' Je lui ai répondu que non. Nous sommes allés prendre un café ensemble et il m'a fait des confidences. Il avait eu sa propre entreprise, l'avait vendue et n'était à la retraite que depuis quelques mois. Les dures réalités de la vie lui tombaient dessus.

''J'ai renoncé à mon trône, le jour où j'ai abandonné mon bureau'', me dit-il. C'était loin d'être inhabituel. Le sentiment d'avoir un endroit où aller, d'avoir quelque chose de précis à faire s'était évaporé. Certains changements se produisaient lentement mais sûrement. Il se rappelait clairement les petits à-côtés dont il bénéficiait au bureau, ''quand j'ai payé mon premier plein d'essence, j'ai cru que je ne m'en remettrais jamais!''

J'ai erré pendant quelques jours, je me suis assis sur des bancs de parc et j'ai parlé à beaucoup de retraités. À l'extérieur des boutiques, les hommes attendent, prêts à discuter des affaires qu'ils ont conclues jadis et des emplois qui ne sont plus les leurs. Ils parlent des maladies dont ils souffrent et de leurs fils (jamais de leurs filles) qui réussissent bien, qui sont médecins ou avocats à New York, à Los Angeles ou à Chicago.

Dans les supermarchés, les *couples* font leur épicerie ensemble. Les femmes ne font plus leurs courses toutes seules pendant que les maris jouent les rois au bureau. La retraite, pour les hommes comme pour les femmes, c'est de redécouvrir un visage, une personne et d'apprendre à vivre avec toute la journée. Celui qui ne venait dîner que de temps à autre, est là tous les jours et pour tous les repas. Les couples qui ne se voyaient que rarement, sont ensemble 24 heures sur 24. Les temps libres pèsent lourd. Beaucoup de retraités se sentent déplacés, déclassés et voient le monde très différemment de ce qu'ils avaient prévu; certains ne se sont pas préparés psychologiquement; d'autres croient que le moindre malaise est le premier signe d'invalidité ou la première manifestation d'une maladie chronique. Il y a beaucoup de désenchantement. Ces gens souffrent de l'inflation et du fait que leurs enfants ne les visitent que rarement ou qu'ils ne font que la visite obligatoire de

Noël. Rien de tout ça n'était prévu.

Le "paradis" où mon père et des milliers de ses semblables vivent, pose les mêmes problèmes que ceux qui existent à New York, à Détroit, à Omaha ou à Boston. Dans certaines communautés de retraités, j'ai vu que les gens transportaient toujours des fusils dans le coffre à gants ou sur la banquette de leur automobile. En allant interviewer quelqu'un qui habitait une petite ville de Floride, j'ai allumé la radio et j'ai entendu une réclame publicitaire qui recommandait d'acheter une arme chimique le plus tôt possible! "Méfiez-vous des voleurs qui pourraient vous attaquer si votre voiture tombait en panne. Protégez votre famille. Ce produit étourdit n'importe quel adversaire pendant 15 minutes, sans autres effets nocifs!"

En première page du petit magazine publié par les propriétaires de condominiums, on peut lire: "Les problèmes des condominiums: la violence, les animaux d'appartement et bien d'autres." Je me suis cru à New York en lisant les horribles titres à sensation qui font vendre les journaux. La réalité a en quelque sorte suivi les retraités jusqu'aux endroits où elle n'était pas censée aller. Je ne sais pas si je devrais rire de tout mon saoul ou bien me mettre à courir jusqu'à ce que je rencontre quelqu'un à qui je pourrais lire ces articles qui décrivent comment des poulets morts ont été découverts sur le pas de la porte d'un propriétaire affolé. Dans le rapport d'un procès qui s'est tenu à Broward County, on peut lire qu'un couple était assis près de leur piscine. Ils se sont disputés avec deux hommes qui ont finalement arraché le maillot de bain du plaignant "avant de le battre jusqu'à ce qu'il perde conscience."

Le président d'une association de propriétaires de condominiums a été mordu à la jambe par un "fanatique". Un propriétaire a menacé de tuer le président d'une autre association à l'aide d'un fusil de chasse, parce que ce dernier avait osé déplacer sa bicyclette. Des excréments de chien sont lancés dans la piscine du haut d'un balcon situé sur la chic terrasse d'une tour d'habitation.

On a dépeint les condominiums de Floride, les coopératives d'habitation du sud de la Californie et les maisons de retraités de certains petits villages comme étant isolés des problèmes quotidiens du "monde extérieur". Nous croyons que nos vies de retraités seront sans soucis, sans problèmes et sans responsabilités. En réalité, ce sont des chaudrons bouillants qui reflètent exactement les différents modes de vie du monde que nous venons juste de quitter avec, en plus, toutes les complications qu'impliquent un important réajustement psychologique et physique. Les retraités qui continuent d'habiter les communautés où ils ont vécu toute leur vie, sont généralement mieux placés pour accepter que la vie continue comme elle l'a toujours fait en dépit de leur propre changement de mode de vie.

J'ai choisi délibérément de peindre ce tableau sombre et peu réjouissant, afin d'exprimer clairement mon point de vue. En général, les gens attendent beaucoup trop de leur retraite. Et planifient trop peu. Ils veulent la vivre comme ils ont vécu le début de leur vie — en refusant de voir la réalité, sans prévoir et en considérant comme crises tous les changements et tous les mouvements décisifs auxquels ils doivent faire face. Existe-t-il des retraités heureux? Bien sûr! La plupart d'entre eux remplissent les deux conditions essentielles pour que la retraite soit une réussite:

Planifier ses ressources financières de manière à s'assurer une vie confortable et sans trop de soucis.

Continuer à s'intéresser à certaines choses, à une nouvelle carrière, à un travail bénévole ou tout simplement à la pêche. La plupart des retraités heureux se sont fixés des buts qu'ils veulent atteindre pour eux-mêmes. Ils ont *tous* accepté le fait qu'il était impossible de se retirer de la vie.

Mon beau-frère, Murray, a commencé à planifier sa retraite dès le premier jour où il a commencé à travailler. L'idée d'avoir de nombreux loisirs et un revenu suffisant, était pour lui le but à atteindre, son leitmotiv, bref, son but ultime. Il a pris sa retraite à 55 ans et s'est exilé en Floride, l'endroit que j'ai banni si facilement au début de ce chapitre. Il fait exactement ce qu'il avait l'intention de faire et il est une des personnes les plus heureuses que je connaisse. Il a le temps de s'intéresser aux détails de ses placements. Il a des amis qu'il connaît depuis l'époque où il vivait dans le nord-est des États-Unis. Il a une aversion terrible envers les hivers froids new-yorkais et il espère ne jamais y retourner.

Il y a quelques heures à peine, j'ai passé la matinée à interviewer un couple d'amis qui habite ici, à Fire Island. Les deux ont pris leur retraite il y a quelques années, mais pas tout à fait en même temps. Tom m'a confié: ''C'était voulu. Il faut passer par une certaine période d'ajustement quand on se retrouve à la maison et qu'on vit tout le temps avec une femme qui n'a été une épouse que les week-ends, pendant de nombreuses années. C'est pourquoi j'ai pris ma retraite en premier et que Norma m'a rejoint deux ans après.''

Tom et Norma sont les deux retraités les plus heureux que je connaisse. Il est un ex-directeur de la NBC et il est avocat en plus. Sa retraite lui a permis de faire tous les voyages auxquels il n'avait jamais osé rêver, de l'Égypte aux Îles Galapagos en passant par Écuador. Il s'intéresse à l'astronomie, à la pêche, à la navigation et à tellement d'autres sujets qu'il nous est difficile de le suivre et de savoir à quoi il se consacre actuellement. ''J'aime aussi bricoler, m'explique-t-il. La clé, c'est d'organiser soi-même sa retraite dans la mesure du possible.'' Il continue en expliquant: ''Toutes les retraites que j'ai vues à la NBC et qui n'ont pas été des succès, ont échoué à cause de problèmes financiers ou parce que les gens ne savaient pas du tout quoi faire des temps libres des innombrables journées à venir. La réception donnée en l'honneur de quelqu'un qui prenait sa retraite et qui a été la plus amusante était celle d'un recherchiste qui avait planifié cet événement pendant 15 ans. Il nous a montré des photos de la ferme qu'il avait achetée et il nous a expliqué ce qu'il voulait en faire. C'est probablement lui qui s'est le plus amusé!''

Norma était la directrice administrative d'un important cabinet d'avocats. Aujourd'hui, elle est encore plus active que jamais, fortement impliquée dans la politique de notre île. Elle a été maire de notre village et je dois dire qu'elle fut le meilleur administrateur que nous ayons eu. Elle est actuellement présidente de l'association des habitants de Fire Island, un groupe de citoyens qui tiennent à préserver les récifs fragiles qui entourent l'île et à les protéger contre le surdéveloppement et l'incursion de la civilisation urbaine. Elle est d'accord avec moi: ''On doit rester occupé. Chaque matin, on doit se lever avec en tête une liste de tout ce qu'on doit faire — même si on ne se rend jamais au bout!''

Mon ami Dee, celui qui m'a écrit une lettre si éloquente sur le ''nid déserté'', m'en a envoyé une autre dans laquelle il m'annonce qu'à 55 ans, il prend sa retraite; il quitte son emploi de directeur chez Coca-Cola. Il peut enfin retourner à l'école et faire sa maîtrise! Un autre de mes amis, qui est à la retraite depuis deux ans, m'a dit: ''Je suis si occupé que je me demande encore comment j'ai pu trouver le temps de *travailler* pendant toutes ces années!''

Existe-t-il des retraités heureux? Maggie Kuhn répond: ''Oui, je suis convaincue qu'il y en a. En premier lieu, ils doivent avoir

un revenu suffisant pour compenser les ravages causés par l'inflation. De plus, ils doivent être capables d'utiliser leurs expériences
passées pour se fixer de nouveaux buts et recommencer à neuf.
Certaines personnes voient la vieillesse comme étant un prolongement de ce qu'ils ont toujours fait auparavant au lieu de la considérer comme étant une nouvelle liberté, un nouveau départ dans
un nouveau rôle et une nouvelle occasion d'aller à l'aventure et
de prendre des risques. C'est une occasion de reconstruire et d'essayer quelque chose d'entièrement nouveau.''

Lorsqu'on interroge des retraités au sujet de leur passé, ils affirment généralement que la chose la plus importante que leur rapportait leur travail, après leur revenu évidemment, était le travail,
l'impression d'être utiles et les activités qui se déroulaient autour
d'eux au moins huit heures par jour. Pour certains cadres qui
avaient des tendances à être des bourreaux de travail, la *seule* chose
qui pouvait les satisfaire, était d'être pris par leur travail — certains
jusqu'à seize heures par jour, tous les jours de la semaine, même
pendant les week-ends.

L'étude Harris a démontré que la plupart des gens qui prennent leur retraite ne veulent pas être exclus du monde qui les
entoure, ni avoir pour seule compagnie des gens de leur âge. Les
chiffres qui suivent sont du plus grand intérêt; ils représentent ce
que les personnes à la retraite considèrent comme étant les étapes
les plus importantes à suivre pour préparer ce qui nous attend après
notre retraite:

88% considèrent qu'il est très important de pouvoir s'offrir des
soins médicaux adéquats.
81%, rédiger un testament.
80%, faire des économies.
80%, apprendre tout ce qui est possible au sujet des prestations
de la sécurité sociale et de la pension de retraite.
70%, acheter une maison.
64%, mettre sur pied des activités pour occuper leurs temps
libres.
50%, décider si l'on déménage ou si l'on reste dans le même
quartier.
31%, se trouver un nouvel emploi à temps partiel ou à temps
plein.

Vous remarquerez à quel point les gens sont préoccupés par leur situation financière. Les plus grands regrets des personnes qui sont déjà à la retraite y sont rattachés. La plupart d'entre elles souhaiteraient avoir planifié leur carrière différemment, afin de s'être assuré une meilleure sécurité financière. Malheureusement, nous n'avons pas un contrôle complet dans ce domaine, mais la prise de conscience et la planification sont les premières étapes.

Il existe des centaines d'ouvrages, de brochures et d'articles qui parlent de la retraite. Si l'on résume tous les bons conseils qu'on y trouve, on obtient tout simplement ceci: commencez à penser à votre retraite dès aujourd'hui. Si vous êtes passionné par votre travail à tel point que vous n'avez pas d'autres intérêts, il est grand temps de vous en découvrir. Mon ami Larry s'est retiré du service de police de Suffolk County à 42 ans. Son violon d'Ingres, la fabrication et la réparation de montres, d'horloges, etc., s'est avéré être une entreprise très lucrative en Californie. Il peut être très profitable pour *vous* de faire une liste de toutes les choses qui vous ont intéressé, à part le monde du travail, au cours des quarantes, cinquantes ou soixantes années que vous avez vécues.

Examinez attentivement ce que seront vos revenus mensuels quand vous serez à la retraite. Essayez de prévoir si vous pourrez vivre pendant un mois, sans oublier de tenir compte de l'inflation, de vos investissements et de tous les revenus possibles qui pourraient provenir d'un emploi supplémentaire.

Je dois prendre pour acquis que vous vous entendez bien avec votre conjoint (si vous en avez un) et que vos caractères sont compatibles. Il ne faut pas négliger les conflits et les réajustements qui peuvent surgir quand une personne à la retraite apparaît soudainement et pour toujours dans ''l'espace vital'' de son conjoint.

Le docteur Erdman Palmore, professeur de sociologie médicale au Center for the Study of Aging and Development[1] de l'Université Duke, recommande de prendre un mois de vacances qui sera comme ''un essai de retraite'' au cours duquel vous apprendrez les nouvelles routines et définirez avec votre conjoint les territoires que vous occuperez respectivement.

Si vous faites partie du personnel d'une grosse entreprise, il est possible que vous ayez à votre disposition un service qui dispense des conseils aux employés qui prennent leur retraite, non

---

[1]Centre d'étude du vieillissement et du développement.

seulement dans les domaines financiers, mais aussi concernant la planification d'assurances médicales et les solutions à apporter aux problèmes sociaux et émotifs qui peuvent surgir. Certains collèges et certaines écoles qui ont un service d'éducation permanente offrent des programmes dans lesquels on donne des conseils concernant la retraite.

Une des meilleures séries de brochures qui abordent la retraite et la préretraite est publiée par l'American Association of Retired Persons[1] (1909 K Street N.W., Washington, DC 20049). On peut se la procurer en versant une cotisation annuelle (minime, soit dit en passant). Ces brochures traitent des questions financières, de l'impôt sur le revenu. Elles donnent des conseils concernant la retraite. Elles décrivent les programmes de santé et d'assurance. Elles traitent des médicaments génériques, des problèmes de logement, de la discrimination envers les personnes âgées, de la prévention du crime, des services communautaires, du veuvage, de la nutrition et de bien d'autres sujets. Il n'est pas nécessaire de toutes les lire, mais elles vont vous faire réfléchir à tous ces sujets qui risquent de devenir très importants pour vous dans quelques années. Elles peuvent vous aider à éviter ce que les sociologues appellent parfois ''le choc de la retraite''.

Maggie Kuhn a raison. Vous ne vous retirez pas de la vie; vous n'abandonnez pas votre rôle de consommateur. Comme elle le dit si bien, avec une pointe d'humour noir: ''Vous utilisez et vous consommez des produits jusqu'à ce que la rigidité cadavérique s'empare de vous! Vous êtes un consommateur qui peut choisir d'être enterré ou incinéré. Vous pouvez décider que vos cendres seront jetées à la mer ou vous offrir des funérailles chic et de bon goût, qui permettront à l'entrepreneur de pompes funèbres de s'enrichir un peu plus. Nous sommes tous des consommateurs!'' Nous ne pouvons nous retirer de la vie, ni renoncer à être des citoyens responsables, ni arrêter de lutter pour ce qu'on croit être juste et bon. Nous ne devons pas laisser nos talents se flétrir pour la simple raison qu'un autre changement se produit dans une vie où des milliers d'autres changements se sont produits.

Lorsque je m'arrête pour regarder où je suis, à l'heure actuelle, vers la fin de la cinquantaine, il m'est impossible de répondre à une question à la fois simple et compliquée: est-ce que je vais pren-

---

[1]Association américaine des personnes retraitées.

dre ma retraite un jour? Est-ce que j'accomplirai toutes ces choses que j'ai inscrites sur des listes pendant des années? Je n'ai jamais visité la Statue de la Liberté ; j'ai honte de l'avouer surtout qu'elle se tient juste là, à l'entrée de la ville. Je n'ai pas eu le temps de m'occuper de mes vignes, ni d'aller visiter le zoo du Bronx pour y admirer l'éléphanteau de 70 kilos qui vient juste de naître, ni de lire certains de ces nouveaux livres qui déferlent sur le public à cause de cette folie de la publication, ni de relire mes livres préférés tels que *L'attrape-coeurs*.

Même si je peux comprendre ce que ressentent mes frères et mes soeurs qui désirent *réellement* prendre leur retraite, je partage, à l'heure actuelle, les sentiments de mon amie Norma et je crois que je vais continuer à faire des listes de choses que je n'aurai jamais le temps d'accomplir et de travaux que je n'exécuterai jamais. Je ne peux pas imaginer qu'un jour ma carrière cinématographique touchera à sa fin, car j'espère m'améliorer en vieillissant. J'ai en tête des plans et des idées qui me permettront d'écrire pendant les cinquante prochaines années. J'aimerais écrire un roman, mais j'hésite encore à relever ce défi. Je suis probablement trop jeune encore pour réussir un tel exploit!

Mon père, de qui je tiens sûrement ma personnalité névrosée et hypertendue, menace de revenir à New York. Le paradis dans lequel il croyait aller vivre n'est pas perdu, il n'a jamais existé. Il veut revenir à New York, à sa température, à ses problèmes et à tout le reste. Les jours où il se sent vraiment fatigué, il admet que ça ne pourrait pas marcher. Cependant, il continue de menacer de retourner en ville et moi, je continue à l'encourager. S'il désire revenir, je ferai tout ce qui est en mon pouvoir pour lui faciliter son retour. Pour le moment, et je ne sais pas ce que j'en penserai dans vingt ans, je crois qu'il a raison. La vie est bien meilleure ici, si c'est ce qu'il croit.

Chapitre 16
L'étrange cas du
dollar qui rétrécit

*La jeunesse est un temps pour amasser; l'âge mûr est
un temps pour faire fructifier; la vieillesse est un temps
pour dépenser!*

Anne Bradstreet
(17e siècle)
Thirty-Three Meditations

Il y a quelque temps, lors d'une expédition cinématographique en
Californie, alors que nous attendions une correspondance dans un
aéroport, nous avons décidé d'aller prendre une bouchée. Nous
avons eu droit à un repas rapide, infect. L'assistant-caméraman,
un jeune homme d'environ 30 ans, s'est commandé deux hamburgers, des frites, un lait malté au chocolat et pour dessert, des fraises fraîches, hors-saison, à 3,50 $ pour six fruits gonflés, cultivés
artificiellement. Puisqu'il était de toute évidence un amateur de la
restauration rapide, il s'est empressé de déguster la première partie de son repas, puis il a approché son petit bol de fraises.

Doucement, il porta l'un des fruits rouges à ses lèvres, prit une seule bouchée, remit la fraise dans le bol avec les autres. Il repoussa ensuite le bol avec un geste d'indifférence et n'y toucha plus. Par curiosité, je lui ai demandé si les fraises étaient avariées ou si elles manquaient de goût. Il m'a répondu: ''Non, non. J'en voulais pas plus.'' Le caméraman, Joe Longo, a senti immédiatement ma consternation devant un tel gaspillage. Il me regarda, les yeux pétillants et forma silencieusement avec ses lèvres le mot ''gâté''. Joe a presque le même âge que moi et il a compris tout de suite ce que j'avais pensé.

Je suis un enfant de la Crise et je n'ai jamais pu me débarrasser complètement des sentiments qui accompagnent les souvenirs que j'ai encore de cette lointaine époque. Il est vrai que notre famille nous a tenus à l'écart, mon frère et moi, de l'angoisse et du désespoir qui régnaient. Il est vrai aussi que la vie que nous avons connue après a plus que compensé pour les efforts qui ont permis à notre famille d'immigrants de faire enfin partie de la classe moyenne américaine. Pour moi, qui n'était qu'un enfant à l'époque, je n'étais conscient que d'une chose: c'était une époque formidable. Par contre, mon père, lui, en a travaillé un coup. En ville, les visages des vendeurs de pommes réfléchissaient pour nous la poussière de l'érosion des fermes et des fermiers décharnés et affamés. Je revois clairement le visage d'angoisse de mon père quand, un bon matin, il est sorti de la maison en courant pour aller grossir les rangs d'une longue file d'attente qui s'étirait devant les banques aux volets fermés et aux portes barricadées derrière lesquels les économies de toute une vie étaient hors d'atteinte. Je me rappelle que des familles entières ont été jetées à la rue avec tous leurs meubles, tous leurs vêtements et quelques possessions entassées sur le trottoir tandis que les mères affolées essayaient de réconforter les enfants apeurés.

Je ne peux supporter le gaspillage. À mes yeux, c'est un péché de jeter la laitue ou le persil qui garnissent les plats servis dans la plupart des restaurants américains et que personne ne daigne manger. J'imagine facilement que le fermier qui a peiné pour sa récolte doit faire de terribles cauchemars quand il voit le résultat de tous ses efforts grossir le tas d'ordures destinées aux énormes camions du service sanitaire. Bien que je fasse maintenant partie de l'un des groupes les plus à l'aise de toute l'histoire américaine, je garde tout au fond de moi un peu de l'insécurité qui régnait à cette époque lointaine et je suis convaincu qu'il n'y a rien de permanent dans ce bas monde. Même si j'ai l'air en sécurité, j'attends toujours l'épée de Damoclès qui détruira tout ce que j'ai amassé. Mes antécédents sont apparus beaucoup trop clairement dans ma réaction devant le gaspillage d'un bol de fraises. C'est quelque chose que nos enfants et que les enfants de nos enfants ne comprendront jamais.

Il va sans dire que les gens qui réagissent comme moi (et je prends pour acquis que je ne suis pas le seul) sont vraiment touchés par les gros titres qui s'étalent joyeusement sous nos yeux chaque matin en première page des journaux. Ils nous rendent mal à l'aise. Si, comme je l'ai affirmé dans le chapitre précédent, mon avenir en tant qu'Américain âgé est directement lié à la structure financière que je bâtis alors que je suis d'âge mûr, mes appréhensions sont fondées. Les promesses qu'on nous a faites (à nous, les gens d'âge mûr) ne seront probablement pas tenues. On nous a dit que la sécurité sociale était dans une situation difficile. On nous a dit que nous, les prochains bénéficiaires en liste de ce système éclairé de sécurité financière, découvrirons probablement que la caisse est vide.

Pour moi, comme pour les milliers d'autres personnes d'âge mûr, la sécurité sociale fait partie intégrante d'un plan général qui inclut des plans de retraite privés ou R.E.É.R. (régime enregistré d'épargne-retraite ou l'équivalent), quelques petits placements et des assurances. Si l'un de ces éléments disparaît, toute la structure financière en souffre. Il est difficile de penser aux vingt prochaines années et d'établir des plans sans qu'on nous rappelle constamment l'imminence de certaines catastrophes. Croyez-moi, ces rappels à l'ordre sont très fréquents!

Sur la première page d'une revue très populaire on peut lire: ''Avez-vous les moyens de prendre votre retraite?'' De nombreux autres titres rivalisent pour attirer mon attention (la plupart d'entre eux s'étalent en première page des journaux):

Les problèmes des plans de retraite
La crise (sic!) de la sécurité sociale
La retraite à 65 ans: un but de plus en plus difficile à atteindre
L'avenir s'annonce mal pour les personnes âgées

Qu'essaie-t-on de nous faire croire? Pourquoi tous ces avertissements, toutes ces histoires d'épouvante et ces ''vous n'avez rien à craindre'' alors qu'au même moment, on nous parle des dangers qui menacent les structures de tout notre système social? La loi sur la sécurité sociale, signée en 1935 par le président Franklin Delano Roosevelt, est un des chefs-d'oeuvre de la législation sociale du siècle. Elle assure que plus de trente-six millions de travailleurs pourront vivre dans la dignité et qu'ils auront un peu de sécurité. Les statistiques sur lesquelles on s'était basé pour établir cette loi en démontraient la viabilité et la possibilité.

Il n'y avait qu'un retraité pour 35 travailleurs. Les surplus ont augmenté à tel point que le système a pu être amélioré de façon à inclure des fonds supplémentaires pour une assurance-invalidité, pour les dépendants et les survivants, pour des soins médicaux et pour une assurance médicale supplémentaire. Ce programme a remporté un succès qui a dépassé tous les espoirs du président Roosevelt et du Congrès. Il permettait de réduire considérablement le nombre de personnes âgées indigentes: au début de cette décennie, il n'y en avait que 15% environ. Ce programme constituait une base solide sur laquelle les gens d'âge mûr pouvaient établir leurs plans financiers pour leur avenir puisqu'il prévoyait des augmentations des prestations en fonction des hausses du coût de la vie, à des intervalles bien déterminés. Et maintenant, il semble que les résultats assez dégrisants de certaines enquêtes démographiques suffisent pour faire basculer tête première un si beau programme.

Ils nous affirment qu'au tout début, 35 travailleurs subvenaient aux besoins d'un seul bénéficiaire et, qu'au cours des 12 premières années, le revenu de chaque travailleur n'était taxé que de 1% sur un revenu maximal de 3,000 $ (ou 30 $ par année) — ce qui était relativement peu même selon les normes de la période d'après la Crise. Au fur et à mesure que les gens ont eu une espérance de vie plus élevée et qu'ils se sont mis à prendre leur retraite de plus en plus tôt, le rapport est tombé en chute libre et le fardeau a dû être partagé entre un nombre de travailleurs toujours décroissant. À l'heure actuelle, seulement trois travailleurs doivent subvenir aux besoins d'un retraité et en 1985, chaque travailleur devra verser une contribution égale à 7,05% de son revenu, ce taux s'appliquera à des gains maximaux de 43,500 $ (donc, un maximum de 3,060 $ par année). En 1990, le taux atteindra 7,65% et les salaires auront augmenté jusqu'à 66,900 $ par année (le maximum annuel sera alors de 5,117 $).

Les voix qui s'élèvent de Washington nous disent aussi que

la situation économique des dernières années n'a rien fait pour arranger les choses (au contraire). Le chômage qui a sévi plus que jamais a eu pour conséquence directe de réduire le nombre de payeurs de taxes,tandis que le taux d'inflation de l'ordre des dizaines a fait augmenter le montant des prestations versées aux bénéficiaires. On nous apprend qu'au cours des cinq prochaines années, le système de sécurité sociale devra faire face à un déficit de dix à cent milliards de dollars (variable selon les sources) et qu'une crise encore plus sérieuse se déclenchera dans 25 ou 30 ans,quand les enfants nés pendant ''la revanche des berceaux'' commenceront à prendre leur retraite. On a dit et écrit tellement de choses au sujet de la ''crise''; les ''prophètes'' de malheur se sont fait entendre si fort que la plupart des gens de 30 ans sont convaincus qu'ils ne recevront jamais un sou malgré tout l'argent qu'ils ont versé à la sécurité sociale, qu'ils prennent leur retraite à l'âge de 50 ans ou s'ils attendent jusqu'à l'âge de 70 ans. Ce n'est pas par hasard que j'ai posé la question: ''Qu'essaie-t-on de nous faire croire?'' car plus je regarde le scénario se dérouler, plus je soupçonne que nous soyons en train de devenir les victimes d'une multitude d'*autres* problèmes gouvernementaux relatifs à l'économie.

Je ne suis plus le seul à m'exprimer avec un tel cynisme et la voix de la raison et les plaidoyers en faveur de notre cause commencent à se faire entendre. L'été dernier, au cours d'une petite réunion entre amis, j'ai longuement discuté avec Geraldine Ferraro, membre du Congrès et membre d'une commission d'enquête sur la vieillesse nommée par la Chambre des Représentants. Nous avons parlé du naufrage financier que prédit le gouvernement chaque fois que le sujet de la sécurité sociale est abordé. Elle m'a finalement dit en riant: ''J'espère que vous ne croyez rien de ce qu'ils racontent!'' Elle m'a suggéré d'entrer en contact avec Robert M. Ball. J'avais déjà entendu parler de lui.

Depuis 1962, Robert M. Ball a été délégué à la sécurité sociale (sous trois gouvernements différents). Il est conseiller depuis 1973. À l'heure actuelle, il est président du comité consultatif de la ''Save Our Social Security'' (SOS) Coalition[1], composée de plus de 90 organisations dont l'ensemble des membres s'élève à environ quarante millions d'adultes. Il est vrai que je ne suis pas le seul, puisque la coalition englobe les syndicats de travailleurs, les groupes

---

[1]Coalition pour la sauvegarde de la sécurité sociale.

de l'âge d'or, des groupes qui représentent les handicapés, les groupes religieux les plus importants et des groupes qui s'intéressent au bien-être social. Même si Bob Ball et la coalition sont bien conscients que le système de sécurité sociale devra pouvoir compter sur des fonds plus importants au cours des quelques prochaines années, il affirme avec force que: ''. . . cela peut et doit être fait sans réduire de nouveau les prestations de la sécurité sociale pour ceux qui en reçoivent déjà et sans réduire celles que recevront ceux qui contribuent à ce programme à l'heure actuelle.''

Pourquoi existe-t-il pareille dichotomie, une telle différence entre l'opinion des prophètes de malheur du gouvernement et celle de personnes comme Bob Ball, les membres de la Chambre des Représentants Claude Pepper et Geraldine Ferraro et un nombre toujours croissant de membres du Congrès qui sont assis entre deux chaises, sans mentionner les sceptiques tels que vous et moi? Pourquoi existe-t-il des visions si diamétralement opposées que de plus en plus d'économistes appellent la question de la ''fausse banqueroute''?

En termes simples, lorsque le gouvernement a établi son programme économique initial, il a prévu que l'économie et que la théorie de ''l'apport'' iraient pour le mieux — une plus grande productivité, moins de chômage et une baisse de l'inflation et des taux d'intérêts. Quand on a fait les prévisions relatives à la sécurité sociale et aux autres programmes sociaux, on a utilisé les ''chiffres les plus pessimistes''. Dans un rapport présenté devant la Chambre des Représentants en octobre 1981, Bob Ball a déclaré: ''. . . selon les suppositions les plus pessimistes, c'est-à-dire les seules que le gouvernement accepte que nous utilisions pour les prévisions relatives à la sécurité sociale, il est possible que certaines difficultés surgissent dès 1984 ou 1985. Selon ces hypothèses, l'inflation sera encore d'un taux de l'ordre des dizaines jusqu'en 1984; il n'y aura aucune augmentation réelle des salaires au cours des cinq prochaines années; le taux de chômage atteindra 10% en 1983. Évidemment, il est toujours possible que la situation économique se détériore à ce point, mais il n'est pas encore nécessaire de protéger le système de sécurité sociale contre une telle possibilité.''

Il reconnaît qu'à l'heure actuelle il y a 3,2 travailleurs pour chaque retraité, mais il affirme avec force que la prévision qu'en 2020 il n'y en aura que deux par retraité n'est qu'une hypothèse. Il a déclaré au cours d'une entrevue: ''Il est probable qu'à cette époque, plus de gens âgés travailleront ainsi que plus de femmes. Les travailleurs devront faire vivre moins de jeunes gens. Le taux de natalité peut avoir changé tout comme il est possible que les politiques relatives à l'immigration et à la productivité soient modifiées. Tous ces changements peuvent influencer la situation économique. Je refuse d'admettre qu'il est nécessaire de réduire les prestations maintenant pour la simple raison que des problèmes futurs seront plus ou moins inévitables.''

Il existe beaucoup de solutions qui peuvent être appliquées à court ou à long terme et lorsqu'on envisage les implications politiques qu'entraînent les changements qui ont été suggérés,on se rend compte qu'il y a de bonnes chances pour qu'on trouve une façon de préserver et d'entretenir les fonds. Premièrement et en dépit de ce que le gouvernement voudrait bien nous faire croire, ce n'est *pas* le public (c'est-à-dire nous et nos jeunes collègues) qui se rebellera contre l'augmentation des contributions qui permettrait au système de sécurité sociale de rester solvable. L'étude Harris a démontré que le grand public — les jeunes *et* les vieux — a exprimé avec une majorité écrasante l'opinion que le gouvernement devait aider à subvenir aux besoins des personnes âgées en taxant tout le monde. À vrai dire, les gens de moins de 65 ans semblaient encore plus convaincus que ceux qui avaient plus de 65 ans! Quatre-vingt-dix-sept pour cent convenaient du fait que puisque ''le coût de la vie augmente, les prestations que la sécurité sociale verse aux personnes retraitées devaient, par conséquent, augmenter''.

Bob Ball ajouta: ''Dans tous les cas, il vaut la peine de mentionner qu'un taux de 8,5% ne serait pas un fardeau accablant. À l'heure actuelle, les travailleurs allemands versent des contributions équivalentes à 8% de leur salaire pour les personnes âgées, les vétérans et les handicapés. De plus, le gouvernement allemand paie 19% du coût total de ce régime.''

On voit bien que le grand public n'a pas tellement d'objections à ce que les taxes soient augmentées. C'est surtout du monde des affaires que s'élèvent les protestations; les entreprises (encore elles) cherchent à prendre tous les moyens possibles pour réduire leurs dépenses. L'augmentation des sommes que doivent verser les employeurs est proportionnelle à celle des contributions que paient les travailleurs. Il ne faut pas oublier qu'il faut parfois multiplier ces sommes par des milliers d'employés. Les suggestions visant à relever la sécurité sociale en augmentant le fond à même les revenus publics, comme pour le régime en vigueur en Allemagne, arrachent au monde des affaires de terribles cris de douleur puisque les entreprises devront en faire les frais.

On a proposé une centaine de solutions; la plupart d'entre elles étaient viables et pratiques,à court terme et à long terme. On a suggéré d'élever l'âge de la retraite, mois par mois, jusqu'à ce qu'il soit de 68 ans en l'an 2000. On pénaliserait sévèrement toute personne prenant sa retraite avant cet âge,en réduisant son revenu. Malheureusement, on a trouvé des arguments très valables *contre* cette solution si simple en apparence: certaines personnes sont forcées de prendre leur retraite parce qu'elles ont des troubles de santé ou parce qu'elles se sont épuisées à la tâche. De plus, il serait merveilleux d'éliminer en premier lieu toute discrimination fondée sur l'âge et ce, à tous les niveaux du monde de l'industrie, avant même qu'il soit décidé que les entreprises doivent garder leurs employés trois ans de plus.

Parmi les autres solutions, on retrouve: l'élimination du plafond des gains supplémentaires des retraités qui bénéficient de la sécurité sociale; le fait de baser le calcul du montant des prestations sur les gains réels; le décret d'une taxe de vente nationale; l'élimination progressive des bourses accordées aux étudiants; l'emprunt de fonds accordés à l'assurance-hospitalisation ou l'emprunt direct aux fonds publics, au taux d'intérêt du marché; la modification de la façon de calculer les indexations au taux d'inflation et au coût de la vie et l'extension du régime de la sécurité sociale afin que *tous* les employés puissent en profiter, du secteur privé autant que du secteur public. Sans aucun doute, l'application de cette dernière suggestion provoquerait une tempête si énorme que les plaintes formulées par les entreprises ne seraient, en comparaison, qu'un faible soupir! Les fonctionnaires fédéraux peuvent entre autres prendre une retraite anticipée à l'âge de 55 ans,avec tous les avantages que cela implique et leurs prestations sont indexées au coût de la vie deux fois par année.

J'ai gardé le meilleur pour la fin. C'est la raison la plus importante, celle qui me donne l'optimisme de croire et d'affirmer que l'on fera sûrement quelque chose pour que la sécurité sociale reste présente encore longtemps. Sur la scène politique, nous, les gens d'âge mûr, ainsi que nos frères et nos soeurs plus âgés, représentons à l'heure actuelle le plus imposant groupe d'électeurs de tout le pays. Chacun de nous est influencé par toutes les idées concernant la sécurité sociale et les ressources financières dont nous pourrons disposer dans l'avenir. Nous devrons subir les conséquences de chaque suggestion et de chaque choix que fait le gouvernement ainsi que de toutes les paroles qu'il prononce devant les membres du Congrès. Le premier geste de l'exécutif a été d'arrêter de verser le montant minimal (122 $) à un grand nombre de bénéficiaires dans le besoin. Peu après, le Congrès a pris les mesures qui s'imposaient et on pouvait lire en première page du *New York Times* (16 octobre 1981): ''Le sénat a pris les mesures nécessaires pour sauvegarder la solvabilité de la sécurité sociale'', puis l'on remit en vigueur le versement des prestations de base.

C'est une question très délicate, un domaine où il y a beaucoup de changements. On poursuivra la lutte et l'on entendra encore les échos des échauffourées dans tout le pays,longtemps après la publication de ce livre. Je propose que nous prenions tous un peu de recul afin de regarder d'un oeil critique et sévère les histoires d'épouvante et les gros titres qui prédisent que nous nous embourberons dans le malheur. *Nous,* les gens d'âge mûr et les personnes âgées, nous refusons de supporter plus que notre part du fardeau imposé par les coupures draconiennes et les promesses qui n'ont pas été tenues,tandis qu'on augmente d'une façon astronomique les budgets consacrés aux missiles Cruise, aux bombardiers B-1 et aux bombes à neutrons; tandis que les lobbys de l'industrie du sucre et du tabac réussissent à conserver le soutien du Congrès et tandis que les compagnies pétrolières bénéficient d'un allègement spécial de leurs taxes. J'ai déjà dit que je suis méfiant de nature et quelque peu cynique, en particulier au sujet de ce que le gouvernement prétend ''être bon pour nous''. Tout comme vous avez dû sûrement le faire, j'ai travaillé dur et longtemps pour avoir une place au soleil en ce bas monde. Puisque je suis un enfant de la Crise, j'ai encore en moi le souvenir de tous les problèmes humanitaires qui nous ont conduits aux grands programmes sociaux que nous connaissons aujourd'hui et, en particulier, le système de sécurité sociale qui a été désigné   comme étant le programme ''le plus caractéristique d'une civilisation évoluée existant en Amérique''. J'accorde toute ma confiance au jugement et aux habiles techniques législatives d'un groupe de personnes brillantes et clairvoyantes qui comprennent ce que la sécurité sociale signifie pour les millions de gens qui, sans elle, devraient affronter un avenir jonché de rêves brisés.

Claude Pepper a écrit: "La sécurité sociale est en fait un remboursement légitime provenant de l'investissement en travaux acharnés pendant toute une vie" et Bob Ball a ajouté: ". . . c'est beaucoup plus qu'un programme anti-pauvreté. La sécurité sociale est la base sur laquelle chaque Américain peut se ménager une protection contre les pertes de revenu dûes à la retraite, à l'invalidité ou à la mort. Tous les plans de retraite privés qui existent aux États-Unis sont basés sur l'hypothèse que le bénéficiaire recevra également des prestations de sécurité sociale et les personnes qui économisent de leur propre chef misent également sur la sécurité sociale."

Ce n'est pas par hasard que ceux qui ont mis sur pied le programme de sécurité sociale ont décrété que le système serait financé par des taxes prélevées directement sur les salaires. Puisqu'ils ont contribué à un tel régime, tous les gens ont alors le *droit* de réclamer leur dû quand ils prennent leur retraite. Nous devons être extrêmement vigilants afin de vérifier si le gouvernement remplit bien sa part du contrat. Dans ce programme, il n'est pas question de charité ni de paternalisme, ni du côté des entreprises ni du côté du gouvernement. *Nous* avons versé nos contributions pendant de nombreuses années. *Nous* avons donc le droit de recevoir des prestations. Puisqu'on crie à la crise dans les sacro-saintes coulisses de l'exécutif, je suis convaincu que nos législateurs si inquiets au sujet de la politique, s'empresseront de trouver une solution.

Partie IV
Nouveaux départs, nouveaux horizons

Sur une île, les signes avant-coureurs de l'automne sont à la fois familiers et très spéciaux. Tôt ce matin, comme je regardais l'océan onduler vers la plage, j'ai vu le petit autobus jaune qui transporte les écoliers avancer sur le sable, pour la première fois cette année. De la main, j'ai salué le chauffeur. Je dirigeai mon regard vers les moutons afin d'essayer d'apercevoir dans le ressac les premiers bancs de poissons de l'automne.

Les vacanciers nous ont quittés, avec leurs effets de citadins entassés dans de petites remorques. Ils se sont dirigés vers le traversier. En les regardant partir, j'ai revu Tevye dans *Fiddler on the Roof* quand il a quitté Anatevka avec toute sa famille et tous leurs biens empilés sur une charrette branlante. Bientôt, les canards prendront leur formation froufroutante et émigreront vers le sud. Les monarques entreprendront, eux aussi, leur migration annuelle et ils égaieront les sentiers de leur belle couleur orange et noire. Près des dunes, les branches des buissons rabougris ploient sous le poids des fruits mûrs. Les bruits de la fin de l'été ont cédé le pas aux stridulations insistantes des grillons et des scarabées de septembre. Tout redevient calme et tranquille.

J'ai fêté mon 58e anniversaire de naissance alors que j'écrivais ce livre et j'ai pu consacrer presque une année entière à réfléchir aux changements que j'ai décidé un jour d'apporter à mon mode de vie, au cours d'un mois de septembre identique à celui-ci et pendant lequel j'ai beaucoup réfléchi, j'ai médité, j'ai formé des projets et je me suis évalué. Je vous ai déjà avoué que l'idée de changements m'est presque insupportable: des désordres mentaux accompagnent même le plus petit écart du statu quo. En sachant que je ne peux supporter de voir que les meubles d'une pièce ont été déplacés, imaginez ma réaction lorsque j'ai dû décider de réarranger complètement mon mode de vie!

Ce fut une année de changements, mais elle a donné de bons résultats malgré les réajustements qui furent nécessaires et dont je reparlerai en détails dans le chapitre suivant. La découverte que je n'étais pas le seul à changer l'orientation de ma vie fut plus importante que tous mes traumatismes et que toutes mes fièvres. Il y a des millions de gens de notre génération qui font le point: ils redéfinissent leur vie privée et leur vie professionnelle, ils découvrent de nouvelles libertés, de nouveaux intérêts, de nouvelles occasions de faire tout ce qu'ils ont toujours voulu faire. Si nous n'étions pas si invisibles, le monde prendrait bientôt conscience que nous sommes comme l'océan qui mugit et qui bouillonne tout près de moi.

Comme la mer, nous changeons constamment: tourbillonnante puis placide, elle cherche son chemin vers la plage; elle se retire puis monte à nouveau, tâtant et sculptant sans fin la terre qu'elle recouvre. Moi, qui ne pouvais tolérer le changement, j'ai découvert qu'il pouvait être excitant, pour la vie autant que pour l'océan.

Chapitre 17
Qu'est-ce que tu veux faire quand tu seras grand?

Pour chaque âge, il existe un rêve qui meurt. Ou peut-être en est-ce un qui naît?

Arthur O'Shaughnessy
Ode

Le déjeuner allait bon train depuis déjà plus d'une heure et, quant à moi, je serais resté dans ce restaurant le reste de l'après-midi. Mon compagnon, qui venait tout juste d'avoir 50 ans, était intéressant, complaisant et plein de cet enthousiasme et de cette vitalité qui caractérisent tant de mes contemporains. Nous allions d'un sujet à l'autre, nous penchant longuement sur les sujets qui nous tenaient à coeur, sans porter attention ni au maître d'hôtel ni aux serveurs, nous découvrant beaucoup de points communs, riant et scrutant le passé. Pour la forme, mon compagnon posa avec emphase la traditionnelle question: ''Qui sommes-nous?'' Nous avons convenu que nous faisions partie d'une génération très particulière puis, il continua sur sa lancée en énumérant ses idées sur ses doigts.

"Nous avons vécu dans les années 30 et nous avons connu la Crise. Nous avons vécu dans les années 40 et nous avons été marqués par la guerre. Ensuite, nous avons connu les années 50 et nous avons appris à se la fermer et à accepter le monde tel qu'il était. Puis les années 60 sont arrivées (et nous avons encore réussi à survivre); nous avons découvert que les hippies réussissaient à ne faire que ce qu'ils voulaient. Au cours des années 70, nous nous sommes rendus compte que les jeunes gamins des années 60 avaient peut-être des choses à nous enseigner. Maintenant, nous entrons dans les années 80 en nous demandant: "Et moi, qu'est-ce qui m'arrive?"

J'ai rencontré le docteur James Gallagher après avoir lu un article à son sujet dans les pages financières du *New York Times*. Il est président d'un groupe appelé Career Management Associates[1]. Ses collaborateurs et lui consacrent tout leur temps au "replacement"; ils conseillent les cadres d'âge mûr qui ont été "remerciés" (un euphémisme contemporain qui adoucit la vraie signification d'un tel mot: *congédié*). Ces cadres se sont dévoués à "leur" entreprise pendant la plus grande partie de leur vie; être renvoyés alors qu'ils ont largement dépassé le cap de la quarantaine ou de la cinquantaine est probablement l'expérience la plus bouleversante qui peut leur arriver pendant leur vie d'adulte. Le docteur Gallagher établit un parallèle entre ce malheur et la mort d'un des membres de la famille, une blessure grave ou le fait d'être envoyé en prison pour un crime majeur.

Cependant, ce qui m'a le plus frappé était son attitude, son optimisme et, surtout, ses conclusions selon lesquelles la plupart des cadres renvoyés, s'ils sont bien conseillés, peuvent se trouver de nouveaux postes avec une meilleure rémunération, dans un domaine autre que celui auquel ils ont consacré une si grande partie de leur vie.

Il a éveillé ma curiosité. Au cours de toutes les années où j'ai traité avec les plus importantes entreprises et où j'ai produit les films qu'elles me demandaient, j'ai vu qu'à l'âge de 50 ans beaucoup de cadres sont renvoyés ou "écartés du chemin", c'est-à-dire mutés à un poste sans avenir. Certains d'entre eux étaient des

---

[1] La société de la réorganisation des carrières.

clients avec lesquels j'avais entretenu pendant longtemps d'étroites relations et j'ai partagé leurs souffrances. Certains étaient forcés de prendre une retraite prématurée; d'autres étaient victimes des coupures budgétaires décrétées après la publication de prévisions décevantes. Les candidatures de plusieurs de mes amis les plus intimes furent carrément "oubliées" lorsque vint le temps de chercher un nouveau vice-président parce qu'ils étaient trop près de l'âge de la retraite. Après avoir travaillé 30 ou 40 ans pour "leur" compagnie, ils ont dû regarder en silence les étrangers recrutés à l'extérieur qui devenaient tout d'un coup leurs supérieurs. À mes yeux, toutes ces choses allaient de soi. Toute ma vie, j'ai pris conscience de cette allergie aux sentiments humanitaires dont souffrent les entreprises; de plus, la discrimination dont elles font preuve envers les gens d'un certain âge lorsqu'elles prennent une quelconque décision n'est que trop évidente. Bien sûr, il est ironique de constater que les décisions de congédier un employé de longue date sont prises par des gens *de notre âge, de notre génération,* qui ne se rendent pas compte qu'il est fort probable qu'ils soient les prochains sur la liste.

J'ai donc discuté longuement avec le docteur Gallagher car je me demandais ce qui pouvait bien se passer quand un cadre d'âge mûr était congédié. Voyant que le docteur Gallagher avait une attitude si positive envers un bouleversement de cette taille, je me demandais quelle serait son attitude envers ceux d'entre nous qui décident *volontairement* de changer leur mode de vie et ceux qui choisissent de rester actifs dans le monde des affaires, même après l'âge "normal" de la retraite, que ce soit dans l'entreprise où ils ont passé 30 années de leur vie ou plus, ou dans un domaine tout à fait différent.

Ce qui m'a le plus fasciné au cours de ce long déjeuner et au cours des nombreux coups de téléphone explicatifs qui ont suivi, c'est que pendant toutes ces discussions, le mot "crise" n'a *pas une fois* montré son horrible museau.

"Nous vivons avec tout un ensemble d'hypothèses qui rendent notre vie supportable. Nous prenons pour acquis qu'il y aura de l'électricité dès qu'on actionne l'interrupteur ou que le réseau de transport en commun fonctionnera toujours." Plein d'enthousiasme, il continue: "On nous a inculqué beaucoup de ces hypothèses, n'est-ce pas? Commençons dès le début. Évite les troubles. Occupe-toi de tes affaires. Travaille sans relâche. Tu réussiras. Pourtant, toutes ces prévisions — ainsi que toutes les autres — ne tiennent pas compte du *changement*'' (encore ce mot!) Il se penche vers moi: ''Penses-y. Si nous avons vécu 30 années ou plus sur cette planète, nous avons dû nous accommoder du changement: par exemple, la révolution aérospatiale, la guerre froide, l'inflation et même l'avènement de la télévision. Nous avons réussi à intégrer ces changements à notre vie familiale, à la société, à l'éducation et au gouvernement. Pourquoi ne les intégrons-nous pas à nos carrières?''

Il éclata de rire. ''Je me rappelle. Toute ma jeunesse, j'ai vécu avec l'impression que Franklin Delano Roosevelt serait toujours président. On m'avait amené à croire que la présidence serait un point de repère qui ne varierait jamais pendant toute ma vie. Je suis catholique romain. On m'a amené à croire qu'en allant communier tous les premiers vendredis du mois, pendant neuf mois, j'aurais automatiquement une place au Ciel. Eh bien! Tu sais, ils ont finalement changé les règles. La messe ne se dit plus en latin. Je peux manger de la viande le vendredi. Je n'ai plus à rester à jeûn six heures avant d'aller communier et je peux même boire de l'eau ou du café avant la communion. *La seule constante est le changement!*

Ainsi, nous faisons l'hypothèse que si nous travaillons dur et sans relâche et si nous sommes toujours dignes de confiance, loyaux, prévoyants, francs et braves, la compagnie finira bien par nous récompenser un jour. Mais, un jour, à notre grand regret, cette hypothèse vole en éclats; nos espoirs sont anéantis. J'ai vu les regards des cadres d'âge mûr qui avaient été congédiés et qui venaient consulter le docteur Gallagher. C'était loin d'être réjouissant.

Selon Jim Gallagher, les employés renvoyés passent par deux phases. La première débute par beaucoup d'incrédulité: ''Ce n'est pas vrai. Ça ne peut pas m'arriver à moi.'' Ensuite, l'employé éprouve de la colère: il menace ''d'amocher'' quelqu'un ou il refoule ses sentiments au plus profond de lui-même, mais il court le risque qu'ils réapparaissent au mauvais moment lors d'une entrevue pour un poste intéressant ce qui, en général, ruine les chances du candidat. Puis, une période de marchandage survient: il essaie de trouver un moyen de garder son emploi; il menace de s'adresser au président; il demande qu'on lui accorde un peu de temps afin qu'il trouve un poste au sein de la compagnie où on pourrait le muter. Mais il est vain de marchander.

Le docteur Gallagher décrit bien la dernière partie de la première phase, le marchandage, à l'aide d'une anecdote tirée de l'ouvrage du docteur Elisabeth Kübler-Ross,qui portait sur les patients hospitalisés pour une maladie terminale. Une femme avait conclu un marché avec son médecin: ce dernier devait la maintenir en vie et assez bien pour qu'elle puisse assister au mariage de son fils aîné, même si elle était bien consciente du fait qu'elle ne pourrait jamais guérir du cancer dont elle était atteinte. Grâce à l'habileté de son médecin, à sa propre ténacité et à une chance inouïe, elle a pu assister à ce mariage. Lorsqu'elle est retournée à l'hôpital après la cérémonie et la réception, elle a vu son médecin. Elle lui a souri et lui a annoncé tout de go: ''Docteur, n'oubliez pas que j'ai un autre fils!''

Au cours de la deuxième phase, le choc initial cède la place à une dépression généralisée suivie de l'acceptation graduelle de la situation et de la pénible édification d'un nouvel espoir par la seule force de la détermination. Pendant cette période, l'individu est forcé de passer en revue toute son expérience passée et de préparer ses techniques de recherche d'un emploi, de mettre au point une stratégie, de rassembler des noms de personnes importantes et de rédiger un curriculum vitae impeccable. Ensuite, la meilleure manoeuvre, la tactique la plus profitable est de chercher activement un emploi. Le taux de réussite, parfois après une courte rechute dans la dépression (qui se situe en général autour de la sixième semaine), est extrêmement élevé. Au moyen de séances intensives au cours desquelles on prodigue d'innombrables conseils, on amène les gens à chercher activement, à s'interroger profondément et un grand nombre de nouveaux emplois nécessitent des talents que l'individu a toujours ignorés qu'il possédait!

Les statistiques du docteur Gallagher sont intéressantes, surtout lorsqu'on tient compte du fait que les traumatismes causés par un congédiement chez une personne d'âge mûr semblent si irréparables, si irrémédiables. Pour ceux qui ont été conseillés par l'organisme du docteur Gallagher ou par un groupe semblable:

En moyenne, il faut compter une semaine complète consacrée à la recherche d'un nouvel emploi pour chaque tranche du salaire annuel égale à 2,000 $.

Environ 60% des cadres et des directeurs qui ont reçu des conseils destinés à les aider à "se replacer", se sont trouvés de nouveaux emplois dans les 20 semaines qui ont suivi leur congédiement.

Environ 85% d'entre eux se sont trouvés des postes qui leur garantissent des salaires plus élevés que ceux qu'ils recevaient avant d'être congédiés.

Environ 2% d'entre eux se sont dits qu'il était grand temps de mettre sur pied leur propre entreprise.

Je tiens à vous rappeler que ces chiffres se rapportent à des personnes qui n'avaient pas le choix. Alors pourquoi hésiterions-nous à quitter une situation qui ne nous apporte aucune satisfaction quand la décision nous appartient entièrement. En général, nous hésitons parce qu'on nous a enseigné à penser que nous sommes trop vieux pour prendre un nouveau départ.

En vieillissant, nous en venons à renier notre propre mérite ainsi que les valeurs intrinsèques et les qualités que nous apportons à la société, même par la seule entremise de notre vaste expérience. La virulence de la discrimination fondée sur l'âge influence même ceux qui devraient savoir ce qui en est, mieux que personne. Parfois, nous nous surprenons à dire: "Nous devons laisser la place aux nouvelles idées et au sang neuf." Nous acceptons trop facilement les paroles du président qui congédie deux cadres supérieurs de plus de 70 ans en les accusant de "stagner" et de ne plus être "à la page". Le *Wall Street Journal* a rapporté les paroles de ce même administrateur; il déclarait que la compagnie avait besoin de "chefs plus jeunes et plus agressifs". Il ne semblait pas se rendre compte qu'il avait lui-même 68 ans! Comme beaucoup d'entre nous, il est une autre victime du culte de la jeunesse qui s'est répandu dans toute l'Amérique.

Les hypothèses dont parle le docteur Gallagher dirigent notre vie et influencent notre attitude envers nous-mêmes. Nous présumons que nous devons vivre en accord avec ce que les autres attendent de nous et que nous devons nous incliner devant les idées conventionnelles et devant les critères qui sont normalement acceptés par la société. Dans son livre intitulé *Your Second Life,* Gae Gaer Luce a exprimé son opinion à ce sujet: "Notre culture nous enseigne plusieurs façons malsaines de vivre. . . Dès la première année, on enseigne aux enfants à s'empêcher d'être eux-mêmes et à ne pas ressentir ce qu'ils sont ("Reste enfermé dans les toilettes si tu es sur le point de pleurer!"). On nous apprend à renoncer à vivre notre vie comme ça nous plairait afin d'obtenir de bonnes notes, de se faire une bonne réputation et de gagner beaucoup d'argent, plus tard.''

Dans de telles conditions, est-il étonnant que nous nous mettions à nous détester et à croire tous les mythes concernant la vieillesse et les personnes âgées; que nous doutions de nos capacités; que nous tenions comme établi qu'un changement traumatique survenant à l'époque de notre maturité, cause des dommages irréversibles à notre dignité et à notre mode de vie? Est-il surprenant qu'un changement *volontaire* de carrière à 50 ans ou après, soit immédiatement commentée par une petite phrase d'un goût douteux: "Toi, tu en as du cran!" C'est un autre domaine où les préjugés se perpétuent eux-mêmes et où, par conséquent, les faits que nous tenons pour acquis dirigent notre comportement et tout ce que nous pensons, disons ou écrivons.

Ces hypothèses nous portent à croire, par exemple, que *tous* les gens d'âge mûr sont hétérosexuels, pourtant il y a beaucoup d'homosexuels, de lesbiennes et de bisexuels d'âge mûr. Les idées préconçues que nous (les personnes d'âge mûr) avons au sujet du vieillissement nous portent à croire que nos talents diminuent au fil des années. Ainsi, j'ai lu dans le journal de ce matin une critique du spectacle de Frank Sinatra. Voici ce qu'on y lisait, en partie: ". . . mais pour un homme de 65 ans, sa technique est remarquable." En colère, j'ai poursuivi ma lecture. Dans la deuxième partie de la critique, on pouvait sentir à quel point l'auteur adulait Sinatra. Je me demande encore pourquoi il était important de mentionner son âge. "En fait, chaque fois que ce critique avait entendu Frank Sinatra au cours des dernières années, sa voix lui avait parue plus sûre et elle semblait couvrir une plus grande gamme." (sic) Pourquoi était-il si surpris?

Nous sommes enclins à concentrer notre attention surtout sur les personnalités brillantes et énergiques des gens qui évoluent dans le monde du spectacle, dans le monde des affaires et sur la scène gouvernementale quand nous cherchons ceux qui, à nos yeux, sont des *exceptions* à cette règle qui oblige tout le monde à prendre leur retraite à un âge spécifique. Les scientifiques et les ingénieurs exécutent leurs oeuvres les plus marquantes généralement alors qu'ils ont largement dépassé le cap de la soixantaine. Les écrivains, les artistes, les médecins, les avocats et les professeurs restent actifs même quand ils ont plus de 80 ans et vivent généralement leurs meilleures années après avoir atteint l'âge mûr.

Quand j'ai commencé à rassembler la quantité incroyable de documentation qui remplit aujourd'hui mon bureau, mes armoires et mes classeurs, j'ai pensé qu'il serait intéressant de dresser un inventaire qui montrerait clairement à quel point nous débordons de vitalité. Malheureusement, c'est à cette époque que j'ai découvert deux choses:

Les ''exceptions'' à la règle (la rédactrice sportive de 92 ans, le pasteur de 82 ans, le psychiatre de 90 ans, l'architecte de 72 ans) sentent le symbolisme. C'est exactement le genre de publicité qui perpétue le mythe que ces personnes *sont* des exceptions.

Les personnes comme celles que j'ai mentionnées plus haut représentent plus la règle que les exceptions. Si j'avais commencé une telle liste, j'aurais pu remplir dix rayons de bibliothèque, mais avec des livres dont les caractères seraient beaucoup plus petits que ceux-ci!

Le président des États-Unis est un exemple parfait d'une personne qui a changé de carrière à un certain âge, et avec succès. J'ai également regardé la liste des administrateurs d'une compagnie dont je suis actionnaire. Les huit hommes ont tous plus de 54 ans et le plus âgé a 86 ans. (L'unique administratrice a refusé avec modestie que son âge paraisse dans le rapport annuel.)

La liste des personnalités importantes du monde des affaires (c'est-à-dire de ceux qui pourraient ''laisser la place au sang neuf'') comprend les noms des cadres de certaines des firmes multinationales les plus importantes et les plus prospères du pays. Dans les domaines de l'édition, des communications, de l'immobilier, des placements, de la finance, de la vente au détail, de l'ingénierie et de l'industrie aérospatiale, il y a tant de cadres supérieurs de plus de 70 ans qu'ils doivent se sentir embarrassés lorsqu'ils se rendent compte à quel point ils prônent le culte de la jeunesse. Ils ne tiennent pas compte non plus des paroles qu'a prononcées il y a déjà quelque temps Arjay Miller, ex-président de la Ford Motor Company: ''Je crois que le président d'une importante entreprise ne devrait jamais avoir plus de 70 ans. Il est bon pour le moral d'une entreprise qu'il y ait un renouvellement de personnel au sommet.

Il y a tant de jeunes prêts à tout pour obtenir un poste de direction.''

Dans le monde scientifique, dans le monde de la politique, dans le monde des affaires et même dans le monde artistique, les réalisations dignes de mention produites par des gens de moins de 40 ans sont très rares. Nous devons beaucoup d'entre elles (sinon la plupart) à des gens dont l'âge varie entre 50 et 80 ans. Les exceptions, ce sont les *génies de 30 ans* et non les gens d'âge mûr qui réussissent ou qui changent de carrière.

Et nous, qu'est-ce qui nous arrive? Qu'est-ce qui peut bien nous arriver à nous qui sommes d'âge mûr, mais qui ne détenons pas un important poste de direction, ni à la Maison-Blanche ni à la salle du conseil de General Dynamics ou de Columbia Broadcasting System? Qu'est-ce qui arrive à ceux d'entre nous qui ne seront jamais cadres et qui ont travaillé toute leur vie à un poste ordinaire? Qu'est-ce qui arrive à ceux d'entre nous qui ont leur propre entreprise, leur propre commerce ou à ceux qui semblent être de moins en moins satisfaits par leur carrière?

Un rapport publié par le National Committee on Careers for Older Americans[1] (*Older Americans: an Untapped Resource*, Academy for Educational Development, Inc., Washington, D.C., 1979) décrit en peu de mots la réaction traditionnelle de beaucoup de personnes d'âge mûr: ''D'une façon tragique, l'envers de la médaille est lui aussi truffé d'idées préconçues. Pour toutes sortes de raisons qui leur sont personnelles, beaucoup de personnes âgées très compétentes, expérimentées et pleines de talents cèdent devant les pressions déprimantes qui les convainquent finalement de se retirer de la vie. . . Parfois, ces personnes sont influencées par leurs propres notions erronées, ou celles des autres, à l'effet que leur présence constante entrave le progrès des jeunes gens alors qu'en réalité les jeunes profitent des ordres, des conseils et de l'exemple que leur donnent les gens plus âgés.''

Je veux vous donner un bon exemple. Pendant la Seconde Guerre mondiale, un grand nombre de travailleurs âgés (y compris des femmes qui n'avaient pas eu d'emploi régulier depuis leur adolescence) furent embauchés par les industries qui fabriquaient du matériel de guerre tandis que nous combattions en Europe ou dans le Pacifique Sud. Des études ont démontré que les travailleurs âgés étaient plus stables, qu'ils avaient moins d'accidents et

---

[1] Conseil national qui étudie les carrières des Américains âgés.

qu'ils perdaient moins de temps au travail que les jeunes. Le fait qui est peut-être le plus important est que les études menées par le Department of Labour[1] et par le National Council on Aging ont conclu que le travail exécuté par les employés âgés était, en qualité et en quantité, *égal ou supérieur* à celui qui est exécuté par les jeunes employés.

Les travailleurs âgés ont déclaré qu'ils retiraient plus de satisfaction de leur emploi que les jeunes et qu'ils souffraient moins du stress dû au travail. Ils sont moins enclins à s'absenter, en particulier les jours où les chaînes de montage de l'industrie de l'automobile produisent la plus grande partie de leurs ''citrons'' (les lundis et les vendredis). On a également prouvé que les travailleurs âgés avaient besoin de moins de supervision pour bien mener leur tâches, que leurs habitudes de travail étaient plus stables et qu'ils faisaient preuve d'un plus grand sens des responsabilités envers leur emploi et de plus de loyauté envers leur employeur. De plus, les rapports ont démontré que les travailleurs âgés étaient moins distraits par des intérêts et des problèmes extérieurs à leur emploi, qu'ils ont moins de problèmes domestiques et qu'ils peuvent atteindre des niveaux de concentration plus élevés, en comparaison avec leurs jeunes collègues.

Il y a quelques années, j'ai été chargé de produire un film traitant de la ''qualité''. Ce projet était subventionné par l'un des plus grands constructeurs d'automobiles au monde. Armé de mes questions et de mon invincible optimisme et accompagné de mon équipe technique, j'ai visité l'usine de montage. En essayant de couvrir le bruit, le vacarme et les cognements et en essayant d'éviter les châssis qui suivaient lentement leur chemin, j'ai essayé d'interroger les travailleurs afin de connaître leur opinion sur la ''qualité''. Mon optimisme invincible s'est évaporé très rapidement; les travailleurs (*les jeunes* en particulier) accueillaient mes questions avec des éclats de rire ou avec incrédulité. J'ai également recueilli toute une série de réponses qui étaient loin de convenir à un film destiné au grand public.

J'ai demandé à un jeune contremaître: ''Que ferais-tu si les gens à l'autre bout de la chaîne de montage oubliaient de perforer les trous dans lesquels les gars de ton équipe fixent la calandre?''

---

[1]Ministère de la Main-d'oeuvre.

''On laisserait passer. S'ils ne font pas leur boulot, on ne peut tout de même pas arrêter la chaîne pour faire le nôtre! N'est-ce pas?''

Un autre jeune homme rit bruyamment et hurla joyeusement pour couvrir le boucan: ''La qualité? C'est de la merde. Moi, tout ce qui m'intéresse, c'est de quitter cet emploi à la fin de l'été et de reprendre mes études!''

À la fin de ce projet, j'étais abattu, perturbé, et surtout beaucoup moins naïf. Les travailleurs âgés, soit par leur résignation, soit par la plus grande attention qu'ils consacrent à leur travail ou par la conscience professionnelle dont ils font preuve m'ont fourni le sujet que je cherchais. J'ai une voiture qui roule depuis 16 ans et j'ai horreur de penser qu'un jour il me faudra la remplacer car je sais au fond de moi que j'insisterai pour que mon automobile ne soit assemblée que par des travailleurs âgés.

Que tout ça est ironique! Le culte de la jeunesse est encore omniprésent dans une société qui a changé du tout au tout et qui continue d'évoluer. Des milliards de dollars ont été investis dans la lutte pour améliorer l'alimentation, pour rehausser la qualité des soins médicaux afin de nous permettre de vivre plus longtemps, pour augmenter notre espérance de vie jusqu'à ce que nous soyons la partie de la population qui croît le plus rapidement. En même temps, nos propres attitudes se modifient et nous *voulons* continuer à mener une vie active; nous sommes peu disposés à être mis au rancart pendant toutes ces années de maturité et pendant notre retraite en plus; nous possédons la plus grande variété de talents et d'habiletés jamais rencontrée chez une population d'âge mûr. Il est donc plus qu'incompréhensible que, rendus à ce point, nous soyons enclins à aggraver cet incroyable gaspillage de ressources en exigeant la pré-retraite; que nous exercions des pressions subtiles afin de laisser la place aux jeunes; que nous essayions par tous les moyens de rendre invisibles et de déprécier des millions de gens! Ces préjugés envers la vieillesse et les personnes âgées se sont infiltrés même dans les niveaux économiques les plus bas. On a suggéré dernièrement que le principe du salaire minimum pour les adolescents soit éliminé; ceci entraînerait la mise à pied d'un nombre encore plus grand de travailleurs âgés. Avec amusement, j'ai remarqué qu'on avait baptisé ce projet ''la grande trahison à la McDonald''.

Il est intéressant de constater que les idées préconçues ainsi que les règles commencent à changer. Le stress dû au taux d'inflation qui reste de l'ordre des dizaines a forcé beaucoup d'entre nous à garder leur place ou à changer de carrière, même rendus à un certain âge. De plus, une prise de conscience qui prend de plus en plus d'ampleur nous permet de voir enfin qui nous sommes, ce que sont nos talents et nos habiletés ainsi que l'étendue de notre puissance. Nous voyons enfin clair au sujet des mythes relatifs à l'âge mûr.

En regardant vivre mes semblables, je remarque l'apparition d'un fort sentiment du "moi"; je remarque que nous prenons conscience du fait que nous pouvons contrôler la plupart des changements qui se produisent au cours de notre vie adulte.

Trop souvent, seule la douleur nous pousse à changer ou à prendre des risques. Jim Gallagher est persuadé que les forces qui nous poussent à agir sont habituellement négatives: l'insécurité financière que nous avons connue pendant la Crise; le fort besoin de réussir qui nous étreint ainsi que le besoin non moins fort de jouir des retombées tangibles de cette réussite (de belles voitures, de grandes maisons, des enfants qui pourront aller à l'université); la conviction que nos enfants ne nous considèrent plus comme des êtres rusés et intelligents. En temps normal, nous ne sommes pas des gens qui aimons prendre des risques.

"Vous n'avez pas à être ce que vous avez toujours été auparavant, déclare le docteur Gallagher. Vous n'avez pas à travailler pour la même entreprise ni à occuper le même poste toute votre vie. Il y a des choix qui peuvent vous paraître impensables parce que vous restez dans les mêmes ornières années après années." Chez ses clients, la douleur d'être mis à la porte et de se sentir finis, crée le besoin de prendre des risques. "Que ce soit volontairement ou involontairement, poursuit-il, il peut être temps de changer radicalement et la façon dont vous percevez ce changement peut très bien vous entraîner vers un poste plus rémunérateur à tous points de vue, même à votre âge."

Le temps des changements arrive. . . Je croyais que j'étais seul, unique, quand j'ai quitté la compagnie cinématographique dont j'étais actionnaire. Il y a de cela plus d'un an. Les réactions de mes amis allaient des commentaires classiques au sujet de mon "cran" jusqu'à des manifestations beaucoup plus complexes: "Tu peux être certain que j'aimerais bien faire la même chose. Tu sais, je t'envie." Même si quelques-uns de mes amis ont fait preuve d'une pointe de pessimisme, la plupart étaient optimistes et m'encourageaient avec enthousiasme. Cependant, la découverte remarquable que j'ai faite au cours de cette année-là est le fait que je me sentirais encore plus étrange de garder mon emploi dix autres années que de sauter le pas à 57 ans. Je suis loin d'être un cas isolé. J'ai découvert que je suis entouré de gens qui n'arrêtent pas de changer; la plupart d'entre eux choisissent une deuxième carrière qui n'a rien de commun avec la première.

Dans *Passages*, Gail Sheehy rapporte les résultats d'une étude faite par le professeur Judith Bardwick de l'Université du Michigan dont les 20 sujets (tous des hommes qui ont réussi) ont changé radicalement de carrière ou sont devenus des activistes *alors qu'ils étaient d'âge mûr!* Pourquoi croyons-nous si fréquemment que nous sommes uniques ou exceptionnels, alors qu'en réalité nous ne sommes qu'une personne parmi tant d'autres?

Dans un merveilleux article publié dans la revue *Prime Time* (juin 1981), Samuel Schreiner Jr parle des gens qui faisaient partie de sa promotion de 1942, à Princeton. Il ne s'est pas rendu à la réunion des anciens parce qu'il trouvait qu'il n'avait ni le temps ni l'argent pour le faire. De plus, il se sentait différent puisqu'il venait juste de démissionner du poste de rédacteur en chef, qu'il avait occupé pendant 20 ans, afin de mieux se consacrer à l'écriture. Il était convaincu que tous ses camarades de classe seraient au sommet de leur carrière, bien établis, pleins aux as et satisfaits.

À sa grande surprise, il reçut par la poste un livre où les détails de la carrière de chacun était résumés. Il écrivit: ''Ce fut un choc immense mais merveilleux. J'étais loin d'être unique; j'ai découvert que plus de 10% de mes camarades avaient opté pour de nouvelles professions, de nouveaux risques, de nouvelles vies et ce, pendant les années au cours desquelles on est censé ne pas bouger et consacrer toute son énergie à amasser un fonds de retraite juteux. En plus de cela, des articles concernant ces ''marginaux'' (moi y compris), se dégageait la joie qui accompagne la renaissance.'' Il rapporte également le fait que dans chaque cas le changement de carrière s'est traduit par une diminution du revenu ou une augmentation des risques ou par les deux, mais aussi par une augmentation remarquable des récompenses émotives.

Il en a été de même pour moi. Pendant plus de 35 ans, j'ai travaillé dans le monde de la télévision et du cinéma; au cours de ces 15 dernières années, j'ai partagé avec trois partenaires une compagnie qui se défendait bien dans le domaine des films documentaires. J'avais amassé ma part de trophées; ma place dans l'industrie du cinéma était assurée. Je suppose que ma réputation était assez solide pour me permettre de continuer à travailler de la même façon, en agençant ma vie selon les mêmes tracés, années après années, en produisant de 12 à 15 films chaque année et surtout en bénéficiant des à-côtés: les voyages en première classe; la liberté dont jouissent habituellement les cadres; le fait d'être invité à donner des conférences dans les universités américaines; un bureau dans Fifth Avenue décoré de plaques, de certificats, de témoignages d'estime et surtout de ma nomination pour un Academy Award. Pourtant, quelque chose me tourmentait.

Quand j'ai fait mes débuts dans le monde du cinéma, j'ai travaillé avec de jeunes producteurs visionnaires et pleins de vitalité, avec des gens qui ne choisissaient pas toujours la première solution (la plus évidente) quand des problèmes surgissaient. C'était excitant. J'étais capable de consacrer à chaque projet la somme de temps et d'efforts qui garantissait que j'avais vraiment fait de mon mieux. Au cours de toutes ces années, quelque chose a changé; j'étais maintenant devenu plus un homme d'affaires qu'un cinéaste. Les solutions que nous apportions à nos différents problèmes cinématographiques étaient trop faciles; *beaucoup trop* d'expérience dictait mes réponses, influençait mon opinion et caractérisait le produit fini. Qu'est-il advenu de l'exploration, de la lente élaboration d'une solution, du travail avec de jeunes créateurs en marge de l'industrie cinématographique et qui brûlent d'envie d'en faire partie?

Je suppose que j'aurais pu rester. Personne n'aurait vu la différence. Mais ma vie prenait un autre cours et ma carrière d'écrivain commençait à me rapporter quelques succès. Quand j'étais encore à l'université, j'ai rempli tout un album de lettres de refus à mes manuscrits. Pourtant, tous les week-ends que j'ai consacrés à l'écriture commencent à me rapporter. Au bout de quatre années et après quatre livres publiés, j'exerçais encore deux carrières. J'imagine que j'aurais dû penser à tout ça pendant des mois et des mois, que j'aurais dû ruminer cette décision importante jusqu'à ce qu'elle arrive à point nommé, mais je ne l'ai pas fait. Un certain lundi matin, j'ai réuni mes associés et j'ai donné ma démission. Soudainement, je n'étais plus l'un des directeurs d'une compagnie pour laquelle j'avais travaillé si longtemps. J'étais maintenant privé de mon revenu, de mes relations avec les membres du personnel, des à-côtés et d'une association qui était loin d'avoir été un fiasco, compte tenu de nos personnalités si différentes.

En un instant, je suis devenu un cinéaste indépendant; je ne voulais tourner que deux ou trois films par année, pour des clients que j'aime et que je respecte. De plus, je voulais faire ces films aussi bien que je les aurais faits quand j'étais un jeune réalisateur-producteur de 27 ans. À cette minute, j'étais aussi un écrivain dans un monde qui n'est pas reconnu pour être prodigue envers les auteurs. En 24 heures, j'avais vidé mon bureau des choses mémorables qu'il contenait, des classeurs, des papiers que j'accumulais depuis des années ainsi que des plaques amusantes qui garnissaient les murs (''Dieu a tant aimé le monde qu'il ne nous a pas envoyé un comité''). Bref, j'ai évacué en 24 heures tout le bric-à-brac que j'avais mis 15 ans à accumuler: les cadeaux d'anniversaire que m'avaient offerts les membres du personnel, des mémos inutiles, toute la correspondance vague et imprécise et mon cendrier qui proclame: ''Merci de ne pas fumer''. Il m'a fallu neuf cartons pour emballer ce que je voulais garder et il m'a été assez difficile de caser tout ce fourbi chez moi. J'ai eu besoin de huit autres cartons pour évacuer les vieilles revues, les dossiers périmés et toute une collection de petits riens auxquels je n'avais porté aucune attention en 15 ans. Le jour où je suis parti, j'ai reçu une lettre de mon caméraman et ami Peter Henning avec qui j'ai travaillé pendant 20 ans. Il m'écrivait: ''Je te souhaite un bon retour au combat!''

Ce fut une année remarquable. J'étais convaincu que je mourrais de faim et je suis toujours en vie. (Ce n'est qu'un des effets du syndrome de la Crise, vous savez.) Mes anciens clients me sont restés fidèles et j'ai des contrats pour produire des films au moins jusqu'au milieu de l'année prochaine. J'ai maintenant le temps de penser, le temps d'écrire, le temps de m'évader et le temps d'aller à la pêche sans éprouver un énorme sentiment de culpabilité à la pensée d'avoir laissé mes trois associés se débrouiller sans moi. J'ai été occupé comme je ne l'avais jamais été et la rémunération a été plus importante que tout ce que j'aurais pu prévoir. Bien sûr, quelques réajustements se sont imposés.

Je travaille chez moi ou dans ma petite pièce à Fire Island et j'ai dû m'habituer à être à la maison 24 heures sur 24 au lieu de partir pour le bureau à sept heures. Ce fut plus difficile pour mon épouse car maintenant j'occupe ''son espace'' et ''son temps''. Mon horaire de travail est celui que j'ai choisi et je dois maintenir ma discipline, sinon je ne ferais rien. La réalisation de films est redevenue une joie pour moi puisque je ne considère plus cette activité avec les yeux d'un homme d'affaires et surtout parce que je produis maintenant des films dont je puis être fier et pour lesquels je joue un rôle très important. Mon épouse joue un rôle actif elle aussi dans notre petite entreprise; elle s'occupe des films aussi bien que des livres (qu'elle a toujours aimé écrire). Puisque nous nous entendons bien, ma présence constante à la maison n'a pas été un fardeau aussi lourd que je ne l'aurais cru — du moins pour moi.

Notre premier film en tant que cinéastes indépendants devrait sortir cette semaine. Nous en sommes tous très fiers. Nous avons notre première employée à plein temps, Tina Gonzalez; elle a déjà travaillé avec moi auparavant. Notre petit groupe s'entasse dans un endroit déjà surpeuplé, mais nos relations de travail sont personnelles, productives, pleines de joie et d'entrain.

Suis-je satisfait d'un tel changement? Je pourrais répéter les paroles qu'aurait pu prononcer la promotion dont faisait partie Sam Schreiner: ''Je suis plus excité que dans mes rêves les plus fous!'' ''Je n'ai jamais regretté d'avoir changé.'' Il y a quelques semaines, en me rendant à un rendez-vous en ville, je me suis mis à réfléchir à tout ça. Tout en essayant de me frayer un chemin dans les embouteillages new-yorkais, j'ai commencé à dresser une liste sur un bout de papier. Je me suis finalement arrêté pour m'asseoir à la terrasse d'un café afin de mieux compiler les *trois* listes que je venais de rédiger: *Ce qui me manque, Ce qui ne me manque pas du tout, Ce qui a remplacé ce que je croyais qui me manquerait.*

J'ai été surpris de constater le caractère superficiel des choses qui me manquaient. Étais-je vraiment incapable de rédiger une liste plus longue, même après 35 ans? La vitalité caractéristique de Manhattan me manque, même si je peux venir m'y plonger chaque fois que j'en ai envie. Les gens qu'on ne retrouve qu'en ville me manquent comme l'homme qui martèle sa caisse claire en se promenant sur la rue. Le défilé constant des New-Yorkaises, attirantes, bien habillées, vivantes et si uniques me manque. Parfois, les petits à-côtés me manquent, mais de moins en moins (je dois bien l'avouer).

De temps à autre, il y a des gens qui me manquent. J'ai cependant découvert que le divorce d'une société commerciale présentait beaucoup de points communs avec la dissolution d'un contrat matrimonial. Il est préférable pour les deux parties de ne pas rester en contact. Lors du divorce d'une société commerciale les enfants et les droits de visite n'entrent pas en ligne de compte. L'équipe qui était toujours disponible me manque; je n'ai plus sous mes ordres tous ces gens qui faisaient mes quatre volontés, mais j'ai appris à me débrouiller avec l'aide de mon épouse et de Tina. Si quelqu'un me demandait de dire en toute franchise la chose qui me manque le plus, je mentionnerais la plus superficielle de toutes: la machine Xerox qui était placée juste à côté de la porte de mon bureau! Maintenant, il me faut transporter mes documents jusqu'à un petit centre de la copie toujours très achalandé. Voilà un épitaphe qui couronne *très bien* une carrière de 35 ans: *La machine Xerox lui manque!*

Et ce qui ne me manque pas? Les politiques du bureau ne me manquent pas: vous installez deux personnes (n'importe lesquelles) dans un bureau, vous leur donnez un distributeur d'eau réfrigérée autour duquel elles pourront s'asseoir et la vie et les amours de tout le monde seront passés au peigne fin. Il en est de même des innombrables déjeuners d'affaires avec des gens qui ne me plaisaient pas ou avec lesquels je n'avais rien en commun (pas même la mauvaise herbe de leur pelouse); l'inanité des conversations à une table où l'on ne traitait aucune affaire même si le but de cet agréable déjeuner était de discuter du ''marché''.

La routine du bureau ne me manque pas, même si la discipline est plus sévère maintenant puisqu'elle est *ma* responsabilité. Je n'ai aucun regret de ne plus être responsable de mes trois partenaires et de notre personnel de 22 employés. Même si je suis mon propre patron, et que je suis plus occupé que jamais, l'''homme d'affaires'' que j'ai laissé en ville au bureau ne me manque pas.

Les choses qui ont remplacé tout ça sont, à mes yeux, différentes, variées, compliquées et nouvelles. Le plus important est que rien dans la vie que j'ai menée par le passé ne peut égaler la liberté que j'éprouve aujourd'hui. Les décisions, les responsabilités et les récompenses sont miennes et je n'ai à les partager qu'avec des personnes très proches de moi. Mes films récents dégagent finalement toute cette nouvelle harmonie. L'idée d'avoir plus de temps pour penser et laisser courir mon imagination me plaît, mais jusqu'à maintenant, j'ai été trop occupé. Je choisis moi-même mes clients. Ce sont des gens avec lesquels j'aime prendre un café ou un verre de vin au coin du feu ou sur une terrasse d'où l'on peut voir toute la ville. Ce sont des gens à qui je consacre mon temps parce que je le *veux* bien et non parce que ça fait partie de mon devoir. Après 35 ans, c'est un plaisir personnel que je m'offre parce que je crois que je le mérite. Même l'absence de Xerox a ses aspects positifs. Me rendre au centre de copie toujours plein à craquer situé à quatre coins de la maison, est devenu une partie de plaisir. Je suis devenu ami avec le jeune patron. Quand je lui apporte un nouveau chapitre, il m'en fait sa critique en le photocopiant et nous échangeons nos idées. Au fait, ce n'est même pas une *Xerox*, j'ai remarqué qu'il utilisait un copieur *Kodak!* Je dois avouer qu'au bureau mes copies n'ont jamais été aussi belles!

Peu de temps après ma décision de changer mon mode de vie, j'ai commencé à recevoir des coups de téléphone et des lettres de mes amis, de mes connaissances, de mes clients et même de gens que je n'avais pas vus depuis 10 ou 15 ans. J'ai reçu un appel d'un cadre très important d'une des dix plus grosses entreprises américaines, un ami dont j'avais suivi la carrière avec intérêt pendant plus de 25 ans. De vice-président d'une agence de publicité, il est devenu président d'une agence dont on retrouve les slogans dans les revues spécialisées et dont on fait l'éloge couramment pour ses campagnes publicitaires agrémentées de refrains que les gens comme vous et moi ne peuvent s'empêcher de fredonner. Au cours du déjeuner, il m'a annoncé qu'il voulait lui aussi changer et que ma décision l'incitait à faire de même. Il voulait prendre sa retraite à 55 ans afin de se consacrer à une deuxième carrière, celle de professeur de plongée sous-marine. Son idée consiste à emmener chaque semaine quatre cadres dans sa résidence secondaire des Bahamas (il les y conduirait dans son propre avion, évidemment), il les inviterait chez lui et leur donnerait des leçons de plongée sous-marine dans des eaux bleues et limpides. La semaine suivante, il recommencerait avec un autre groupe!

Mon ami Malcolm a lui aussi pris un nouveau départ à l'âge de 51 ans. Il écrivait la musique des réclames publicitaires télévisées, domaine où il réussissait très bien. Soudainement, il a tout abandonné pour le bas monde de l'insécurité: les comédies musicales de Broadway. Les raisons de son changement ressemblent étrangement aux miennes. ''Ce n'était pas seulement pour montrer que j'avais assez de cran pour le faire; c'était une nécessité, avoue-t-il. Je ne pouvais plus me regarder dans le miroir. Chaque fois que je voulais prendre des vacances, peut-être une fois par année, pas plus, il fallait que j'essaie de prévoir les "moments creux". Tentativement, je faisais des réservations pour une semaine au mois d'août en espérant que mes clients étaient tous en vacances. Je prenais une limousine jusqu'à l'aéroport. Invariablement, 20 minutes avant le décollage, même après qu'une place m'ait été assignée à bord de l'avion, je courais téléphoner au bureau. "A-t-on téléphoné pour moi? Pepsi, peut-être? Burger King, alors?" "Inconsciemment, j'avais élaboré un plan de campagne au cas où je devrais rentrer. Je savais où étaient mes bagages et comment retourner en ville au plus vite. C'est fini! Je ne veux plus jamais avoir à vivre ça."

Comment les choses ont-elles tourné? Il a commencé par écrire la partition vocale d'un spectacle qui fait déjà fureur à Broadway. "Ce qui est le plus étonnant, c'est d'être libre à ce point! Quand vous avez fait la lessive de tout le monde toute votre vie, tout d'un coup, vous n'avez plus que votre petit tas de linge à laver. Les règles du jeu ne sont plus les mêmes."

Un ancien ingénieur chimiste fait ses études en droit et devient avocat de l'assistance judiciaire (aide juridique) tandis qu'un avocat d'âge mûr devient cinéaste. Un cadre d'une grande banque a quitté le monde des finances pour devenir écrivain à la pige. En trois ans, il a fait sa marque dans le domaine des voyages, grâce à ses livres et à ses articles. Le directeur des relations publiques d'un important hôpital de Memphis a ouvert une petite bijouterie. Un an plus tard, il a dû se chercher des locaux plus grands au centre-ville. Une biochimiste qui avait quitté le marché du travail pour s'occuper de ses deux enfants est retournée à l'école après leur adolescence. Elle est maintenant directrice d'un service de consultation en Californie. Le changement de carrière le plus inhabituel dont j'ai entendu parler est celui qu'a réalisé un cadre qui a quitté son emploi à l'âge de 50 ans pour aller en Inde produire des films pornographiques. Vous pouvez être certains que les membres de sa famille ont beaucoup parlé de "crise de l'âge mûr" et "démon du midi".

Vous voyez que je ne suis pas un exemple unique. Beaucoup d'entre nous font fi des croyances populaires qui veulent que nous nous enlisions dans l'âge mûr, que nous nous enfoncions irrémédiablement dans les sables mouvants de la routine, de la sécurité et de l'incapacité de prendre des risques ou de tenter notre chance. À mesure que la longévité augmente, de plus en plus de gens comme vous et moi se cherchent une seconde carrière et la trouvent. L'âge n'est plus une barrière insurmontable.

Un homme du nom de James H. Petrie a fait une demande d'admission au Collège Moody de l'Université A & M du Texas à Galveston pour devenir officier de marine marchande. Il a été accepté, a reçu une lettre de félicitations et s'est rendu sur le campus avec un prêt fédéral de 2,400 $ qui devait l'aider à poursuivre ses études. Une fois sur les lieux, on a refusé son inscription parce qu'aucune compagnie ne l'embaucherait à son âge! Il a 71 ans et a l'intention d'intenter un procès pour ''discrimination envers les personnes âgées''. Il est décidé à poursuivre sa deuxième carrière. Au cours d'une entrevue, il a déclaré: ''Adolescent, j'avais travaillé sur un bateau, mais j'ai dû choisir un autre métier et je voudrais découvrir ce que j'ai manqué!''

Un des changements les plus importants qui se sont produits au cours de notre siècle fut le nombre toujours croissant de femmes qui sont retournées sur le marché du travail, plusieurs après 40 ans. Les problèmes qu'elles rencontrent sont différents pour chacune. J'en parlerai plus longuement au chapitre 20. Les femmes luttent sans arrêt afin d'obtenir l'égalité dans un monde d'hommes. En comparaison avec leurs collègues mâles, les femmes gagnent moins d'argent aujourd'hui qu'il y a 25 ans! En 1955, le revenu d'une femme équivalait à environ 64% de celui d'un homme qui avait un emploi comparable alors qu'aujourd'hui il n'est que de 59%. Le taux de chômage des femmes ayant reçu une formation professionnelle est de deux à cinq fois plus élevé que celui des hommes d'un même niveau de formation.

Néanmoins, la croissance phénoménale du nombre de femmes qui retournent sur le marché du travail ne s'est pas arrêtée depuis la Seconde Guerre mondiale. Il y a plusieurs raisons: le taux de natalité qui tombe en chute libre; l'ouverture de plus de postes pour les travailleurs âgés; des possibilités d'emploi dans des professions aussi variées que pompier ou cadre s'ouvrent (quoique lentement) pour les femmes; le divorce et le veuvage; le besoin d'avoir deux salaires que ressentent de nombreuses familles lorsqu'elles doivent faire face au taux d'inflation, à l'hypothèque, à l'assurance-hospitalisation et aux frais de cours des universités. L'attitude envers les rôles sexuels dans notre société et dans le monde du travail n'a pas cessé de changer.

Chez les retraités, beaucoup ont découvert qu'un rapport rédigé par l'American Medical Association[1] contenait de grandes vérités: ''Il y a un rapport direct de cause à effet entre l'inaction forcée et une mauvaise santé.'' Certains retraités sont donc retournés sur le marché du travail soit en se lançant en affaires, soit en travaillant bénévolement pour la collectivité. Cependant, les personnes âgées ont tout de même parfois quelques réticences lorsqu'on leur demande d'offrir bénévolement leurs services. Je ne les blâme pas. Nous désirons tous ressentir cette dignité d'être rémunéré pour notre travail, comme lorsque nous étions jeunes et prêts à grimper les échelons du succès. Néanmoins, si les différentes communautés pouvaient apprendre à tirer profit des retraités prêts à offrir leur aide, elles pourraient augmenter d'au moins 50% le nombre total de leurs programmes de bénévolat.

Par exemple, à Orlando en Floride, un groupe de personnes à la retraite étudie le traitement des enfants dans notre système judiciaire et se fait leur porte-parole. Des organismes nationaux tels que ACTION et SCORE peuvent vous renseigner sur les programmes de bénévolat de votre région.

Il y a quelque temps, s'est tenu un symposium sur ''l'avenir des travailleurs âgés aux États-Unis''. Il était financé par le Work in America Institute Inc.[2] et le centre de gérontologie Andrus de Los Angeles. Au cours d'un atelier, Jerome M. Rosow, président de Work in America Institute, a prédit que ''au cours du siècle prochain, la société suppliera les gens âgés à genoux pour qu'ils réintègrent le marché du travail et il ne restera finalement plus qu'eux à travailler. Il est même possible que les entreprises leur versent des primes spéciales pour qu'ils renoncent à leur retraite.'' La baisse constante du taux de natalité indique selon lui qu'à la fin du siècle, plus de 60% de la main-d'oeuvre sera composée de gens âgés.

Des changements démographiques majeurs se produiront inévitablement ouvrant de nouvelles avenues. Il y a donc de l'espoir pour tous ceux de cinquante ans qui s'offusquent à juste titre d'être mis au rancart alors qu'ils ont encore au moins 25 années productives devant eux. Les histoires que nous entendons et lisons constamment prouvent que les choses commencent déjà à bouger. Et pourquoi pas?

---

[1]Ordre des médecins américains.
[2]Institut pour le travail en Amérique inc.

Nous sommes maintenant les aînés de la tribu: nous possédons le plus d'expérience; les "détenteurs" de la sagesse en quelque sorte. Il est donc logique que nous soyons les plus aptes à nous occuper des problèmes de notre société ainsi que des problèmes de productivité. Nous avons une formation en droit, en structure des entreprises, en médecine ainsi que dans des milliers d'autres métiers et professions, sans mentionner le domaine de l'éducation des enfants et notre vaste expérience de la vie familiale. Nous sommes donc tout désignés pour faire face à des problèmes tels que la discrimination, l'analphabétisme, la délinquance et l'abus d'alcool et de drogues. Nous sommes aussi certainement les meilleurs juges de nos choix de carrière.

Je discutais l'autre jour avec un de mes amis intimes qui avait travaillé pour la même entreprise pendant les 40 dernières années et qui avait maintenant la possibilité de prendre sa retraite s'il le désirait. "Je pourrais partir demain pour ne plus jamais revenir", disait-il. Il aimerait être architecte. Il en a d'ailleurs la formation. Il l'a acquise quand il était jeune, avant de s'enfoncer comme beaucoup, dans la ronde des considérations matérielles et de la sécurité. On a parlé longtemps. Il ne cachait pas son admiration. Quel exploit! Tout laisser tomber du jour au lendemain et avoir l'air aussi heureux! Il hésite encore à faire le saut. Devenir architecte à 62 ans! Pourquoi pas? Qu'y a-t-il de si impossible? J'attends de voir ce qu'il va faire. Je me demande s'il réalisera son rêve d'enfance 40 ans plus tard. Je lui ai raconté l'une de mes anecdotes favorites au sujet des changements de carrière chez les personnes d'âge mûr.

Lorsqu'on a demandé au maire de New York quelles étaient les chances pour qu'il soit réélu, il répondit: "Si je ne suis pas réélu, la ville ne se trouvera certainement pas un meilleur maire, mais je sais que je me trouverai un bien meilleur emploi!"

Je ne sais pourquoi, mais j'ai l'impression que mon cher ami est sur le point de devenir un excellent architecte!

Chapitre 18
Le grisonnement
des étudiants

Je vieillis, pourtant je ne cesse d'apprendre.

Solon
Fragment 22

Il m'est difficile de croire que la génération volage des années 60 remonte à plus d'une décennie. J'ai toujours aimé enseigner, faire des conférences devant de jeunes étudiants, diriger des séminaires portant sur la réalisation de films et échanger des idées et des opinions avec les futurs chefs de file de notre profession. Je me rappelle avec beaucoup de plaisir les conférences que j'ai données à l'époque car, avec tous les propos qu'ils tenaient sur la révolution et le mouvement hippie, les étudiants de cette époque glorieuse étaient aussi dynamiques que sceptiques. Les professeurs de l'''establishment'' étaient l'ennemi public no 1; ils les bombardaient de questions et parfois même de leur insolence. Il valait mieux bien se préparer avant de se lancer dans la fosse aux lions.

Je me rappelle d'un cours que j'ai donné à une classe de futurs réalisateurs de l'Université de New York. Quand je suis entré dans la salle de cours, tous les étudiants étaient plongés dans la lecture d'un journal, d'une revue ou d'un livre de poche. Ils me lançaient un défi: je devais leur donner en pâture quelque chose d'assez important pour qu'ils abandonnent leur lecture et daignent m'écouter. Tout d'abord, j'ai senti la colère m'envahir devant un tel manque de respect. Rien de tel n'aurait pu se produire à l'époque où j'étais étudiant. Dès qu'un professeur entrait dans une classe, tous les étudiants se mettaient au garde à vous. Ma deuxième réaction fut d'éclater de rire et d'*éteindre les lumières!* Incapables de poursuivre leur lecture, ils abandonnèrent leurs journaux et leurs revues. Nous avons visionné un film et tout s'est déroulé comme un charme.

Les périodes de questions étaient tout aussi excitantes. Un vrai tour de force. Dans la période de deux heures qui m'était réservée, les 40 minutes consacrées aux discussions suffisaient à peine à répondre à toutes leurs questions comme: ''Quel genre de pellicule avez-vous employée?'' ainsi qu'aux attaques directes, genre: ''Comment pouvez-vous vendre votre âme et réaliser des films pour des entreprises américaines et matérialistes?''

Comme les choses ont changé! Les étudiants de la fin des années 70 et des années 80 s'asseoient dans la classe et écoutent. Le professeur est redevenu une divinité et les étudiants recopient fidèlement ce qu'ils croient être des paroles d'Évangile. Bien coiffés, bien propres, bien dociles, ils acceptent tout ce qu'on leur dit, sans broncher. J'ai parfois l'impression que si je déclarais: ''Le sexe est la principale cause de l'acné'', ils s'empresseraient de prendre en note cette grande vérité au cas où ce serait une question d'examen. Maintenant c'est une perte de temps de réserver une longue période pour les questions car, en général, je n'obtiens qu'un silence embarrassé et embarrassant. Je commençais à croire que c'était moi qui avait perdu le tour d'enseigner. Puis, j'ai échangé mes impressions avec d'autres enseignants. Les étudiants de la nouvelle génération représentent l'establishment et les *professeurs* sont maintenant des révolutionnaires, à leurs yeux.

Cependant, j'aperçois un peu de lumière, une pointe d'espoir. Au cours des quatre ou cinq dernières années, j'ai été invité à donner des cours et à diriger des séminaires, dans des facultés d'éducation permanente, auxquels assistaient des adultes qui travaillaient et qui suivaient des cours en même temps ou des adultes qui pour toutes sortes de raisons, avaient décidé de retourner à l'université à temps plein. Certains reviennent pour améliorer leurs chances d'avancement dans leur profession; certains pour changer de carrière; d'autres parce qu'ils sont dévorés depuis leur adolescence par une certaine passion, ou pour un intérêt qu'ils n'ont jamais pu satisfaire pour diverses raisons.

Soudainement, dans toutes les facultés d'éducation permanente du pays, le groupe d'âge change et j'ai devant moi des hommes et des femmes matures, intéressés et soucieux d'apprendre autant que faire se peut. La raison est bien simple: ils ont choisi d'étudier. Pour eux, l'école n'est pas une étape inévitable du processus de croissance. Des étudiants de tous les âges compris entre 30 ans, 70 ans et même 80 ans se côtoient. Lors d'un récent séminaire où n'assistaient que des adultes, les questions les plus intéressantes m'étaient posées par un homme de 72 ans qui avait toujours voulu en savoir plus long sur la réalisation de films. C'était *pour lui* l'occasion rêvée de retourner à l'université! Tout à coup, j'ai commencé à ressentir cette vitalité qui était caractéristique des étudiants des années 60, mais sans leur hostilité. Elle était de plus accompagnée d'une motivation intense et d'une forte stimulation intellectuelle de la part des étudiants et du professeur.

Comme le monde de l'éducation évolue rapidement! Comme toujours, nous contribuons à ce brusque changement. Il a pourtant existé une époque où nous allions à l'école à cinq ou six ans, puis nous terminions nos études secondaires, collégiales ou universitaires afin de poursuivre notre carrière jusqu'à notre retraite et de croupir jusqu'à notre mort. Une fois de plus, nous sommes les victimes d'un mythe si répandu qu'il se perpétue tout seul; ce mythe célèbre affirme que notre intelligence et notre capacité d'apprendre et d'assimiler décline après l'âge de 30 ou de 40 ans. Ma grand-mère disait: "On ne peut apprendre de nouveaux tours à un vieux chien." Pourtant, elle aimait aussi cet autre dicton: "Un vieux fou est le pire des fous", ainsi que beaucoup d'autres adages qui font partie du folklore des préjugés contre les gens âgés et contre la vieillesse et que l'on rencontre encore aujourd'hui.

Comme elle aurait été étonnée de découvrir, comme l'ont fait certains chercheurs (à leur grande surprise, évidemment), qu'il existait des preuves indéniables à l'effet que l'intelligence et les fonctions de l'apprentissage *s'améliorent* avec l'âge! La vitesse de cette performance décline peut-être, mais notre *capacité* d'apprendre ne diminue pas lorsque nous franchissons l'invisible barrière des 40 ans.

Marty Knowlton, l'un des fondateurs de l'Auberge de vieillesse, se met en colère chaque fois que le déclin de l'intelligence vient sur le tapis. Au cours de l'une de nos conversations téléphoniques, il mentionna les découvertes qui ont été faites dans les universités que fréquentent les membres de l'Auberge de vieillesse. ''Chacun d'entre nous porte au fond de lui le poids de cet horrible préjugé qui veut que nous perdions notre capacité d'apprendre, qui veut que nous nous mettions à apprendre de moins en moins. L'expérience ne fait pas décliner notre intelligence, elle la *crée*. Pourquoi notre intelligence ne serait-elle pas supérieure à 60 ans à ce qu'elle était à 30 ans?''

D'une façon ou d'une autre, nous assistons à une nouvelle libération de l'esprit qui se consacre à l'apprentissage, à la réalisation de son potentiel, peu importe à quelle époque de la vie. Le retour à l'école des gens de notre génération a été tout à fait renversant. *Plus de la moitié* des étudiants du pays qui fréquentent l'université à temps plein et à temps partiel, sont adultes. Même si ce terme comprend aussi les étudiants entre 25 et 45 ans, un très grand nombre d'hommes et de femmes d'âge mûr retournent à l'école eux aussi.

Le docteur James C. Hall, un des doyens de l'Université Pace de New York, ajoute: ''L'éducation permanente est une vision dynamique de la vie. Les gens n'arrêtent pas de changer. Le développement ne s'arrête pas à la fin de l'adolescence et l'*apprentissage* fait partie du développement. L'éducation permanente fait partie des fonctions que remplit obligatoirement toute personne qui se développe. . . et il n'est pas nécessaire que cette fonction se déroule uniquement à l'école.''

Des millions d'entre nous sont retournés à l'école, à l'université; dans nos églises ou nos synagogues; grâce à certaines associations professionnelles; dans nos librairies et nos musées; grâce aux cours télévisés; par des cours par correspondance; grâce à des leçons privées dans le but d'apprendre une autre langue, de développer ses talents artistiques ou d'apprendre les rudiments du tennis; dans les écoles de l'armée ou même en prison.

Les collèges et les universités commencent à se rendre compte que le nombre d'inscriptions décroît à mesure que de moins en moins de jeunes gens atteignent l'âge requis. De plus, le taux de jeunes qui abandonnent leurs études tend à augmenter. Devant le risque d'extinction totale qui se dresse devant eux, les institutions délaissées par les jeunes, se tournent vers les adultes qui vivent près des campus et offrent de nouvelles expériences d'apprentissage à ceux qui désirent retourner à l'école et elles se ménagent ainsi une certaine protection qui leur permettra de survivre malgré les temps incertains qui sont encore à prévoir.

D'autres écoles commencent à comprendre qu'elles devront effectuer certains changements pour attirer une clientèle adulte. Nos modes de vie sont différents de ceux des jeunes étudiants universitaires, nul besoin de le préciser. On doit mettre sur pied des programmes qui tiennent compte du fait que la majorité d'entre nous travaille pendant la journée et ne peut pas assister aux cours s'ils se donnent à des heures normales. Les administrateurs devront se rendre compte que les innombrables examens d'admission et les tests pour vérifier nos connaissances n'ont aucune signification pour des gens qui ont interrompu leurs études 20 ou 30 ans auparavant, à une époque où les universitaires portaient encore des socquettes. Soudainement, des universités de ''week-end'' apparaissent dans tout le pays; des cours ont lieu le matin et le soir afin d'être plus accessibles pour certains travailleurs; de nouvelles méthodes permettant l'apprentissage individuel sont mises sur pied: la télévision en circuit fermé permettant une communication bilatérale, l'apprentissage sur le tas; les cours par correspondance; les vidéocassettes et l'enseignement privé.

Beaucoup d'établissements ont supprimé les périodes de temps précises à l'intérieur desquelles il fallait obtenir son diplôme; ils offrent maintenant des séminaires dans des salles situées hors du campus et les guides d'étude à la maison comprennent maintenant les travaux pratiques et les examens. Comme on est loin de l'époque où j'allais à l'université. En ce temps-là, nous devions rester assis pendant trois longues heures et répondre d'une façon solennelle aux questions minutieuses qui nous étaient posées tandis que le censeur ou le professeur arpentait les allées en s'assurant que les réponses n'étaient pas inscrites sur nos manchettes.

L'une des innovations que j'ai trouvé la plus importante est le fait que la plupart des écoles et des universités commencent à reconnaître que notre *expérience de la vie* est un pré-requis valable qui peut nous permettre de nous réintroduire dans le monde universitaire. Par conséquent, beaucoup d'universités admettent des étudiants non seulement sans tenir compte de leur âge mais en fondant leur choix sur des critères tels que la motivation, la créativité et les emplois précédents,au lieu de s'en tenir aux politiques d'admission classiques telles que les examens et les réussites scolaires antérieures.

Dans un livre qui regorge d'idées nouvelles sur les diplômes non traditionnels (*The External Degree*, Jossey-Basse, San Francisco, 1973), Cyril Houle mentionne que les évaluateurs accordent maintenant des crédits pour l'expérience en lecture de plans, en écriture, en administration, en marketing et en contrôle des coûts de production ainsi que pour l'expérience acquise en arts tels que la peinture et la sculpture.

Il n'est pas nécessaire qu'un homme d'affaires qui a 20 ou 30 années d'expérience et qui est habitué de gérer sa propre compagnie, florissante par surcroît, soit obligé de suivre un cours préliminaire tel que "Introduction aux affaires". Houle précise cependant qu'un homme qui a cultivé sa terre pendant un an n'est pas nécessairement qualifié en agronomie tout comme un habitant des bas quartiers d'une grande ville n'aura pas nécessairement l'équivalent d'un cours de sociologie urbaine.

Évidemment, les professeurs et les directeurs des universités du pays ne sont pas unanimement enchantés des changements qui bouleversent les processus classiques de l'éducation afin de mieux accommoder l'afflux d'étudiants adultes. En dépit du fait que ce groupe ait été dans bien des cas un cadeau du ciel, d'un point de vue pécuniaire, les légions qui restent dans leurs tours d'ivoire ont résisté aux changements au début, en ayant parfois de bonnes raisons de s'opposer. Dès que les exploiteurs ont senti qu'un nouveau marché s'ouvrait, la machine à diplômes s'est mise en marche et les charlatans se sont mis à offrir de nombreux programmes tels que: "Apprenez la chirurgie à la maison"! Pour les universités véritables, ces changements ont été semblables à des bouffées d'air printanier. Dans tous ces établissements d'enseignement supérieur conçus pour les enfants et pour les jeunes, *nous* sommes arrivés à la rescousse pour sauver les emplois de milliers de professeurs — certains faisant partie de notre groupe d'âge — qui ont été faits prisonniers dans un marché où les possibilités d'emploi ne cessent de diminuer. Nous représentons un afflux vital d'une toute nouvelle race d'étudiants. Pour les personnes d'âge mûr qui

256

sont de nouveaux étudiants, les innovations du système scolaire ouvrent des portes sur de nouveaux horizons très excitants. Après toutes ces années, nous retournons à l'école!

Henry Seymour, un étudiant de l'Université Pace, m'a dit: "J'apprends aussi rapidement qu'à l'époque où j'ai préparé ma maîtrise en 1937, mais j'ai besoin d'un peu plus de temps pour faire mes examens." Je lui ai dit qu'il était possible que ce soit parce qu'il apprenait plus lentement et il m'a répondu: "Non, je crois plutôt que c'est parce que je suis *plus sérieux, plus minutieux, plus consciencieux* que je ne l'étais en 1937."

Il est un cas parmi tant d'autres. Il est à la retraite depuis un an; c'est un homme qui a passé 41 années de sa vie à jouer un rôle de cadre international au service d'une importante compagnie pharmaceutique. Il a travaillé et vécu en Colombie, en Équateur, au Vénézuela, au Mexique, au Brésil et en Grèce. "Je suis retourné aux études pour maintes et maintes raisons. Premièrement, je ne voulais surtout pas m'asseoir et ne rien faire. Deuxièmement, je crois que l'acquisition de connaissances est une fin en soi. Troisièmement, j'aimerais bien me trouver un emploi." Il se spécialise en administration des affaires internationales et en fiscalité et il avoue que les jeunes étudiants demandent fréquemment *son aide* étant donné la complexité de ces sujets.

Pour les jeunes adultes, le désir de gagner plus d'argent ou d'améliorer leur position professionnelle sont les principales raisons de leur retour en classe après de nombreuses années d'absence. Selon le docteur Hall: "Peu importe ce qu'ils affirment, si vous pénétrez leurs pensées assez profondément, vous découvrirez que c'est leur principale motivation. Cependant, il y a des gens qui ont atteint une étape de leur vie où ils peuvent enfin se consacrer à ce qui n'a jamais été qu'un second intérêt: la physique, l'astronomie, la haute finance."

En fait, seul un petit pourcentage d'entre nous retourne aux études pour accumuler des crédits ou pour obtenir par la suite un diplôme, mais quand nous retournons à l'école pour terminer un baccalauréat ou une maîtrise, nous démontrons souvent que nous sommes supérieurs du point de vue de notre rendement et du point de vue de notre capacité d'apprendre, malgré notre âge.

Le retour à l'école de gens de notre génération et de personnes plus âgées permet également de briser les barrières de la ségrégation envers les personnes âgées étant donné que le contact entre des gens de tous les âges profite à tous, aux jeunes comme aux moins jeunes. Les jeunes personnes peuvent apprendre de l'expérience des adultes plus matures qui, à leur tour, ont la possibilité de rester en contact avec une société qui évolue constamment, si incompréhensible qu'elle puisse sembler aux yeux de personnes qui ont grandi à une époque plus simple et plus naïve.

Le collège de Harbor Springs dans l'état du Michigan a ouvert ses portes aux aînés de la ville et ces derniers peuvent s'inscrire à n'importe quel cours, que ce soit pour s'amuser ou pour obtenir des crédits. Certains adultes sont invités à donner des conférences; ils partagent la bibliothèque, les cafétérias; ils font partie de l'orchestre de l'école; ils assistent aux cours de céramique et de micro-informatique. Le plus important de tout, est qu'ils peuvent partager la sagesse qu'ils ont acquise au fil des ans. Au cours d'une entrevue, un conseiller explique: Supposons qu'un étudiant doive rédiger un travail de session portant sur l'industrie du bois dans le Michigan. Imaginez à quel point il s'intéresserait à son travail s'il avait la possibilité de s'asseoir et de parler avec un homme qui a dirigé une scierie pendant 40 ans!

Au niveau collégial, l'exemple ultime et le mieux connu d'un apprentissage commun à plusieurs générations est le projet Bridge du Collège Fairhaven situé sur le campus du Collège d'état de Washington à Bellingham. Au début des années 70, Fairhaven, comme bien d'autres écoles, a senti une chute du nombre d'inscriptions. Le doyen, Ken Freeman, a aussi eu l'impression qu'il était temps de diminuer l'importance qu'on accordait à l'idée qui veut que la jeunesse soit la seule époque de la vie que l'on puisse consacrer à son éducation. Depuis tant d'années, cette attitude empêchait les adultes d'âge mûr ou plus âgés d'être stimulés à l'idée de retourner à l'école.

L'idée initiale exigeait la présence de trois groupes sur le campus de Fairhaven en plus du corps étudiant régulier composé d'élèves de 18 à 22 ans. Le premier groupe devait être constitué d'enfants de deux à cinq ans; on mettait ainsi sur pied un service coopératif de garderie pour répondre aux besoins des étudiants, des enseignants et du personnel. (C'était assez nouveau comme programme.) Un deuxième programme fournissait un service d'accueil, comprenant des logements sur le campus, pour les étudiants entre 20 et 50 ans qui retournaient aux études dans le but de se découvrir une deuxième carrière ou dans le but d'obtenir un avancement rapide dans une profession qu'ils exercent depuis un certain nombre d'années. Le troisième groupe devait être constitué d'adultes de 60 ans et plus.

Sur le campus, on appelle ''Bridger'' les étudiants les plus âgés. On les a surnommés ainsi parce que le bâtiment qui abrite leur dortoir est relié au reste de l'école par un passage et surtout parce qu'ils sont très en évidence sur le campus au paysage agréable. Le peu de signification que l'on accorde à l'âge est une idée motrice et vitale à l'école et le directeur actuel du projet Bridge, le docteur Douglas Rich, décrit bien la philosophie qui y règne. ''Il n'en est pas moins vrai que lorsqu'on isole un groupe de personnes des normes établies, nous sommes l'une des causes de leur mauvaise santé; peu importe les différences qui caractérisent chaque groupe, la société ne s'en porte que mieux lorsqu'elle est constituée de tous ses éléments''. Il cite la description mordante que Maggie Kuhn fait des collectivités telles que Sun City où règne la ségrégation envers les personnes âgées. Elle les compare à des parcs d'enfants qui n'ont pour seule utilité que d'encourager l'isolement et de voler aux gens leurs identités sociales et personnelles.

Les ''Bridgers'' n'assistent pas qu'aux cours traditionnels tels que les mathématiques et la philosophie; ils participent à toutes les activités parascolaires qui ont lieu sur le campus et s'intéressent même à des domaines aussi exotiques que les danses du ventre et l'alpinisme. Évidemment, tous ont dû se réajuster. Un étudiant âgé résume ainsi leur expérience commune: ''Nous avions des idées stéréotypées au sujet des ''hippies'' et certains de nos premiers cours furent de vrais chocs. Je suis arrivé en retard à mon premier cours de mathématiques. Les étudiants étaient tous étendus sur le plancher, à plat ventre, sur le dos, dans tous les sens. Peu après, j'ai appris que celui qui était assis sur l'estrade n'était même pas le professeur. Le professeur était couché sur le plancher avec les étudiants! Pour moi, c'était un monde inconnu, tout nouveau''. Un autre ajoute: ''Je suis impressionné de voir à quel point les jeunes sont cultivés. Quand nous avions leur âge, notre plus grande préoccupation était de savoir si nos souliers et nos sweaters étaient à la mode.''

Pour les jeunes étudiants, ce fut toute une révélation de découvrir que les ''Bridgers'' étaient pleins de vie et qu'ils étaient loin d'être séniles. Grâce à eux, les jeunes n'ont pas peur de vieillir et ils envient même les attitudes des étudiants âgés. Un jeune s'est même écrié: ''Comme ils sont libres!''

Dans le domaine de l'éducation, l'expérience tentée dans les cadres du projet Bridge ressemble beaucoup à celle du collège de Harbor Springs et à celles tentées par toutes les institutions qui ont choisi d'intégrer des gens de tous les âges dans leurs programmes. Les ''Bridgers'' font presque revivre le passé. Comme l'explique si bien un jeune étudiant: ''Il est difficile de s'imaginer à quel point un cours d'histoire s'anime lorsqu'une personne âgée qui a vécu à l'époque de la Crise ou qui a entendu son père ou son grand-père parler de l'époque qui a suivi la guerre de Sécession ou de la Première Guerre mondiale est présente.''

Dans tout le pays, on met sur pied des expériences de ce genre, soit en admettant des étudiants d'âge mûr dans les programmes normaux ou en concevant des programmes spécialement pour attirer les Américains âgés dans le monde de l'éducation pour leur permettre d'obtenir un diplôme, d'augmenter leur potentiel intellectuel, de satisfaire un besoin d'apprendre qu'ils ont toujours dû freiner ou tout simplement pour leur permettre de retirer du plaisir d'une telle activité. Les collèges et universités d'état de Miami, de Los Angeles et de New York ainsi que l'Université Duke, Fordham, l'Université du Maryland, le Collège Aquinas du Michigan, l'Université de New York et le Collège Baruch ne sont que quelques exemples des établissements d'enseignement qui ont joint les rangs des innovateurs.

Il y a tant de possibilités s'offrant aux étudiants non diplômés qui veulent retourner aux études pour quelque raison que ce soit qu'un seul auteur ne peut toutes les classer. Le plancher de mon bureau de travail est couvert de communiqués émanant d'universités et de collèges qui offrent des cours portant sur des sujets les plus variés et dont les titres exotiques ou sérieux forment une liste des plus amusantes: La culture marocaine, Les deuxièmes hypothèques, Les placements bancaires et les banques d'investissement, Les techniques de l'édition, Ateliers de publicité, Phénomènes psi, Les aspects holographiques de la conscience, I Ching, Interprétation du Tarot, Visite des restaurants du quartier, Randonnée pour débutants. . . Tous ces cours sont offerts en plus des traditionnels cours pour apprendre à lire, à écrire et à compter.

Les innovations dans le système de l'éducation ont dépassé les frontières de l'enseignement collégial formel. L'un des exemples les plus excitants est un groupe nommé Auberge de la vieillesse, fondé au début des années 70 par Marty Knowlton et ses associés. Les principes de base sont tirés des meilleures traditions européennes concernant l'éducation et l'hôtellerie, mais cette auberge particulière est conçue pour que les personnes de plus de 60 ans restent actives, qu'elles aient soif d'apprendre et qu'elles aient toujours envie de se faire de nouveaux amis.

Ce programme a maintenant conquis 50 états et le Canada et environ 20,000 Auberges de vieillesse participent à des programmes dans plus de 300 collèges et universités. Vers la fin du printemps, pendant l'été et le début de l'automne, à cette époque où les collèges sont désertés et qu'ils semblent dormir, les membres réguliers du corps enseignant donnent toute une variété de cours de science ou d'arts libéraux: Solutions de rechange offertes par l'énergie solaire, Albert Einstein: l'homme et le mythe, Philosophie de la religion, Vitalité et bonne forme et même Visite guidée et historique de Nacogdoches. La liste des cours et des programmes est une vraie petite merveille. Sur tous les campus, les membres des Auberges de vieillesse vivent dans les dortoirs avec les autres étudiants, mangent dans les mêmes cafétérias et font même des travaux d'équipe avec les autres étudiants.

Cette organisation a connu une croissance si rapide que Michael Zob, le président de cette organisation à but non lucratif, la désigne parfois sous le nom de ''phénomène de l'Auberge de vieillesse'' et il dit: ''Ça va plus loin que toutes nos prévisions. C'est presque devenu un mouvement. Les membres arrivent en classe pleins d'une énergie mentale et d'un entrain que les professeurs n'ont jamais rencontrés auparavant chez leurs étudiants. Il n'y a pas de notes. Ils n'ont pas besoin de ce cours pour obtenir un diplôme quelconque. La seule raison pour laquelle ils fréquentent les écoles est leur amour de l'étude, leur goût d'apprendre. C'est justement le but des arts libéraux!''

L'une des lettres les plus agréables que le groupe ait reçues se lisait comme suit:

> En feuilletant le New York Times, je suis tombé sur des informations au sujet de votre programme.
> Cela répond exactement à un besoin précis que je ressens au fond de moi.
> Je suis à la retraite.
> Je m'ennuie.

Je ne sais plus comment me distraire.

Je suis incapable de m'astreindre à faire de la gymnastique et de l'artisanat ni à écouter les petits discours encourageants que nous adressent des jeunes gens d'environ 20 ans et qui essaient de nous faire voir à quel point c'est merveilleux d'être une personne de l'âge d'or.

J'aimerais continuer d'être un vieux vivant qui est entraîné par la vie. La documentation que vous offrez fait miroiter cet espoir. S'il vous plaît, faites-m'en parvenir un excemplaire.

La soif de continuer d'apprendre n'arrête pas de croître. Quand le docteur Gae Gaer Luce a mis sur pied SAGE (Senior Actualization and Growth Exploration) (Exploration de l'actualisation et de la croissance chez les personnes âgées) à San Francisco, elle m'a dit: ''L'âge requis était de 65 ans et les gens ont commencé à mentir au sujet de leur âge afin de pouvoir participer. Nous avons donc baissé l'âge minimal jusqu'à 60 ans, mais des gens dans la quarantaine et dans la cinquantaine voulaient eux aussi participer. À l'heure actuelle, il y a même des gens dans la trentaine et même dans la vingtaine qui veulent suivre notre programme. Il n'a jamais été dans nos intentions d'isoler les personnes âgées. Ce que nous voulions faire était de démontrer, sans l'ombre d'un doute, que tout ce qu'on exécute avec l'attitude qui convient réussit, que l'on ait 30 ou 90 ans!''

Le programme SAGE a joué un rôle de premier plan dans le développement d'une attitude positive envers la vieillesse chez les gens qui voulaient explorer comment le fait de vieillir pouvait constituer une expérience stimulante et pleine d'enrichissement. Le programme SAGE, entièrement différent de tout ce dont j'ai parlé dans ce chapitre, comprend une formation dans les domaines de la relaxation, de l'art et de la musique. On y apprend aussi des techniques de respiration et des exercices composés de mouvements inspirés du *t'ai chi*, du yoga et de certains exercices de méditation.

Ce programme nous montre une autre façon de percevoir la vieillesse; nous apprenons à nous regarder d'un oeil sain et pratique alors que nous atteignons l'âge mûr ou la vieillesse. Le docteur Luce explique: ''Je dois me ranger à l'opinion de Jung à l'effet que la dernière partie de notre vie a un but très spécial. Les gens ne fraient pas entre eux; ils ne s'unissent pas. Notre culture n'a pas encore atteint la maturité. Pour beaucoup de gens, les images que diffusent les média sont des images des années 20. On a parfois l'impression qu'elles nous garderont adolescents toute notre vie et que nous chercherons à jamais le compagnon idéal. Je crois que la vieillesse a réellement ses desseins. Je crois qu'il existe une raison qui explique pourquoi nous vivons si longtemps. Ce dessein est l'épanouissement, un épanouissement spirituel qui est au coeur de cette santé qu'irradient les personnes âgées magnifiquement développées.''

Je ne sais pas pourquoi, mais on dirait que toutes les mini-aventures qui m'arrivent se produisent dans les autobus de la ville de New York (comme celle que je vous ai racontée au début de cet ouvrage). Il y a environ quatre jours, dans l'autobus de Fifth Avenue, une ravissante femme dans le début de la cinquantaine s'est assise près de moi et a sorti de son sac ce qui me semblait être un horaire scolaire. Afin de satisfaire mon indomptable curiosité, je me suis contorsionné discrètement et j'ai pu lire: ''Institut pour professionnels retraités''. J'ai engagé immédiatement la conversation avec elle pour en savoir plus long. À l'origine, en 1962, ce programme était offert au New School de New York. Tout cadre ou professionnel qui est à la retraite depuis peu peut devenir membre. Avec le temps, ce programme a répandu sa pensée novatrice jusque dans des universités telles que Harvard, Johns Hopkins, Hofstra et l'Université de Californie à San Francisco et à San Diego. La motivation principale de tous ces retraités semble être la réaffirmation indélébile des mots de Willard Wirtz: ''La vie doit être quelque chose de plus que vingt années d'apprentissage, quarante années de gain et le reste consacré à l'attente!''

Ensemble, nous avons regardé son horaire de la semaine. Les matières qu'elle avait choisies comprenaient la littérature allemande, la conversation en hébreu, l'aquarelle, et la peinture acrylique ainsi que le *t'ai chi*! Arrivée à la 12e Avenue, elle est descendue de l'autobus joyeusement, m'a fait un bref signe de la main et s'est dirigée vers son école. En repensant à son horaire, je me suis mis à réfléchir à quelque chose qui ne m'avait pas effleuré l'esprit depuis un certain temps: pourquoi est-ce qu'il me coûte tant de commencer des cours d'espagnol? Je ne peux plus me servir de mon habituelle excuse boîteuse: ''Eh bien! Je suppose que c'est parce que je vieillis!''

Chapitre 19
Madison Avenue découvre
(enfin!) les gens d'âge mûr

S'il y avait des rêves à vendre, lesquels achèteriez-vous?
Thomas Beddoes
Dream Pedlary

Si vous avez passé la majeure partie de votre vie à travailler dans les domaines de la vente, du marketing ou de la publicité, vous serez alors sûrement d'accord avec moi que nous (et moi y compris) manifestons une tendance à faire preuve d'un certain jugement égocentrique envers le consommateur. Nous savons tout de suite faire la différence entre les vrais acheteurs et ceux qui ne font que du lèche-vitrines. Du premier coup d'oeil, nous distinguons les riches des pauvres, les impulsifs et ceux qui recherchent les bonnes affaires. Après tout, nous avons une certaine expérience et grâce à ces perceptions mystérieuses et presque surnaturelles qu'on acquiert en travaillant avec le public, nous sommes, la plupart du temps, *dans l'erreur.*

Une de mes amies habite Grand Prairie au Texas et, chaque année, elle vient à New York pour s'habiller, voir les pièces de théâtre à la mode, dîner à ses restaurants favoris et faire un saut dans les boutiques les plus renommées de Manhattan. Elle m'a raconté ce qui lui est arrivé dans un grand magasin élégant de Fifth Avenue où elle s'était rendue pour renouveler sa garde-robe et celle de son époux. Le jeune vendeur qui tenait le rayon des chemises et qui savait apprécier d'un coup d'oeil ses clients, l'avait tout de suite classée comme n'étant pas une New-Yorkaise et sa hauteur n'était surpassée que par son indifférence manifeste et son manque de chaleur. Quand elle eut fini son choix, elle lui tendit sa carte de crédit. Il releva la tête, ses soupçons étaient confirmés. Avec un petit sourire dédaigneux, il lui demanda:

— Grand Prairie? Où diable se trouve Grand Prairie?

— Oh, c'est juste à mi-chemin entre Arthur et Irving, lui répondit-elle calmement.

En fronçant légèrement les sourcils, il continua de poser ses questions, nullement intimidé:

— Et que pouvez-vous bien faire à Grand Prairie?

— Oh, nous nous asseyons tout simplement sur la véranda et nous regardons nos puits de pétrole monter et descendre, monter et descendre!

Évidemment, un autre stéréotype a pris la relève sur-le-champ. Le mot ''pétrole'' a fait pénétrer dans le cerveau du vendeur l'idée que tous les Texans sont riches et qu'ils ont tous des puits de pétrole. Ses manières changèrent du tout au tout; il s'empressa de lui tendre sa carte en lui disant: ''Si jamais vous avez besoin d'aide, n'hésitez pas à m'appeler!''

Ce n'est pas un cas isolé. Enfilez une paire de blue jeans délavés et, en passant, rendez-vous dans un élégant magasin de vêtements ou essayez d'acheter une voiture qui devra être faite sur mesure selon vos exigences. L'image que vous projetterez ne correspondra pas à celle de l'acheteur type. Rosanne Beringer, présidente de Welcome Wagon International, était l'une de mes plus chères amies et elle m'a longtemps honoré de sa clientèle dans les années 60. À plus de 80 ans, elle était l'une des présidents-directeurs généraux qui réussissaient le mieux au pays, et ce bien avant l'apparition des femmes à des postes de direction dans l'industrie américaine. Elle me téléphona un jour pour me raconter un incident qui s'était produit à la salle d'exposition Lincoln-Mercury de Memphis. Étant donné que la compagnie Ford Motor était aussi l'un de mes clients, elle avait cru que ce qui s'était passé m'intéresserait au plus haut point. Elle avait raison.

''Jeune homme'', lança-t-elle d'un ton indigné (elle m'appelait toujours ''jeune homme'' quand elle était en colère). ''Jeune homme, vous devriez téléphoner sur-le-champ à votre client et lui raconter ce qui vient de se passer.'' Elle s'était rendue chez le concessionnaire Lincoln-Mercury, avec sa fille, dans l'idée de s'acheter une nouvelle Lincoln. Elle l'a regardée, s'est assise à l'intérieur, a essayé le volant et, pendant tout ce temps, aucun vendeur ne s'est approché pour répondre à ses questions ou pour conclure la vente. Elle a examiné l'automobile pendant plus d'une demi-heure sans que le personnel ne s'intéresse à elle. Finalement, elle est partie en colère. Elle a traversé la rue et est entrée chez le concessionnaire concurrent où elle a acheté une Cadillac!

Aux yeux du vendeur, il était ''évident'' qu'elle n'était pas un acheteur. *Aucune femme de 80 ans* n'entre chez un concessionnaire prête à sortir son chéquier et à payer comptant une toute nouvelle voiture de luxe! Dans toute la sagesse de ses préjugés, le vendeur l'avait classée comme étant une flâneuse; il ne l'aurait jamais considérée comme une acheteuse sérieuse. Si le client éventuel avait été un *homme* de 80 ans, bien habillé, il aurait été comme de juste classé comme étant le riche président à la retraite d'une importante entreprise et les 15 vendeurs auraient risqué de se blesser dans la ruée générale pour le servir!

À tous ceux qui affirment qu'ils ne font que refléter fidèlement notre société — ceux qui font partie du monde de la publicité ou du marketing ainsi que ceux qui assurent les communications — j'aimerais vous faire remarquer que vous négligez depuis très longtemps deux générations complètes de personnes (nous) parce que vous croyez que nous ne sommes que des ''flâneurs''. J'ai déjà parlé de notre invisibilité dans les média au chapitre 6. Jusqu'à maintenant, les faiseurs de réclames nous ont considérés comme si négligeables dans leur projet du ''coup par millier'' que nous ne figurons même pas sur leur liste d'adresses! Un groupe qui est très actif et qui a à coeur les droits de la femme a cherché désespérément à se procurer une liste des femmes, âgées entre 45 et 65 ans, en vain! Il n'en existait pas! Ils auraient certainement pu se procurer des listes des personnes âgées, des adolescents, des étudiants à l'université, des libéraux ou des conservateurs de revenu moyen, des détenteurs d'armes à feu, des cynophiles et des collectionneurs de boîtes d'allumettes, mais la démographie ne s'intéresse pas aux "Femmes, âge: 45-65".

Pourtant, le visage de la vieillesse change, il est donc possible que le monde de la publicité en prenne conscience. De temps à autre, le géant endormi de Madison Avenue, isolé dans un coma à la Rip Van Winkle depuis 20 années, est réveillé par les découvertes et les révélations. Le *Harvard Business Review* a publié un article de Rena Bartos, vice-président de la compagnie J. Walter Thompson. Cet article s'intitulait "Over 49: the Invisible Consumer Market"[1]. Stephen J. Frankfurt, un vieil ami de l'époque où je travaillais pour la télévision, aujourd'hui directeur de la conception chez Kenyon and Eckhardt, a parlé et écrit avec beaucoup d'effets au sujet de la "clientèle mature" (nous, les gens entre 45 et 64 ans). Nous qui étions dans un état d'invisibilité complète où nous avons été négligés, trop souvent insultés, perpétuellement passés sous silence, nous commençons à nous faire découvrir en tant que "riches actifs" ou en tant que "retraités actifs". Pourquoi? Pourquoi passons-nous si brusquement de la porte dérobée du marché à la place du chouchou (malgré notre âge) du monde des affaires? Évidemment, les raisons sont loin d'être complexes. Ce qui me surprend le plus, c'est qu'on ait mis tant de temps à les découvrir:

> Nous sommes des milliers et des milliers et notre groupe ne cesse de croître rapidement.
> *Nous avons beaucoup d'argent!*

Notre groupe croît plus rapidement que n'importe quelle autre partie de la population tandis que le groupe de la jeune génération diminue. Au moment de la publication de ce livre, nous étions un nombre immense. Nous, les personnes âgées entre 45 et 64 ans, sommes *44 millions,* ce qui représente environ deux fois la population du Canada *tout entier*, ce qui signifie encore plus de gens que l'ensemble de la population des pays scandinaves, de l'Autriche et de la Belgique réunis! Des millions de gens! Pourtant, jusqu'à maintenant l'attitude de Madison Avenue a été de prendre pour acquis que nos habitudes de consommation avaient été fixées une fois pour toutes quand nous avions l'âge de la "génération Pepsi" d'aujourd'hui et qu'il est donc inutile d'essayer de les modifier.

---

[1]Les consommateurs invisibles de plus de 49 ans.

Comme l'explique Hubert Pryor, rédacteur en chef du magazine *Modern Maturity:* ''Si tel était le cas, tous les consommateurs d'âge mûr utiliseraient encore aujourd'hui le dentifrice Kolynos, ils conduiraient une Essex, ils liraient *Liberty* et ils boiraient de la salsepareille.''

Ce qui est peut-être le plus important est le fait que les attitudes des gens être 45 et 64 ans font de nous des consommateurs d'un nouveau genre et le monde de la publicité n'en a jamais vu de semblable. Jusqu'à maintenant, nous n'avons pas cessé de remettre nos vies à plus tard — il fallait changer les enfants, les élever, les envoyer à l'école et préparer leur entrée dans le monde. La plupart d'entre eux sont maintenant partis afin de voler de leurs propres ailes. Pour la première fois, nous n'avons plus à faire des sacrifices pour eux. Steve Frankfurt, dans un discours qu'il a prononcé devant la Western States Advertising Agencies Association[1] à Monterey en Californie, a fait des observations portant sur l'érosion continue de la ''morale puritaine orientée vers le travail'' et affirma que nous commençons à être plus indulgents envers nousmêmes et que nous accordons une importance particulière au fait ''d'en profiter dès maintenant''. Il continue en disant: ''Pour la première fois depuis qu'ils ont accepté les responsabilités du mariage, les couples sont libres de penser à eux, à ce qu'*ils* veulent, à ce dont *ils* ont besoin, à la manière dont *ils* veulent dépenser leur argent, au genre d'automobile qu'*ils* peuvent s'offrir.'' Avec justesse, il appelle ce temps ''l'époque papa-maman''!

En dépit de tous les mythes qui nous concernent, nous sommes en excellente santé (la plupart d'entre nous, en tous cas) et nous sommes censés surveiller notre ligne et suivre nos diètes de plus près que tous les autres groupes d'âge. Selon les recenseurs, moins d'un pour cent d'entre nous est gravement malade. En fait, nous représentons le plus gros marché pour les articles de luxe et pour les voyages, même si nous n'apparaissons presque jamais dans les annonces. L'année dernière, j'ai produit un film au cours d'une croisière de Vancouver jusqu'en Alaska. Quatre-vingt-cinq pour cent des passagers du bateau faisaient partie de notre groupe d'âge ou étaient plus vieux! Nous exigeons cependant d'être entourés de plus de luxe au cours des voyages que nous entreprenons. Nous nous sommes débarrassés de nos sacs à dos pour toujours.

---

[1]Association des agences publicitaires des états de l'Ouest.

Nous nous consacrons activement à l'achat de produits faisant partie d'un millier de catégories ou plus qui vont des piscines aux placements, de l'équipement de yacht aux dîners au restaurant, des maisons de campagne aux cartes de crédit en passant par les revues, les magazines, les journaux, les articles de voyage et les automobiles. En fait, les personnes qui font partie du groupe d'âge des 45-64 ans sont plus susceptibles de posséder deux ou même trois automobiles que ceux de n'importe quelle autre fraction de la population.

Aux yeux des fabricants et des annonceurs, nous représentons un marché de plus de *trois cent milliards de dollars,* c'est-à-dire 53% du pouvoir d'achat du pays. Pourtant, ils ont mis un temps presque infini à nous découvrir. Nous avons un revenu et un pouvoir d'achat discrétionnaires supérieurs à ceux des personnes plus jeunes et plus âgées que nous; près de 90% d'entre nous possèdent leur propre maison, 75% ont des comptes d'épargne. Nous aimons nous amuser, nous divertir; nous nous intéressons au jardinage, à la pêche, à la bicyclette, au tennis, au camping, et à la photographie. Je citerai en passant des statistiques tirés d'un article du *Harvard Business Review:* ''Non seulement nous achetons des actions et des obligations, (mais) nous sommes la seule fraction de la population qui achète des bagues à diamants plus que la moyenne''. *On est loin de la salsepareille et de la revue Liberty!*

Cette perpétuation de notre invisibilité est encore plus terrifiante lorsque nous cherchons d'une façon plus approfondie dans le but de découvrir qui nous sommes et quel potentiel nous possédons, pas seulement du point de vue du marché, mais sous tous les aspects de nos vies, qu'ils soient économiques ou politiques.

Le revenu per capita des personnes qui font partie du groupe d'âge des 45 à 64 ans est supérieur à la moyenne nationale d'environ 12%. Si nous ne nous intéressons qu'aux gens entre 55 et 64 ans, le revenu per capita atteindra 26% au-dessus de la moyenne.

Environ 30% de toutes les familles américaines ont pour chef une personne qui fait partie du groupe d'âge des 45 à 64 ans. Ce pourcentage équivaut à 25 *millions de personnes.*

Après le départ des enfants, les parents ont plus de temps pour s'adonner à diverses occupations; il y a donc plus de salariés par famille chez les personnes âgées de 45 à 64 ans que dans les fractions plus jeunes de la population et, simultanément, plus de salariés que de dépendants.

La récente découverte du fait que les gens de notre génération constituent une partie riche, importante et active des consommateurs peut constituer un vrai danger, bien sûr. Elle peut avoir des effets très néfastes pour les personnes âgées dans le besoin et avoir des influences sur notre propre entrée dans les rangs des 65 ans et plus, au cours des prochaines années. Le mythe que toutes les personnes âgées ne se nourrissent que de nourriture pour chiens est remplacé graduellement par une autre image tout aussi déformée et tout aussi pernicieuse. Déjà, j'ai pu lire certains articles traitant de ce nouveau mythe dans des revues populaires telles que *Newsweek* et dans certaines revues économiques d'intérêt spécial. Ce nouveau mythe dépeint *tous les gens* de plus de 50 ans comme étant riches et entièrement libres. L'Amérique s'est débarrassée de ses pauvres pour toujours!

Un article de la revue *Forbes* essayait de détruire l'idée qu'une grande partie des personnes âgées a besoin de l'aide du gouvernement; c'est une attitude qui se répand de plus en plus à une époque où ''le gouvernement a trop de pouvoir sur nos vies''. À l'aide d'exemples exceptionnels et choisis avec discernement (comme tous les exemples qu'un auteur choisit, évidemment), *Forbes* réussit à donner la nette impression que nous sommes *tous* bien nantis, que nous vivons tous dans le plus grand luxe, que nous achetons des condominiums et des voiliers et que nous nous enrichissons à la Bourse d'une manière presque odieuse.

Je sens que cette modification de la façon de percevoir tout un groupe peut entraîner des conséquences pernicieuses toutes aussi dommageables que l'autre mythe qui nous représentait tous comme étant dans le besoin. Certes, la plupart des Américains âgés vivent aujourd'hui dans de meilleures conditions qu'ils ne vivaient il y a 10 ou 15 ans. J'ai même consacré une certaine partie de ce chapitre à exposer les statistiques en détail. Mais comme l'a écrit Cyril F. Brickfield, directeur de l'American Association of Retired Persons[1]: ''En temps normal, nous encouragerions les efforts de ceux qui cherchent à corriger les idées fausses et les conceptions erronées au sujet des personnes de l'âge d'or. Mais les nouveaux fabricants de mythes vont trop loin. Au lieu de se limiter à la des-

[1]Association américaine des personnes retraitées.

truction de vieux stéréotypes usés, ils en créent de nouveaux. Ils laissent à entendre qu'étant donné que les personnes âgées ont profité de gains substantiels, ils ont maintenant les moyens de faire d'énormes sacrifices tels que renoncer à la protection contre la hausse du coût de la vie que leur fournit la sécurité sociale''. C'est une manière de voir critique et assez dégrisante pour ceux d'entre nous qui sont d'âge mûr aujourd'hui et qui sont de parfaits exemples de la richesse que j'ai décrite.

Tout comme vous, j'essaie de contrebalancer les sentiments qui m'envahissent à l'idée de faire partie de notre génération à l'aise avec la conscience que j'ai des problèmes sociaux qui m'ont toujours accompagné. J'apprécie vraiment le rôle que je joue dans un groupe d'âge qui est moins dépendant des autres que les groupes constitués des très jeunes et des très vieux. En même temps, j'éprouve de l'admiration et de la confiance envers les gens que je décrirai dans le prochain chapitre. Je suis un peu dépendant de ces gens qui s'assurent que les mythes concernant les personnes d'âge mûr et les gens âgés sont détruits à jamais, mais sans les remplacer par d'autres ornières qui ne seront que le reflet des intérêts personnels et de l'étroitesse d'esprit de ceux que nous élisons pour qu'ils nous gouvernent, de ceux qui sont nos experts en communication et de ceux qui essaient purement et simplement de nous vendre leurs produits.

Chapitre 20
Luttons sur les barricades!

*Vous êtes des bébés ridées! Vous n'êtes que des mor-
veux! Vous êtes les aînés de la tribu. Que faites-vous
pour assurer sa survie?*

Maggie Kuhn

Je me rappelle encore cette journée pluvieuse du mois d'avril. J'avais quitté mon île pour venir à New York assister à cette réunion. La chaleur du vestibule du YWCA situé en plein coeur de Manhattan m'envahissait agréablement, après le froid de ce début de printemps. Grâce à mon pessimisme chronique, j'avais réussi à me convaincre que je serais la seule personne à se déplacer par une pareille journée. Je fus donc agréablement surpris de voir toutes ces femmes pleines de vitalité déjà arrivées qui s'agitaient, secouaient leur parapluie, ramassaient des dépliants, signaient le registre. Une charmante employée s'est approchée de moi et m'a demandé si je m'étais trompé d'endroit. Je lui ai répondu que non. Après avoir jeté un coup d'oeil sur le dépliant que je tenais à la main, je lui ai dit que je supposais que c'était bien une réunion de la Older Women's League[1]. Elle hocha la tête d'un geste affirmatif, m'adressa son plus beau sourire et retourna derrière son bureau.

Malgré la pluie, la grande salle était pleine à craquer. Il y avait environ 400 femmes séduisantes, bourdonnantes d'anticipation, toutes âgées de 45 à 65 ans. Quatre cents femmes et moi. À force de regarder autour de moi, je me suis rendu compte que j'étais le seul homme présent. Ce fait évident fut d'ailleurs porté à l'attention de tous peu après, quand la réunion commença. Jo Turner de l'administration nationale de l'OWL salua l'assemblée en ces termes: ''Bon après-midi mes soeurs'', puis, elle se tourna vers moi avant d'ajouter, ''*mon frère*!''

Beaucoup de temps s'est écoulé depuis cet après-midi pluvieux; j'ai surveillé avec un certain intérêt la création et l'expansion de groupes semblables à l'OWL, l'augmentation de leur pouvoir politique et la façon dont ils luttent pour se faire entendre, dans un monde qui combat avec acharnement pour que notre génération reste invisible. Soudainement, j'ai remarqué que des hommes et des femmes d'âge mûr commençaient à protester avec force et efficacité, non seulement par l'entremise de leurs organismes, mais aussi en tant qu'individus. J'ai vu des autobus remplis de gens prêts à se dresser en masse contre les choses qui nous menacent le plus.

Au mois de septembre 1981, un quart de million de personnes se sont rendues à Washington D.C., à pied, en voiture, en autobus, pour protester. Cette journée mémorable est connue maintenant sous le nom de Solidarity Day[2]. Les visages qu'on y a vus ne ressemblaient pas à ceux des protestataires des années 60. Pas du tout. Un homme d'environ 50 ans, coiffé d'un feutre, déclara: ''J'avais toujours cru que les manifestations étaient pour les enfants qui ont du temps à perdre. Ils viennent jusqu'ici, provoquent des émeutes, fument de la marijuana et s'emploient à détruire notre système.'' Ce jour-là, on pouvait voir beaucoup de visages d'âge mûr à Washington. Une menace planait au-dessus des contestataires: un gouvernement qui ne comprenait pas ou qui ne daignait même pas s'intéresser à eux, remettait en question tout ce qu'ils voulaient, tout ce pour quoi ils avaient travaillé si fort, si longtemps.

---

[1] Ligue des femmes âgées.
[2] Journée de Solidarité.

Alors, nos frères et soeurs d'âge mûr sont venus protester à Washington. Comme les temps ont changé!

Je crois que j'ai changé moi aussi; j'ai évolué au cours des quelques dernières années, car je prends de plus en plus conscience de la multiplicité des problèmes, du déséquilibre insurmontable contre lequel il faut lutter pour rétablir l'égalité, peu importe l'âge ou le sexe, de l'apparition de nouvelles préoccupations sociales juste au moment où nous commencions à croire que nous avions fait des progrès par rapport aux anciennes.

Je crois que j'ai été impressionné par le fait qu'au cours de l'an dernier, de nouveaux sentiments, de nouvelles déterminations ont vu le jour ainsi que par la surprenante découverte que ce sont les *femmes* qui mènent en grande partie la bataille contre les préjugés envers les personnes âgées alors que nous, les hommes, nous nous laissons distancer. Il est probable que le mâle se soit trop engagé dans sa carrière, et que pour cette raison il est convaincu que rien ne changera jamais, que la vie continuera comme elle l'a toujours fait, que les problèmes ne peuvent nous toucher tant que nous restons sous la protection de notre monde des affaires dominé par l'homme et orienté vers lui. Puis, un jour, le toit s'écroule. Bouleversés et surpris, nous sommes rejetés. Est-ce parce que la société a toujours eu des tendances discriminatoires qui désavantageaient les femmes — d'un point de vue économique, social et législatif? On entend finalement leurs voix. Il ne nous ferait pas de tort d'y prêter une oreille attentive.

''C'est un appel à l'action politique, déclare Maggie Kuhn, mais pas pour défendre des droits acquis ni pour ne rendre service qu'à nous-mêmes. C'est un appel à une nouvelle forme de responsabilité politique destinée à assurer la survie de la société. . . étant donné que l'*âge* est une force qui s'universalise et une expérience humaine universelle. Nous ne sommes pas tous Noirs, nous ne sommes pas tous des femmes, nous ne faisons pas tous partie d'un groupe minoritaire, mais *nous vieillissons* tous!''

À 65 ans, Maggie Kuhn a été forcée d'abandonner son poste de rédacteur en chef d'une revue religieuse. Blessée et fâchée, elle résista. Avec cinq de ses amis, elle forma un organisme qui avait pour but de changer les lois, ainsi que les attitudes, qui font que la discrimination envers les personnes âgées est monnaie courante dans tout le pays. La presse désigna d'un ton railleur le petit groupe sous le nom de ''Panthères Grises'' et ce nom lui est resté. Dix ans après, le réseau des Panthères Grises compte environ 50,000 membres répartis dans 110 groupes locaux qui transcendent l'âge. À vrai dire, plus de la *moitié* des membres a moins de 65 ans; on y rencontre des gens de tous les âges allant de l'adolescence jusqu'à la maturité des gens de notre génération.

Je suppose que beaucoup trop d'entre nous croient que les ''barricades'' de notre jeunesse et que les batailles que nous menions dans l'intérêt de la société ou pour défendre ce que nous considérions comme la justice, sont disparues depuis bien longtemps; qu'on n'obtient rien de bon lorsqu'on essaie de combattre l'establishment et que ''nous sommes trop vieux'' pour combattre pour les intérêts de la communauté. Maggie a largement dépassé le cap de ses 70 ans et, quand j'ai discuté avec elle à Philadelphie, je lui ai demandé de me montrer son horaire du mois suivant. Elle donne plus de 200 conférences par année. La semaine suivante, elle devait prendre la parole devant les professeurs de la faculté de médecine de l'Université de Pennsylvanie, assister au Congressional Committee on Social Security[1] à Washington puis se rendre à New York pour participer à une réunion d'un comité de l'Organisation des Nations Unies qui met sur pied une réunion mondiale ayant pour thème la vieillesse. Dans la soirée de vendredi, elle devait prendre la parole (une fois de plus) devant un groupe de comptables qui travaillent dans l'intérêt du public et elle devait être à Minneapolis-St-Paul, le lendemain, pour une autre apparition en public.

— Vous n'êtes jamais fatiguée?, lui ai-je demandé.

— Oui, je me fatigue. Je m'épuise parfois.

Elle se redressa, minuscule femme débordante d'énergie et de vitalité, et me confia:

— Je me branche sur l'énergie des groupes qui m'entourent et je tire mon énergie de la leur.

Si quelqu'un osait faire une remarque sur l'âge de Maggie, elle lui ferait probablement remarquer que Susan B. Anthony avait 84 ans quand la lutte à laquelle elle a consacré toute sa vie, a atteint son point culminant et qu'elle fonda l'Alliance internationale pour le droit de vote des femmes, à Berlin. Margaret Mead avait encore une force vocale dynamique et solide même si elle avait plus de 70 ans. La liste s'allonge à l'infini.

La question importante que l'on doit se poser est évidemment:

---

[1]Conseil du Congrès sur la sécurité sociale.

Est-ce que tout cela a du bon? Les Panthères Grises se sont déménées dans *toutes* les sphères de la société (et pas seulement dans les domaines qui se rapportaient à la vieillesse): contre la guerre, contre l'utilisation de l'énergie atomique, pour le droit fondamental d'avoir un logement décent à un prix abordable, pour des soins médicaux adéquats, contre le racisme, contre le sexisme ainsi que contre toutes les forces qui abaissent et déshumanisent les gens, peu importe leur âge. Les protestations constituent des armes efficaces.

Sous les pressions exercées par les Panthères Grises, le Congrès a fait passer l'âge de la retraite obligatoire de 65 à 70 ans. Ce groupe encourage de nouveaux concepts au sujet de la main-d'oeuvre: le partage d'un emploi, la retraite progressive, les congés sabbatiques, les changements de carrière dans le but de permettre aux gens de travailler peu importe leur âge.
Une étude qui a été menée pendant quatre ans dans les maisons de retraite,a exposé au grand jour les conditions choquantes qui règnent dans la majorité d'entre elles. Les réseaux des Panthères Grises exercent une surveillance dans les maisons de retraite locales et les agences responsables chargées d'appliquer les réformes. Ils cherchent aussi des solutions pour éviter que les parents âgés ne soient placés dans des établissements spécialisés car ils croient,tout comme moi,que 40% des patients qui sont dans des maisons de retraite pourraient très bien vivre dans la communauté où ils ont toujours vécu,si seulement on leur fournissait une aide ménagère, des repas chauds et des soins médicaux minimum.
Leur recours collectif contre le système de la Réserve Fédérale a eu pour conséquence l'augmentation des taux bancaires pour les petits épargnants constitués en grande partie de personnes âgées.

Les Panthères Grises sont engagées, ainsi que d'autres organismes, dans la lutte contre les coupures des prestations de la sécurité sociale; elles font des pressions pour l'instauration d'une assurance médicale nationale globale, pour la protection du consommateur et pour la cohabitation des générations.
Maggie met elle-même en pratique cette dernière théorie. ''Notre ségrégation si rigide envers les personnes âgées — le fait de confiner les jeunes et les vieux dans des ghettos — se dresse

contre les intérêts du public. Elle peut détruire en fin de compte le sens de la communauté et de la collectivité, surtout si un nombre de plus en plus élevé de personnes âgées vivent isolées. Avez-vous déjà visité Sun City? C'est horrible! On rencontre des villages de ce genre dans plusieurs régions de la Floride.''

Elle habite maintenant une grande maison, presque tentaculaire, à Germantown; elle la partage avec deux femmes dans la trentaine, avec un homme de 28 ans et trois gros chats. Maggie m'explique: ''Cette cohabitation des jeunes et des vieux est tout à fait ce dont la société a besoin. De nos jours, les jeunes ne voient presque jamais de près des personnes âgées — jusqu'à ce qu'ils en deviennent une!''

Malheureusement, il n'est pas facile d'exploiter cette idée. Même si elle a donné de bons résultats dans certaines régions, y compris une expérience à l'Université Bucknell (au cours de laquelle les étudiants âgés qui retournaient à l'université partageaient ''l'espace vital'' des étudiants plus jeunes), il est défendu, dans la majeure partie des États-Unis, que plus de deux ou trois personnes sans lien de parenté partagent un logement. En Yougoslavie, les *komencias* permettent aux personnes âgées sans famille de recevoir le soutien d'une jeune famille de leur choix. Les ententes précisent que la famille doit prendre soin de la personne âgée jusqu'à sa mort et qu'à ce moment-là, elle héritera de la propriété et des biens de la personne âgée. C'est une idée qu'on accepte ici de plus en plus, surtout à une époque où la pénurie de logements et l'inflation galopante se font sentir. Il est possible qu'un jour (qui n'est pas si loin) les familles suppléantes jouent un rôle très important dans le processus du vieillissement. Maggie m'a confié: ''Je ne peux pas vous dire combien de fois j'ai remercié Dieu au fond de moi pour la chance que j'avais d'avoir Linda, Bob et Bobbie comme colocataires et comme amis très chers.''

Bien sûr, *je* suis une Panthère Grise et j'en suis fier! La cotisation est minime; j'aime recevoir le journal *Network* où je peux trouver des informations de dernière heure. Je suis toujours ébahi de constater que l'horaire de Maggie est toujours aussi chargé! Pour obtenir plus de renseignements, adressez-vous à: Gray Panthers, 3635 Chestnut Street, Philadelphie, PA 19104.

Plusieurs aspects de la lutte pour faire valoir nos droits, pour faire entendre les cris par lesquels nous exigeons d'être traités équitablement éveillent en moi une ambivalence sous-jacente. Je me suis toujours considéré comme étant une personne qui accepte volontiers de lutter quand le besoin se fait sentir, même si je vis dans un monde où il faut accepter l'impartialité et les compromis pour assurer sa survie ou pour obtenir ne serait-ce que l'ombre d'un succès. J'ai envoyé de nombreuses lettres ouvertes; j'ai écrit aux entreprises et aux sénateurs; la plupart du temps, en vain. Il est pourtant arrivé parfois que quelqu'un porte une attention remarquable à l'une de mes lettres. Toutefois, j'ai découvert que trop souvent, lorsqu'une seule voix dissidente se fait entendre, il est bien facile de l'étouffer, alors que la force de toute une organisation ou d'une campagne bien organisée peut facilement triompher grâce à la voix puissante du nombre.

Mon ambivalence se manifeste lorsque je condamne en bloc les gens qui mettent sur pied un groupe de pression composé d'un grand nombre d'activistes afin de convaincre les chaînes de télévision que certaines émissions violentes ne conviennent pas du tout aux chastes familles américaines. D'un autre côté, j'apporte tout le soutien que je peux aux groupes et aux organismes qui exercent des pressions sur les mêmes chaînes pour que ces dernières cessent d'approuver silencieusement le sexisme, le racisme et tous les préjugés contre les personnes âgées. Je justifie facilement mon hostilité et ma colère envers ''les autres'', car je crois qu'ils prêchent la censure et le boycottage, même s'ils le nient violemment. Puis, je m'arrête et je me demande sérieusement pourquoi je serais différent quand je refuse d'acheter les produits d'un certain fabricant, à cause du rôle que joue ce dernier dans l'apport de supplément pour la nourriture des nouveaux-nés, ou dans la fourniture de moyens anticonceptionnels dangereux au tiers-monde. Est-ce que je boycotterais moi aussi? Bien sûr!

N'est-il pas naturel de croire qu'*ils* sont dans l'erreur et que *nous* avons raison, alors qu'ils croient que *nous* sommes dans l'erreur et qu'*ils* ont raison? Dans ces cas-là, je contracte obstinément mes mâchoires et je murmure les mots de Voltaire: ''Votre liberté s'arrête où mon nez commence''! Je retourne ensuite au coeur de la bataille, avec la ferme conviction qu'*ils* ont tort et que *nous* avons raison!

À la réunion de la section de Manhattan de la Ligue des femmes âgées, Natalie Priest, une superbe actrice et la présidente du Comité des femmes de l'AFTRA (American Federation of Television and Radio Artists[1]), posa une question à l'assistance: Combien d'entre vous ont regardé la soirée des Oscars l'autre soir?

Quelques mains se sont levées. Je fus surpris du peu de réponses que cette question suscitait. J'étais sincèrement convaincu que *tout le monde*, à part moi, regardait l'image bouffie d'orgeuil qu'Hollywood projette d'elle-même. Elle continua:

— Avez-vous remarqué qu'il manque de quelque chose dans les réclames publicitaires? Vous êtes-vous rendu compte que dans aucune réclame ne figurait *une seule femme âgée*, pendant une émission de deux heures et demie ou trois heures?

J'ai déjà consacré un chapitre complet à ces problèmes des média et aux raisons pour lesquelles je considère que ces derniers sont ennemis des personnes âgées. C'est un domaine de première importance où de violentes protestations sont formulées par des groupes décidés à arrêter la diffusion d'images déformées et stéréotypées, ainsi que cette omission des personnes âgées et, en particulier, ces femmes âgées que l'on retrouve dans les réclames publicitaires et les émissions télévisées.

Les Panthères Grises, toujours à l'avant-garde et en première ligne, formèrent en 1973 un National Media Watch Committee[2], dirigé par une remarquable femme de plus de 70 ans, Lydia Bragger. Les membres de ce comité recueillent des informations et font des recherches auprès de téléspectateurs disséminés dans tout le pays. Ils ont déjà tenu une réunion avec les administrateurs des chaînes de télévision et les directeurs d'agences de publicité, la National Association of Broadcasters[3] et la commission d'enquête du Congrès des États-Unis. Ils utilisent des agrandissements, des extraits et des transcriptions d'émissions et de réclames. Ils appuient leurs plaintes, de chiffres compilés par leurs observateurs. De plus, les universités de Georgie et du Maine ont mis sur pied des cours portant sur la surveillance des média.

L'AFTRA et Equity, en collaboration avec la Women's Action Alliance[4], un consortium des groupes de femmes de tout le pays, ont formé le projet de faire prendre conscience aux femmes de la façon dont elles sont (ou ne sont pas) représentées à la radio et à la télévision. Plus de 450 femmes provenant de 71 associations

---

[1] Fédération américaine des artistes de la radio et de la télévision.
[2] Conseil national pour la surveillance des média.
[3] Association nationale des personnalités de la télévision et de la radio.
[4] Union des femmes pour l'action.

ont observé, surveillé et étudié plus de 40,000 réclames publicitaires (38,000 à la télévision et 2,500 à la radio, dans 41 états différents). Comme je l'ai déjà mentionné, les résultats n'ont surpris personne. La femme âgée fait partie de la catégorie la moins représentée par le monde de la publicité. En colère, Natalie Priest déclare: ''Nous sommes limitées aux réclames publicitaires pour les hémorroïdes, les dentiers et Geritol!''

Le progrès n'est apparu que très lentement, mais les lettres de protestations envoyées aux chaînes de télévision et aux agences de publicité commencent à remporter quelques succès. Certaines annonces de Colgate-Palmolive nous montrent maintenant que les personnes âgées prennent aussi leur douche. Des personnes telles que la designer Mollie Parnis et l'actrice Anne Jackson ont participé à des réclames où elles jouaient de vrais rôles (elles n'étaient pas que des voix distinguées provenant de personnes invisibles). Les chaînes de télévision et les agences de publicité portent réellement attention au courrier qu'elles reçoivent. (Regardez certaines de leurs réactions horrifiées devant les missives que ''les autres'' leur font parvenir.) L'AFTRA a proposé d'envoyer aux chaînes de télévision, aux fabricants et aux agences de publicité des lettres ''Orchidées'' ou ''Oignons''. Envoyez une ''lettre orchidée'' quand vous voulez leur faire des éloges et une ''lettre oignon'' quand vous voulez protester. La plupart des chaînes locales figurent dans l'annuaire; les étiquettes qui accompagnent la majorité des produits comportent une adresse.

N'espérez pas obtenir des miracles, mais prenez tout de même le temps d'écrire. N'oubliez pas que les agences de publicité et l'industrie de la télévision ne diffèrent en rien des autres entreprises: elles sont dirigées presque exclusivement par des hommes. Certains sont sensibles à l'invisibilité des personnes âgées; d'autres y sont entièrement insensibles. Voici un exemple de ce que j'avance: environ 400 personnes ont assisté à une récente réunion de l'American Association of Advertising Agencies qui s'est tenue à New York; toutes les personnes présentes étaient des hommes à l'exception de 40 ou de peut-être 50 femmes. Vingt-deux orateurs ont exposé les vues de l'industrie; un seul d'entre eux était une femme. Avec de tels avantages, comment les *hommes* pourraient-ils être fâchés?

Pour les mâles de ma génération, il est difficile (mais pas impossible, du moins je l'espère) de se débarrasser du voile du chauvinisme. Nous avons été élevés à une époque où les rôles des sexes étaient soigneusement définis: l'*homme* était le soutien de la famille, comme l'avaient été nos pères et nos grands-pères, et la femme restait à la maison pour élever les enfants, en prendre soin, bref, pour jouer son rôle de mère. Nous, les hommes, nous pouvons toujours être d'accord avec cette idée de l'égalité des sexes et acquiescer du bout des lèvres, mais trop souvent nous n'agissons pas. Même aujourd'hui, nous ne levons même pas le petit doigt. Tout ça ressemble beaucoup à cette histoire de Jim Gallagher au sujet d'un officier marinier qui pestait: ''Ils peuvent faire tous les changements qu'ils veulent, je m'en fous complètement; tant et aussi longtemps qu'ils continuent de faire les choses comme ils les ont toujours faites!''

Comme l'a dit Elizabeth Most, une spécialiste de l'assistance sociale à la retraite, lors d'un discours qu'elle a prononcé devant les membres de l'OWL: ''Le fait d'être mariée signifie généralement être isolée du monde extérieur et assumer presque entièrement toutes les responsabilités de la maison et l'éducation des enfants. . . Les magazines véhiculent une image idéalisée de nous-mêmes. . . Ils prennent pour acquis que nous pouvons faire des miracles à la maison avec n'importe quel budget et que nous pouvons en plus être fraîche et dispose tous les soirs afin de séduire notre époux.'' Dès qu'elle prononça ces paroles, les rires fusèrent, évidemment. Elle poursuivit donc: ''Depuis notre tendre enfance, nous nous voyons à travers les yeux des hommes. . . nous éprouvons donc un sentiment d'infériorité et d'humiliation, car malgré toute la rhétorique et tous les piédestaux, la triste réalité est qu'on relègue les femmes âgées dans les arrière-cuisines!''

La plupart des femmes passent vingt ans ou plus de leur vie à diriger la maison, à gérer le budget familial, à surveiller la cuisine et à s'occuper des ''relations avec les clients'' ce qui comprend bien entendu le divertissement des relations d'affaires qui apparaissent brusquement pour le dîner. Elles jouent également un rôle d'acheteur à qui est confiée la délicate mission de faire l'épicerie de la semaine ainsi que d'acheter tout ce qui est nécessaire. Elle doit également faire office de chauffeur pour les enfants et les amis des enfants, en plus d'être médecin et infirmière et d'exercer ses fonctions de vice-président exécutif de la famille. Qu'est-ce qui peut bien arriver lorsqu'une telle femme fait son entrée sur le marché du travail qui est, on le sait, *dirigé par des hommes*, alors qu'elle cherche l'occasion de débuter une seconde carrière? On la classe immédiatement comme étant non qualifiée, non spécialisée ou *inexpérimentée*. Inexpérimentée et d'âge mûr! Elle est donc reléguée aux emplois les moins bien rémunérés alors que les hommes atteignent, à cet âge, le sommet de leur carrière!

Parfois, j'imagine une drôle de petite scène où la relation amoureuse normale qui conduit inévitablement au mariage, est remplacée par une entrevue semblable à celle que l'on doit subir pour obtenir un poste au sein d'une importante compagnie. La femme d'intérieur qui postule l'emploi est assise toute droite, les mains sur les genoux, les jambes serrées, les cheveux soigneusement coiffés, en face de l'homme qui l'interroge.

ELLE: Quelles tâches comporte ce poste?

LUI: Je vous offre un poste de ''femme d'intérieur''. Vous devrez vous occuper du ménage et des courses. Vous devrez être gentille avec mon père et ma mère, jouer à merveille le rôle d'hôtesse, donner naissance à mes enfants, rester à la maison et vous occuper d'eux jusqu'à ce qu'ils aient grandi. Vous devrez être aimable avec mon patron, vous occuper du budget. . .

ELLE: (elle l'interrompt) Quel est le salaire?

LUI: (déconcerté) Salaire?

ELLE: Oui, quel est le salaire? Quels sont les avantages sociaux?

LUI: (irrité par tant d'effronterie) Voyez-vous, cet emploi n'est pas rémunéré. Je vous offre un emploi à vie, avec toute la sécurité possible; je vous offre la chance unique de devenir ma compagne et ma collaboratrice. Vous ne voudriez pas qu'on dégrade un tel poste en offrant de l'*argent!*

ELLE: (se levant et s'apprêtant à partir) Je crois que je vais continuer à chercher!

Il n'est pas nécessaire d'être féministe pour comprendre pourquoi les organismes tels que OWL prolifèrent. Au cours d'une réévaluation personnelle à l'âge mûr, à cause d'un divorce ou du veuvage, ou encore par choix, la femme découvre qu'elle est dans une situation financière bien précaire. Pendant la réunion, une femme en colère s'est levée pour raconter ses propres expériences: ''Nous avons été absentes du marché du travail pendant de nombreuses années. Lorsque nous nous rendons à une agence de placement, la première chose qu'on nous demande est notre curriculum vitae. *Nous n'en avons pas.* Que pourrait-on y mettre à part d'expliquer que nous venons d'élever toute une famille, avec succès, j'espère!''

Grâce à ses 25 sections répandues dans tout le pays, l'OWL peut s'attaquer aux trois domaines importants où l'injustice est la plus flagrante:

Les prestations de la sécurité sociale. Des injustices font partie intégrante du système: l'époux est éligible pour recevoir des prestations complètes alors que l'épouse survivante doit vivre avec des prestations réduites au minimum; les réductions que l'on propose auront de graves conséquences surtout pour les femmes âgées.

Pension de retraite. Une fois de plus, le travailleur mâle a droit de recevoir une pension complète jusqu'à sa mort. La veuve ne reçoit généralement rien ou elle ne reçoit que très peu d'argent, même si elle s'est dévouée toute sa vie pour sa famille, afin que l'époux puisse se consacrer entièrement à son travail. Toutes les femmes divorcées qui étaient mariées à des employés du gouvernement, à des employés de compagnies de chemin de fer, à des militaires ou à des membres du corps diplomatique, sont abandonnées à bout de ressources. Les lois qui régissent les successions pour une ferme ont obligé beaucoup de veuves à vendre leur ferme pour payer les taxes, en dépit de toutes les années qu'elles avaient passées à travailleur aux champs, aux côtés de leur mari, et seules à la cuisine.

L'accès à l'assurance-maladie. Ce domaine est directement lié à l'emploi et à l'âge dans beaucoup de cas. Une veuve ou une divorcée ne peut généralement pas obtenir la même protection que celle dont bénéficiait son conjoint et la conversion d'une telle assurance est souvent coûteuse.

Le point commun de ces trois problèmes est que l'opinion exige que l'on reconnaisse la valeur du travail de la femme, qu'il soit rémunéré ou non; que l'on s'intéresse à la situation des femmes âgées et que l'on s'attaque aux injustices inhérentes à la politique publique et sociale. Jean Phillips, qui dirige sa propre entreprise de relations publiques, est également présidente de la section de Manhattan de l'OWL. Elle a formé ce groupe. Au début, il n'y avait que 18 membres, puis: ''Les réactions que nous avons provoquées ont indiqué définitivement que le temps était venu de mettre cette idée en application. Un certain article a paru dans le *New York Times*. La femme qui l'a écrit m'a dit qu'aucun autre de ses articles n'avait jamais suscité une telle réaction. Nous avons été submergées de lettres et d'appels téléphoniques; nous avons une liste d'adresses d'un millier de noms de personnes de tout le pays, du Canada et même de la Suisse et de l'Amérique du Sud. Elles disent toutes: "Oh! C'est si fantastique, nous avons l'impression d'avoir été négligées. . . que personne ne s'intéressait à notre situation. . . que nous devenions séniles petit à petit. . . et maintenant nous sommes convaincues qu'il est grand temps qu'on nous écoute."

Même si la Ligue des femmes âgées a été fondée surtout pour les femmes entre 45 et 65 ans, il n'y a pas de limite d'âge. Une femme de 87 ans est membre, tout comme sa fille de 57 ans et sa petite-fille de 29 ans. "Beaucoup de jeunes femmes désirent se joindre à nous, explique Jean Phillips. Elles disent toutes: "Je me vois déjà d'ici quelques années!" Elles disent que la vie de leur mère n'a pas toujours été rose et qu'*elles* ne veulent pas finir de la même façon."

Nous ne sommes pas les seuls à combattre valeureusement. Loin de là! Des organisations importantes et efficaces constituées de centaines et de milliers de membres — et parfois de millions de membres — luttent, elles aussi, contre les préjugés envers les personnes âgées. Peut-être n'ont-elles pas la "personnalité" des groupes que j'ai déjà mentionnés, mais elles possèdent l'influence des vraies institutions ainsi que la connaissance et l'expérience des couloirs du Congrès, qui manquent à la plupart d'entre nous, en tant qu'individus isolés. Beaucoup ont lutté contre le conservatisme et la rigidité d'organisations telles que l'American Medical Association — qui s'est élevée contre Medicare[1] dès que ce projet fut présenté au Congrès ainsi que contre d'autres programmes nationaux d'assurance médicale qui auraient pu aider les indigents et les personnes âgées. L'Americans for Democratic Action[2] est venue grossir les rangs de ceux qui luttent pour que les femmes reçoivent un salaire égal à celui des hommes.

Si nous prenons conscience de la façon dont la société traite les personnes d'âge mûr et les gens âgés (comment ne pas s'en rendre compte?), si nous ne voulons pas être relégués au rang de citoyens de deuxième classe, au sein d'une culture qui révère et idolâtre la jeunesse, si nous ne voulons pas être mis sur une voie de

---

[1]Programme gouvernemental visant à assurer des soins médicaux adéquats surtout aux personnes âgées.
[2]Association des Américains pour une action démocratique.

garage dès que nous aurons 45 ans, nous *devons* faire entendre notre voix, tous ensemble.

Nous *devons* nous faire entendre, sinon *nous* serons encore l'ennemi no 1 de notre propre groupe d'âge! Il y a tant à faire. Nous votons en plus grand nombre que les jeunes citoyens qui ne comprennent pas encore tout à fait le fonctionnement de la démocratie. Nous avons souligné le problème de notre invisibilité en prenant conscience des mythes qui existaient et nous nous élevons contre les stéréotypes dont la majorité était imprimée profondément dans nos têtes. Nous pouvons même bénéficier du soutien et de la bonne volonté de la plupart des jeunes, sinon ils ne nous appuieraient pas quand nous unissons nos voix à celles des Panthères Grises et des prétendus groupes de personnes âgées. Le plus important est que nous commençons à développer un sentiment, une conscience de notre propre moi.

Épilogue
Sortir de la chrysalide

''Contrairement aux jeunes qui essaient de découvrir qui ils sont et à quoi rime le monde, nous *savons*, nous avons vu ce qu'il en était. Au fil des années, nous avons accumulé des connaissances, de l'expérience et du bon sens; nous devons nous appliquer à les utiliser à bon escient. Mieux que toutes les générations d'âge mûr qui nous ont précédés, nous sommes actifs, engagés, entreprenants et nous avons une capacité d'éprouver du plaisir que peu de jeunes connaîtront. . . *J'ai enfin ma chance!*''

Barbara V. Hertz
Éditrice
Revue Prime Time
(août 1980)

Il est probablement plus difficile de terminer ce compte-rendu personnel d'une belle aventure qu'il ne le fût de le commencer alors que des centaines de pages blanches attendaient près de ma machine à écrire inquiète. Des jours et des semaines ont passé, l'anniversaire du jour où je me suis plongé dans l'écriture est passé sans retenir mon attention et je me suis rendu compte, progressivement, que ma découverte de l'âge mûr se poursuivrait sans arrêt, même à la fin de chaque chapitre et longtemps après la publication de ce livre.

Est-ce seulement parce qu'aujourd'hui je suis plus averti, plus au fait de la croissance et de la vitalité des gens de notre génération, plus conscient que nous formons un groupe de gens très spécial? Avant de me consacrer à cet ouvrage, n'étais-je pas aussi, d'une façon qui m'était bien personnelle, atteint du virus de l'invisibilité et du doute qui prolifère dans un pays qui vénère la jeunesse (avant que je commence à analyser avec soin ce qui avait réellement contaminé notre société toute entière)?

Jamais au cours de cette année, je n'ai découvert ce que je pourrais décrire comme *un stéréotype de nous tous*; pas une fois je n'ai pu déterminer le moment exact où nous passons de la "jeunesse" à la "maturité" et à la "vieillesse", avec évidemment tous les mythes et tous les stéréotypes que ces étiquettes impliquent. Nous nous appliquons tellement à diviser nos vies en segments chronologiques que nous violons le concept selon lequel la vie est essentiellement *intégrale*, qu'elle est un continuum dans lequel les facteurs sociaux, psychologiques et économiques qui nous influençaient quand nous étions jeunes, continuent d'exercer sur nous leur influence durant toute notre vie adulte. Satchel Paige, le grand lanceur de base-ball, demandait avec sagesse: "Quel âge auriez-vous si vous ne saviez pas quel âge vous avez?"

Dans le Talmud ainsi que dans les oeuvres de Confucius et du législateur et poète grec Solon, nous lisons et relisons qu'au cours des années de maturité (de 40 à 65 ans), notre compétence, nos capacités et nos réalisations sont à leur apogée, ainsi que nos contributions à la société. C'est à cette époque que nous pouvons accomplir nos plus grandes réussites du point de vue de nos capacités et de nos intérêts. Même si Confucius et Solon établissent que la longévité est de 70 ans, le Talmud prédit avec sagesse, une espérance de vie plus longue et il situe notre efficacité jusqu'à l'âge de 100 ans: 50 ans correspond à l'époque où l'on peut donner des conseils; à 60 ans, on a atteint la sagesse. Ceci me rappelle les bénédictions que nous donnaient ma grand-mère et les autres aînés de la famille: ''Vivez heureux et en santé jusqu'à 120 ans!'' Les 100 années que prédisait le Talmud ne leur suffisaient pas!

Les anciens sages avaient raison. Lorsque nous nous examinons en profondeur, nous découvrons que la maturité n'a pas transformé la perception que nous avons de nous-mêmes en tant qu'individus. À l'exception des inévitables changements physiques, nous ne sommes pas très différents de ce que nous étions au cours de notre jeunesse. Souvent, nous découvrons que la vie s'est révélée beaucoup plus agréable que les prévisions courantes. Nous croyons que nous sommes des *exceptions*, au lieu de croire que nous sommes des *exemples* et que nous représentons les millions d'autres qui vivent, pensent, réagissent et apprécient la vie avec une liberté d'esprit que l'on ne peut atteindre qu'avec la maturité!

Nous regardons autour de nous et nous découvrons soudainement que les enfants ont grandi et qu'ils mènent leur propre vie. Les plaisirs maintes et maintes fois reportés sont enfin à notre portée. Enfin, nous pouvons apprécier notre famille tout en conservant une sensation de liberté, comme nous n'en avons jamais éprouvée. Pour la plupart d'entre nous, c'est enfin une époque de stabilité et d'indépendance financière, où nous commençons à comprendre l'étendue de notre sagesse et de notre maturité. Bernice Neugarten l'explique ainsi: ''L'absorption de nouvelles informations avec l'expérience acquise et l'application de cette compétence à la réalisation des buts fixés''. Elle conclut en disant que c'est une époque de la vie où nous commençons à établir nos propres règles et nos propres normes.

On rapporte qu'à son 77e anniversaire de naissance, Eleanor Roosevelt a déclaré: ''La vie est faite pour être vécue. La curiosité doit rester en éveil. On ne doit jamais, pour quelque raison que ce soit, tourner le dos à la vie.'' J'ai découvert au cours de l'année dernière que très peu d'entre nous *avaient* tourné le dos à la vie. Le contraire — nous venons juste de découvrir plusieurs facettes de nous-mêmes que nous n'aurions même jamais cru possibles auparavant — est vrai.

Avant de quitter Maggie Kuhn par un jour pluvieux, avant de la laisser aller d'un bureau à l'autre, prendre des appels ou s'occuper de sa prochaine conférence, je l'ai étreinte une dernière fois. Ses yeux pétillaient de feu et elle me parla du *présent*: ''Maintenant, tu peux enfin dire ce que tu veux dire, personne ne te réprimandera. Tu peux le dire de la façon qui te plaît, personne ne te grondera. Maintenant, c'est le temps de maintenant!'' Ce n'est que des semaines plus tard que j'ai découvert une phrase, tout aussi inspirée, dans *Passages*. Gail Sheehy a écrit: ''Après 50 ans, notre mot d'ordre pourrait être: finies les folies.''

Au cours de cette année euphorique remplie de découvertes, je me suis mis à écouter les voix qui s'élevaient autour de moi, à écouter le choeur des gens d'âge mûr qui se sont rendus compte soudain que nous avons gaspillé trop de notre temps à essayer de devenir ce que la société croit que nous devrions être, à essayer d'être plus jeunes pour accommoder les jeunes, à essayer d'être plus conciliants s'ils rouspètent, à essayer d'épouser leurs clichés de ce que nous sommes, de ce que nous devrions éprouver, de ce que nous devrions penser. Comme Gae Gaer Luce l'a écrit: ''Nous sommes nos propres victimes et nous en rejetons le blâme sur notre âge.''

Regardez autour de vous, comme je l'ai fait. Écoutez attentivement. Beaucoup de ce que nous avons à dire vaut la peine d'être écouté. Nous sommes superbement séduisants et beaucoup plus intéressants qu'à 20 ans! J'ai pris l'ascenseur dans un condominium de Floride et une belle femme aux cheveux gris monta avec moi. Au cou, elle portait une chaîne au bout de laquelle s'agitait une breloque qui proclamait ''10½''. J'ai souri en sortant de l'ascenseur. Était-ce un ami, un amant ou son mari qui avait eu le bon goût de lui rendre hommage par ce cadeau et en reconnaissant qu'elle avait certes plus d'expérience de la vie que Bo Derek!

Il y a déjà quelques années, dans les pages de *Vogue*, j'ai vu une photographie d'une personne que j'admire beaucoup, une religieuse du nom de Soeur Serena avec laquelle j'ai réalisé un documentaire émouvant et saisissant sur les enfants retardés. Cette photographie la représente debout, ses belles mains expressives jointes devant elle. Grâce à sa dignité, à sa sagesse et à son élégance, elle surpasse en beauté les mannequins des autres pages de la revue et qui, en comparaison, deviennent insipides et fades. Elle était très belle!

Le poète Robert Penn Warren a déclaré lors d'une entrevue: ''L'ambition d'un jeune homme est de progresser dans le monde et de se faire une place au soleil; il y consacre la moitié de sa vie, jusque vers l'âge de 40 ou de 50 ans. S'il est chanceux, il s'acclimate à la vie et il finit par se libérer.''

''Vous vous émancipez; vous n'avez plus à subir toutes ces pressions'', me confie une étudiante de 54 ans. ''Vous avez la chance d'explorer un monde que vous n'avez même jamais visité auparavant. Vous découvrez la liberté!''

Nous avons enfin obtenu le droit de laisser libre cours à nos émotions, à nos opinions et à nos libertés. Soudainement, nous pouvons même nous permettre d'être *imparfaits*! Certaines de nos frustrations remontent jusqu'à notre enfance, et tout à coup, nous découvrons que nous sommes libres. Une femme de 60 ans m'a avoué: ''Ma mère était très sévère. Je n'ai jamais connu le plaisir d'aller jouer dehors avec les enfants des alentours. . . (j'étais) toujours à la maison ou à l'église en train de prier. Maintenant, le temps est venu pour moi de sortir, de m'amuser et de vivre, du mieux possible, les années qui me restent.''

Beaucoup d'entre nous vivent *maintenant* ''le bon vieux temps''. Souvent, je découvre à quel point tout ça est vrai. Je lis les lettres de mes amis et les commentaires que l'on trouve dans les journaux. Tous semblent aborder le thème de la libération: ''J'ai le temps. . .'' Aujourd'hui, nous avons le temps d'essayer toutes ces choses que nous avions remises à plus tard. On a tous un besoin bien à nous, un but différent. Chacun avance au son de sa musique à lui, sans être tyrannisé par l'ambition qui teintait nos jeunes années.

Nous avons atteint un âge où nous sommes plus présents dans nos sentiments et nos besoins qu'à tout autre moment de notre voyage dans le temps. Nous avons atteint un âge où les rêves de toute une vie sont enfin à notre portée.

Une société primitive d'Afrique du Sud, celle des Kung San, défend aux jeunes adultes de manger des oeufs d'autruche car ils risquent de devenir fous s'ils en mangent. C'est un festin très spécial réservé aux très jeunes enfants et aux personnes d'âge mûr, un lien implicite entre une première génération et la dernière. L'adulte ne peut savourer ce mets qui lui a été refusé si longtemps, que lorsqu'il atteint sa maturité. À ce moment seulement, il a le droit de goûter aux oeufs de l'autruche. *Nous* avons atteint cette étape de notre vie. Nous n'avons pas besoin de la vivre à toute vitesse. Nous pouvons enfin savourer à loisir les oeufs d'autruche pour lesquels nous avons tant travaillé. N'est-il pas merveilleux que la génération du ''moi'' soit enfin celle du ''nous''!

Tant d'aventures m'arrivent dans les autobus de la ville de New York, que ce qui s'est produit cette semaine n'est pas une exception. Il y a trois jours, un vieil homme est monté dans l'autobus de la 3e Avenue. Il avait environ 75 ans. En remontant l'allée centrale de l'autobus bondissant, serrant un paquet sous le bras, il se mit à instruire les passagers de sa philosophie de vie tout à fait valable. Comme tout le monde, j'ai ri de bon coeur à l'entendre nous houspiller: ''Prenez les jours comme ils viennent, un à la fois!'' ''Arrêtez de penser à demain. L'après-midi d'aujourd'hui n'est même pas encore là et déjà vous pensez à demain!''

Qu'arrive-t-il maintenant? Je viens juste d'avoir 58 ans, et je ressens une joie profonde mêlée de la lassitude qui accompagne un exploit et où j'ai du mal à croire que je suis au bout d'un livre que j'ai tant aimé écrire?

Pour le moment, je retiens une citation utilisée dans un livre que mon épouse et moi avons écrit il y a quelques années. Nous étions loin d'imaginer à cette époque que ce qui *commençait* la philosophie d'un livre *terminerait* celle d'un autre exactement sur le même ton. Pour le moment, pour cet unique moment de mon voyage à travers la maturité, je cite Thoreau et c'est la dernière pensée que je vais vous imposer:

> *Tout le monde doit croire en quelque chose. Moi je crois que je vais aller à la pêche.*